Edmond About

La Grèce contemporaine

récit

ISBN : 978-1515006831

10 9 8 7 6 5 4 3 2 1

Edmond About

La Grèce contemporaine

récit

Table de Matières

CHAPITRE PREMIER - LE PAYS

I

Idée qu'on se fait de la Grèce. — Deux sceptiques. —Premier coup d'œil, qui n'est pas rassurant. — Syra.

Le 1er février 1852, je m'embarquais à Marseille sur *le Lycurgue* ; le 9, je descendais au Pirée. L'Orient, qui passe pour un pays lointain, n'est pas beaucoup plus loin de nous que la banlieue : Athènes est à neuf jours de Paris, et il m'en a coûté trois fois moins de temps et d'argent pour aller voir le roi Othon dans sa capitale, que Mme de Sévigné n'en dépensait pour aller voir sa fille à Grignan. Si quelque lecteur veut s'épargner la peine de parcourir ce petit livre ou se donner le plaisir de le contrôler, je lui conseille de s'adresser à la compagnie des Messageries impériales : elle a d'excellentes voitures qui vont à Marseille en trente-six heures, et de fort bons bateaux qui font le voyage de Grèce en huit jours sans se presser.[1]

À Paris, à Marseille et partout où je disais adieu à des amis, on me criait, pour me consoler d'une absence qui devait être longue : « Vous allez voir un beau pays ! » C'est aussi ce que je me disais à moi-même. Le nom de la Grèce, plus encore que celui de l'Espagne ou de l'Italie, est plein de promesses. Vous ne trouverez pas un jeune homme en qui il n'éveille des idées de beauté, de lumière et de bonheur. Les écoliers les moins studieux et qui maudissent le plus éloquemment l'histoire de Grèce et la version grecque, s'ils s'endorment sur leur dictionnaire grec, rêvent de la Grèce. Je comptais sur un ciel sans nuage, une mer sans ride, un printemps sans fin, et surtout des fleuves limpides et des ombrages frais : les poètes grecs ont parlé si tendrement de la fraîcheur et de l'ombre ! Je ne songeais pas que les biens qu'on vante le plus ne sont pas ceux qu'on a, mais ceux que l'on désire.

Je fis la traversée avec deux enseignes de vaisseau qui allaient rejoindre la station du Levant et l'amiral Romain Desfossés. Ces messieurs riaient beaucoup de mes illusions sur la Grèce : l'un d'eux avait vu le pays ; l'autre le connaissait aussi bien que s'il l'avait

---

1 La rapidité des transports a fait de tels progrès depuis un an, qu'on peut aller en sept jours du Louvre à l'Acropole. (*Note de la 2ᵉ édition.*)

vu : car chaque carré d'officiers, à bord des bâtiments de l'État, est un véritable bureau de renseignements, où l'on sait au juste les ressources, les distractions et les plaisirs que peut offrir chaque recoin du monde, depuis Terre-Neuve jusqu'à Taïti. Dans nos longues promenades sur le pont, mes deux compagnons de voyage me désabusaient à qui mieux mieux, avec une verve désolante, et faisaient tomber mes plus chères espérances comme on gaule des noix en septembre. « Ah ! me disaient-ils, vous allez en Grèce sans y être forcé ? Vous choisissez bien vos plaisirs ! Figurez-vous des montagnes sans arbres, des plaines sans herbe, des fleuves sans eau, un soleil sans pitié, une poussière sans miséricorde, un beau temps mille fois plus ennuyeux que la pluie, un pays où les légumes poussent tout cuits, où les poules pondent des œufs durs, où les jardins n'ont pas de feuilles, où la couleur verte est rayée de l'arc-en-ciel, où vos yeux fatigués chercheront la verdure sans trouver même une salade où se reposer ! »

C'est au milieu de ces propos que j'aperçus la terre de Grèce. Le premier coup d'œil n'avait rien de rassurant. Je ne crois pas qu'il existe au monde un désert plus stérile et plus désolé que les deux presqu'îles méridionales de la Morée, qui se terminent par le cap Malée et le cap Matapan. Ce pays, qu'on appelle *le Magne*, semble abandonné des dieux et des hommes. J'avais beau fatiguer mes yeux, je ne voyais que des rochers rougeâtres, sans une maison, sans un arbre ; une pluie fine assombrissait le ciel et la terre, et rien ne pouvait me faire deviner que ces pauvres grandes pierres, si piteuses à voir dans les brouillards de février, resplendissaient d'une beauté sans égale au moindre rayon de soleil.

La pluie nous accompagna jusqu'à Syra, sans toutefois nous dérober la vue des côtes ; et je me souviens même qu'on me fit voir à l'horizon le sommet du Taygète. La terre paraissait toujours aussi stérile. De temps en temps on voyait passer quelques misérables villages sans jardins, sans vergers, sans tout cet entourage de verdure et de fleurs qui couronnent les villages de France.

J'ai connu bon nombre de voyageurs qui avaient vu la Grèce sans quitter le pont du bateau qui les portait à Smyrne ou à Constantinople. Ils étaient tous unanimes sur la stérilité du pays. Quelques-uns avaient débarqué pour une heure ou deux à Syra, et ils avaient achevé de se convaincre que la Grèce n'a pas un arbre.

J'avoue que Syra n'est pas un paradis terrestre : on n'y voit ni fleuve, ni rivière, ni ruisseau, et l'eau s'y vend un sou le verre. Le peu d'arbres qu'elle nourrit dans ses vallées, loin du vent de la mer, ne sont pas visibles pour le voyageur qui passe ; mais il ne faut pas juger l'intérieur d'un pays d'après les côtes, ni le continent d'après les îles.

II

Le brillant Antonio. — L'Attique au mois de février. — Le ciel et la mer. — Le Pirée et la route d'Athènes.

Dans la route de Syra, on nous fit quitter *le Lycurgue*, qui continuait sa route vers Smyrne, et l'on nous embarqua sur un autre bateau de la compagnie, *l'Eurotas*, qui devait nous déposer au Pirée. Je me préparais à passer d'un bord à l'autre, et je m'expliquais de mon mieux, c'est-à-dire fort mal, avec le batelier grec qui allait transporter mes bagages, lorsque je m'entendis appeler en français par une voix inconnue. Un homme de quarante ans, de bonne mine, l'air noble, et couvert de vêtements magnifiques, s'était approché du *Lycurgue* dans un bateau à quatre rameurs : c'était lui qui, d'un ton plein de dignité, demandait au capitaine si j'étais à bord. Ce seigneur portait un si beau bonnet rouge, une si belle jupe blanche ; il avait tant d'or à sa veste, à ses guêtres et à sa ceinture, que je ne doutai pas un instant qu'il ne fût un des principaux personnages de l'État. Mes deux officiers de marine prétendaient que le roi, informé des sentiments d'admiration que je nourrissais pour son royaume, avait envoyé au-devant de moi son maréchal du palais, tout au moins. Lorsque ce gentilhomme fut arrivé jusqu'à moi et que je l'eus salué avec tout le respect que je devais à son rang, il me remit courtoisement une lettre pliée en quatre. Je lui demandai la permission de lire et je lus :

« Je vous recommande Antonio ; c'est un bon domestique qui vous épargnera les ennuis de la barque, de la douane et de la voiture. »

Je m'empressai de confier mon manteau à cette grandeur déchue qui me servit fidèlement pendant dix ou douze heures, fit transporter mes bagages et ma personne, se chargea de corrompre, moyennant un franc, la facile vertu du douanier, et me remit sain et sauf à la porte de notre maison. Les voyageurs qui vont en Grèce sans savoir le grec n'ont pas à craindre un seul moment d'embarras : ils trouveront, dès Syra, non-seulement Antonio, mais cinq ou six autres domestiques aussi bien dorés, qui parlent le français, l'anglais et l'italien, et qui les mèneront, presque sans les voler, jusqu'à l'un des hôtels de la ville.

Huit heures après avoir quitté Syra, nous découvrions la plaine d'Athènes. La pluie avait cessé, les nuages avaient disparu comme par enchantement, et le ciel était aussi pur que notre ciel de France dans les plus belles journées de juillet. L'eau de la mer était d'un bleu pur, doux, sombre et profond ; elle glissait sur les deux flancs du navire comme un velours épais largement chiffonné. Nous courions au milieu de ce golfe, le plus illustre du monde, qui vit naître et fleurir Athènes, Éleusis, Mégare, Corinthe, Égine, toutes les gloires de la Grèce. Nous laissions derrière nous l'île d'Égine et les montagnes de la Morée, dont les sommets couverts de neige se découpaient nettement sur le ciel ; les rochers de Salamine se dressaient à notre gauche, aussi nus et aussi stériles que les rivages du Magne, et devant nous s'ouvrait une plaine de six lieues de long sur dix de large : c'est la plaine d'Athènes. Elle est fermée d'un côté par l'Hymette, une triste montagne aux formes rondes et molles, aux couleurs ternes et grises. Pas un arbre, pas un buisson ; à peine peut-elle nourrir une centaine de ruches, qui font, comme autrefois, un miel délicieux. En face de l'Hymette se dresse le Parnès, qu'on dirait découpé par un paysagiste, tant les lignes en sont pures, tant le dessin en est hardi, tant les sapins qui le hérissent et la grande crevasse qui le coupe par le milieu lui donnent une sauvage et franche originalité. Entre ces deux montagnes, au fond de la plaine, s'allonge, en forme de fronton, le Pentélique, qui a fourni et qui pourrait fournir encore le plus beau de tous les marbres statuaires. Au milieu de la plaine s'élèvent quelques rochers qui enveloppent et protégent la ville : c'est le Lycabète, le Musée, l'Aréopage, et surtout l'Acropole, le plus beau et le plus célèbre de tous. Le voyageur qui s'approche du Pirée ne voit pas l'Athènes moderne, mais ses yeux sont frappés tout d'abord par l'Acropole et les ruines gigantesques qui la couronnent. En Grèce, le passé fera toujours tort au présent.

Le Pirée est un village de quatre ou cinq mille âmes, tout en cabarets et en magasins.[1] Une route de sept kilomètres environ le fait communiquer avec la ville. Cette route est entretenue avec quelque soin : cependant elle est horriblement fangeuse en hiver, et poudreuse en été. Elle est bordée, en quelques endroits seulement, de grands peupliers d'une espèce particulière, plus vigoureux, plus amples et plus touffus que les nôtres, et dont la feuille est doublée d'un léger coton. On ne rencontre d'abord que des landes stériles, qui vont se confondre à droite avec les marais de Phalères. À un quart de lieue du Pirée on commence à voir quelques vignes et quelques amandiers : un peu plus loin, la route passe sur un ruisseau imperceptible : Antonio m'avertit que c'était le Céphise. Dès ce moment, la route s'embellit un peu ; elle longe un bois d'oliviers qui faisait autrefois le tour de la ville, mais que la guerre de l'indépendance et l'hiver rigoureux de 1849 à 1850 ont successivement dévasté. Ces gros arbres au tronc noueux, au pâle et maigre feuillage, sont la seule verdure qu'on aperçoive en hiver dans la plaine d'Athènes. En été, le paysage n'est pas beaucoup plus gai : les figuiers ont beau étaler leurs feuilles larges et puissantes ; la vigne, qui rampe à quelques pieds de terre, a beau se charger de feuillage et de fruits : une poussière épaisse, que le vent enlève en gros tourbillons, revêt tous les objets d'une teinte uniforme et donne à la fertilité même un air désolé. C'est au printemps qu'il faut voir l'Attique dans tout son éclat, quand les anémones, aussi hautes que les tulipes de nos jardins, confondent et varient leurs brillantes couleurs ; quand les abeilles descendues de l'Hymette bourdonnent dans les asphodèles ; quand les grives babillent dans les oliviers ; quand le jeune feuillage n'a pas encore reçu une couche de poussière ; que l'herbe, qui doit disparaître à la fin de mai, s'élève verte et drue partout où elle trouve un peu de terre ; et que les grandes orges, mêlées de fleurs, ondoient sous la brise de la mer. Une lumière blanche et éclatante illumine la terre, et fait concevoir à l'imagination cette lumière divine dont les héros sont vêtus dans les champs Élysées. L'air est si pur et si transparent qu'il semble qu'on n'ait qu'à étendre la main pour toucher les montagnes les plus éloignées ; il transmet si fidèlement tous les sons, qu'on entend la clochette de troupeaux qui passent à une demi-lieue, et le cri des

---

1 Nos soldats ont nettoyé les rues du Pirée : ils y ont même créé des jardins. Le patriotisme grec remettra les choses en ordre quand nos soldats seront partis.(*Note de la 2ᵉ édition.*)

Edmond About

grands aigles qui se perdent dans l'immensité du ciel.

III

Le climat de la Grèce : chaleurs intolérables et froids terribles. — Le vent du nord et le sirocco. — Un premier jour de printemps. — Comparaison entre les différentes provinces de la Grèce. — Le pays est malsain.

Mais ce ciel si beau est sujet aux caprices les plus étranges. Je me souviens que, le jour de mon arrivée à Athènes, je voulais, avant le déjeuner, gravir le sommet de l'Hymette ; et je fus bien surpris d'apprendre que cette montagne, qui semblait si près de nous, était à plus de deux heures de notre maison : il faisait beau. Vers midi, le vent du sud-ouest se mit à souffler : c'est ce célèbre sirocco, si terrible dans les déserts de l'Afrique, et qui fait sentir son influence non-seulement jusque dans Athènes, mais jusqu'à Rome. L'air s'obscurcit insensiblement ; quelques nuages blancs, fouettés de gris, s'amassèrent à l'horizon ; les objets devinrent plus ternes, les sons moins clairs ; je ne sais quoi d'étouffant semblait peser sur la terre. Je sentais une lassitude inconnue s'emparer de moi et briser mes forces. Le lendemain, c'était le tour du vent du nord ; on le reconnut tout d'abord à sa grande voix, rude et sifflante ; il ébranlait les arbres, battait les maisons comme pour les renverser, et surtout il avait emprunté aux neiges de la Thrace une froidure si vive et si piquante, qu'il nous faisait grelotter au coin du feu dans nos manteaux. Heureusement le vent du nord ne souffle pas tous les jours : j'ai passé dans Athènes un hiver où il ne s'est pas montré quinze fois ; mais lorsqu'il se déchaîne, il est terrible. Le 21 mars 1852, le jour où le printemps commençait sur les almanachs, nous avons été forcés de déjeuner aux lumières, volets clos, rideaux tirés, un grand feu allumé ; et nous avions froid. Les Athéniens en quinze jours de vent du nord, ont tout l'hiver que nous avons en quatre mois. Cependant le ciel leur épargne la gelée, et ils ne connaissent la neige que de vue. Une fois en vingt ans il a gelé dans la plaine d'Athènes, et le thermomètre est descendu à deux degrés au-dessous de zéro. C'était au mois de janvier 1850, pendant les blocus de l'amiral Parker : la neige et la guerre, deux terribles fléaux, s'abattaient à la fois sur ce malheureux pays. En une nuit, les animaux et les arbres périrent par milliers : ni les arbres ni les animaux n'étaient endurcis au froid.

Athènes est peut-être la ville de Grèce où il pleut le plus rarement ; il ne faut donc pas s'étonner si l'Attique est plus sèche que la Laconie, l'Argolide ou la Béotie. La campagne de Sparte nourrit une végétation vigoureuse comme le peuple Lacédémonien ; la plaine d'Argos, riche sans élégance, a dans son insolente fécondité je ne sais quoi de superbement vulgaire qui rappelle le faste d'Agamemnon ; il y a quelque chose de béotien dans la grasse fertilité des marais voisins de Thèbes ; la plaine d'Athènes est élégante dans tous ses aspects, délicate dans toutes ses lignes, pleine d'une distinction un peu sèche et d'une élégance un peu maigre, comme le peuple si fin et si gracieux qu'elle a nourri.

La Grèce est un pays malsain ; les plaines fertiles, les âpres rochers, les plages riantes, tout recèle la fièvre : en respirant sous les orangers un air embaumé, on s'empoisonne ; on dirait que dans ce vieil Orient l'air même tombe en décomposition. Le printemps et l'automne produisent dans tout le pays des fièvres périodiques. Les enfants en meurent, les hommes en souffrent. Il faudrait quelques millions pour dessécher les marais, assainir le pays et sauver tout un peuple. Heureusement la race grecque est si nerveuse que la fièvre ne tue que les petits enfants : les hommes ont quelques accès au printemps ; ils coupent la fièvre, et ils l'oublient jusqu'à l'automne.

IV

Première excursion. — Comment on apprend le grec moderne.
— Mon professeur cire mes bottes. — Voyage dans l'île d'Égine,
avec Garnier. — Nous donnons le spectacle aux Éginètes. —
Paysage.

Si l'on arrive sans peine aux bords du Céphise et de l'Illissus, il est moins facile de pénétrer dans le cœur du pays ; et cette merveilleuse compagnie des Messageries impériales, malgré tout son bon vouloir, ne saurait vous transporter ni à Sparte ni à Thèbes ; aussi la plupart des étrangers se contentent de voir l'Attique, et jugent la terre de Grèce d'après la campagne d'Athènes. Je les plains : ils ne connaissent pas les fatigues enivrantes et les dégoûts délicieux d'une longue course à travers cet étrange pays. C'est au printemps et à l'automne qu'il faut se mettre en route, quand les torrents sont à sec. Le mois de mai et le mois d'octobre sont les plus favorables ; en juin il serait trop tard, en septembre il serait trop tôt : à courir les chemins sous le soleil de l'été, vous risqueriez votre vie, ou tout au moins votre raison.

J'étais si impatient de commencer cette belle vie aventureuse, que je trouvais le 1er mai bien lent à venir. Je me hâtais d'apprendre le grec moderne, pour voyager sans interprète et causer avec les hommes que je rencontrerais. Tous les soirs mon domestique, ce bon vieux Petros, descendait dans ma chambre et me donnait une leçon. Je faisais des progrès rapides, car le grec moderne ne diffère de l'ancien que par un système de barbarismes dont on trouve aisément la clef. Le tout est d'écorcher convenablement les mots que nous avons appris au collège : il n'y a rien de changé au fond de la langue. « Viens ici, mon Pierre, disais-je en lui prenant le bras : comment appelles-tu cela ? » Il me nommait successivement toutes les parties de son corps, tous les meubles de ma chambre ; il entrait, en son patois, dans des explications sans fin où je tâchais de me reconnaître ; bref, au bout de deux mois de cette gymnastique, je savais sa langue aussi bien, c'est-à-dire aussi mal que lui. Je suis peut-être le dixième Français à qui il a enseigné le grec, sans qu'on ait jamais pu lui apprendre un mot de français.

Quand mon domestique fut content de moi et qu'il m'eut donné un bon certificat, je voulus me mettre en route ; mais avril commençait à peine. On me conseilla de faire, en attendant le mois de mai, un petit apprentissage dans la banlieue d'Athènes : je partis pour Égine avec un architecte de l'académie de Rome, mon ami Garnier, qui entreprenait alors cette belle restauration qu'on a admirée il y a quelques mois au palais des Beaux-Arts. Égine n'est qu'à six lieues d'Athènes, mais les chemins y sont aussi mauvais, les gîtes aussi inhabitables, la nourriture aussi désespérante qu'en aucun canton de la Grèce. Nous avions débarqué au village qui est le chef-lieu de l'île ; notre batelier nous avait conduits au cabaret le plus confortable de l'endroit : *confortable* est un mot qui n'a pas d'équivalent en grec. Nous avions soupé au milieu de tout le populaire qui examinait curieusement nos vêtements, nos visages et l'omelette que notre domestique nous préparait ; enfin nous avions dormi dans une soupente, sur les matelas que nous avions apportés. Bon gré mal gré, le voyageur est comme le sage : il faut qu'il porte tout avec soi. Le lendemain matin nous nous mîmes en route vers le temple d'Égine, que Garnier devait dessiner et mesurer à loisir : tout notre bagage marchait avec nous. Nous voulions louer une cabane près du temple, et nous y fixer pour quinze ou vingt jours. Garnier avait des échelles, des cartons, des planches à laver ; nous possédions en commun deux matelas de quelques centimètres d'épaisseur, deux couvertures, du riz, du sucre, du café, des pommes de terre et autres provisions de luxe qu'on ne trouve guère que dans la capitale.

Au lever du jour, les Eginètes assistèrent à un beau spectacle. Nous avions pris deux chevaux de bagage : l'un était borgne et portait les échelles ; l'autre jouissait de tous ses avantages de cheval, et nous lui avions confié les matelas et les vivres, l'espoir de nos jours et de nos nuits. Il était fier de son emploi et marchait d'un pas relevé. Mais le porteur d'échelles, soit surprise de se voir ainsi bâté, soit jalousie contre son compagnon qui était moins chargé que lui, soit par un effet de ce préjugé qui nous fait mépriser les fonctions modestement utiles, n'aspirait qu'à se défaire du fardeau dont notre confiance l'avait revêtu. Il se jetait contre les maisons, contre les murs, contre les passants, l'échelle la première. Son maître le suivait de près, et tantôt le piquait rudement avec le bout d'un magnifique parapluie bleu, tantôt le ramenait en arrière par le bâton d'une échelle, tantôt le poussait à droite ou à gauche, en manœuvrant l'échelle comme un gouvernail. Deux ânes, qui devaient nous servir de montures, devinèrent de bonne heure que la route serait pénible ; ils profitèrent du désordre pour s'échapper, entrer dans une maison et s'y barricader si bien qu'on les y laissa. Notre troupe fut ainsi réduite à sept personnes dont deux chevaux. Chaque animal avait son pilote : tel est l'usage ; qui loue la bête a l'homme par-dessus le marché. Les échelles allaient devant, les bagages ensuite, puis Garnier avec sa longue pique, puis moi avec mon fusil, enfin le domestique avec nos cartons et nos papiers. Au détour de chaque chemin, le méchant borgne nous jouait quelque tour de sa façon ; son camarade indigné refusait de marcher, le parapluie bleu faisait son office ; les conducteurs poussaient une espèce de hurlement nasal pour encourager leurs bêtes ; les chiens du pays, qui n'ont pas l'habitude de voir des caravanes, aboyaient du haut de leur tête ; les femmes accouraient à leurs portes, les filles à leurs fenêtres et nous riaient vertement au nez. Grâce au zèle de nos conducteurs, nous n'avons pas mis plus d'une demi-heure à traverser la ville, qui est grande comme la rue de Poitiers ; mais les habitants se souviendront longtemps d'une journée si fertile en émotions, et, si jamais Égine a une histoire, notre passage y fera époque.

Le village que nous quittions est à deux heures du temple, si l'on marche à pied ; il faut un peu plus de temps si l'on est à cheval. Jugez si les chemins sont bons ! Mais cette route est si variée qu'on y marcherait toute la vie sans se lasser : tantôt elle suit le versant d'une montagne rude et escarpée ; tantôt elle descend dans des ravins immenses, peuplés d'arbres de toute espèce et revêtus de grandes fleurs sauvages que nos jardins devraient envier. Quelques énormes figuiers tordent leurs bras puissants au milieu des amandiers au feuillage grêle ; on rencontre çà et là des orangers d'un vert sombre, des pins roussis par l'hiver, des cyprès aux formes bizarres ; et, d'espace en espace, le roi des arbres, le palmier, élève sa belle tête échevelée. Dorez tout ce paysage d'un large rayon de soleil ; semez partout des ruines anciennes et modernes, des églises sur tous les sommets, sur tous les versants des maisons turques, carrées comme des tours, couronnées de terrasses et proprement blanchies à la chaux, sur les chemins, de petites troupes d'ânes portant des familles entières ; dans les champs, des troupeaux de brebis ; des bandes de chèvres sur les rochers ; çà et là quelques vaches maigres, couchées sur le ventre et fixant sur le voyageur leurs gros yeux étonnés ; et partout le chant des alouettes qui s'élèvent dans l'air comme pour escalader le soleil ; partout le bavardage impertinent des merles qui se réjouissent de voir pousser la vigne, et des centaines d'oiseaux de toute sorte, se disputant à grands cris une goutte de rosée que le soleil a oublié de boire. Je l'ai revue bien des fois, cette route charmante, et quoiqu'on y trébuche dans les pierres, qu'on y glisse sur les rochers, qu'on s'y baigne les pieds dans l'eau des ruisseaux, je voudrais la parcourir encore.

V

Le voyage. — Idées d'Antonio sur la France. — Petits profits du métier de parrain. — Préparatifs. — De l'inutilité des armes en Grèce. — Nos gens. — Histoire naturelle de l'agoyate. — Le grand Épaminondas, mon cheval. — Leftéri.

Un mois plus tard, j'étais hors d'apprentissage, je serrais un cheval entre mes genoux, je tournais le dos à la plaine d'Athènes ; je voyageais. Trois ou quatre jours avant mon départ, le digne Antonio était venu me faire une visite désintéressée pour savoir si je n'avais pas besoin de ses services. Tout voyageur qui ne sait pas le grec est condamné à marcher sous la tutelle d'Antonio ou de quelque autre courrier ; car on n'entend le français que dans la capitale : hors d'Athènes, point de salut. Les courriers sont des personnages merveilleusement utiles, qui vous épargnent tous les embarras du voyage, vous procurent des chevaux, des lits, des vivres et un gîte chaque soir, le tout à un prix fort modéré pour le pays. Un voyageur seul paye ordinairement quarante francs par jour ; pour deux ou trois personnes, le prix varie entre vingt-cinq francs et un louis. Nous étions trois : Garnier, qui est peintre presque autant qu'architecte ; Alfred De Curzon, qui s'est déjà fait connaître au salon par la rare distinction de sa peinture et l'art avec lequel il compose ses paysages ; moi, enfin, qui devais les guider dans un pays que je ne connaissais pas. Mais la carte de l'expédition de Morée est si exacte et si complète, qu'on n'a pas besoin d'autre guide. Antonio désirait vivement faire route avec nous, autant peut-être pour le plaisir de voyager que pour le profit qui lui en reviendrait. Les Grecs sont ainsi faits ; ils n'aiment rien tant que changer de place. J'ai entendu Antonio supplier un de mes amis de l'emmener en France. « Vous ne me payerez point, disait-il ; je vous servirai de domestique ; j'aurai soin de votre cheval, et tous les jours je vous ferai votre déjeuner, auprès de quelque fontaine, sous un arbre. » Sous un arbre, ô nature ! Expliquez donc à ces gens-là la vie de Paris et la théorie du restaurant à la carte !

En revanche, Antonio connaît à fond la société grecque et les mœurs de son pays. En homme qui doit voyager, il s'est ménagé des amis partout. Lorsqu'il traverse un village où un enfant vient de naître, il se met sur les rangs pour servir de parrain ; le paysan accepte, trop heureux de placer son fils sous la protection d'un homme cousu d'or, qui habite la capitale et qui voyage avec des seigneurs étrangers. Antonio tient l'enfant sur les fonts de baptême, embrasse son compère, jure de ne l'oublier jamais, et tient sa promesse. Chaque fois qu'il repassera par le village, c'est chez son compère qu'il viendra loger, eût-il dix seigneurs avec lui ; il s'installera dans la maison du compère, brûlera le bois et l'huile du compère, et fera les honneurs comme s'il était chez lui, sans payer : d'ailleurs le compère n'accepterait pas un sou du parrain de son enfant. Antonio a semé tant de filleuls sur son chemin qu'il loge ses voyageurs pour rien, et qu'il peut les prendre au rabais. Il nous offrit de nous faire parcourir la Grèce à quinze francs par jour ; mais à aucun prix nous ne voulions être la propriété d'un courrier et une chose qu'on promène. Antonio se retira, le sourire sur les lèvres, en nous priant de penser à lui quand nous voudrions acheter des vases antiques, des médailles, ou quelques livres de miel de l'Hymette.

Je ne sais rien de plus charmant que les préparatifs d'un voyage, lorsqu'on est soi-même son pourvoyeur et son courrier. Trois jours avant le 1er mai, j'avais couru la ville avec Petros pour acheter des assiettes, des couverts, des casseroles, une énorme gourde pour le vin, deux longs bissacs en poil de chèvre pour le pain, deux grands paniers d'osier pour la vaisselle et les provisions. Chacun de nous s'était muni d'une large coupe de cuivre, ciselée à la turque, que l'on porte pendue au cou dans un étui de maroquin. La veille du départ, je m'étais fait apporter les provisions de bouche ; j'avais eu soin d'acheter une dizaine de pains ; car le pain ne se trouve guère que dans les villes, et celui d'Athènes est le meilleur. J'avais fait rouler soigneusement nos lits, dont la simplicité ferait peur à un soldat d'Afrique.

Nous n'emportions pas d'armes. J'aurais bien voulu prendre mon fusil : on m'en dissuada énergiquement. « Que voulez-vous en faire ? me dit-on ; chasser ? vous n'aurez pas le temps. Quand vous aurez fait dix heures de cheval dans votre journée, vous ne songerez qu'à souper et à dormir. Si vous voulez vous armer contre les brigands, vous avez doublement tort. D'abord, vous n'en rencontrerez pas. Si quelque homme de mauvaise mine vous arrête au détour d'un chemin, ce sera un gendarme qui vous demandera l'heure qu'il est et une poignée de tabac. Mais je suppose que vous tombiez sur le passage des brigands ; votre fusil ne servirait qu'à vous faire tuer. Les brigands de ce pays-ci ne sont pas des héros de théâtre, qui aiment le danger et qui jouent avec la mort, mais des calculateurs habiles, des spéculateurs de grand chemin, qui se mettent prudemment dix contre un et ne risquent une affaire qu'à coup sûr. Vous vous apercevrez de leur présence quand vous aurez trente canons de fusil braqués sur vous. En pareil cas, le seul parti à prendre, c'est de descendre de cheval et de donner consciencieusement tout ce qu'on a ; ne vous exposez pas à donner votre fusil. » Je me laissai convaincre à ce raisonnement. Notre seule précaution fut de demander un ordre du ministre de la guerre qui mettait à notre disposition tous les gendarmes dont nous pourrions avoir besoin.

Enfin, le 1er mai, à cinq heures du matin, on vint nous annoncer que nos chevaux et nos hommes étaient à la porte. Si modeste voyageur que l'on soit, on a, bon gré mal gré, ses hommes et ses chevaux, et l'on voyage avec tout le faste de M. de Lamartine ou de M. de Chateaubriand. Comment voulez-vous marcher à pied par une chaleur de trente degrés, traverser à pied les torrents et les rivières, transporter à pied votre lit et votre cuisine ? Nous avions, outre nos montures, deux chevaux de bagage. Les propriétaires des cinq bêtes les accompagnaient, suivant l'usage, pour les nourrir, les panser et prendre soin d'elles et de nous. C'est un rude métier que celui de ces pauvres agoyates, qui font quelquefois des voyages de cinquante jours, à pied avec des cavaliers. Ils se lèvent avant tout le monde pour panser les chevaux, ils se couchent quand les voyageurs sont endormis ; souvent même ils passent la nuit à garder leurs bêtes, lorsqu'on traverse un pays sujet à caution. Ils se nourrissent à leurs frais, eux et leurs chevaux ; ils dorment dans un manteau à la belle étoile ; ils supportent le soleil et la pluie, le froid dans les montagnes, le chaud dans les plaines ; et après tant de fatigues, *leurs seigneurs*, comme ils disent, leur donnent ce qu'ils jugent à propos : car il ne leur est rien dû que le loyer de leurs chevaux. L'agoyate voyage à pied sans se fatiguer ; il passe l'eau sans se mouiller, il se nourrit le plus souvent sans manger. Il pense à tout, il porte sur lui des clous, du fil, des aiguilles, tout un mobilier, toute une pharmacie. Il chasse, quand vous avez un fusil ; il herborise, chemin faisant, et ramasse sur les bords de la route les plantes sauvages dont il assaisonne son pain ; en approchant du gîte, il plume un poulet, tout en marchant, et sans avoir l'air d'y penser. L'agoyate a des amis dans tous les villages, des connaissances sur toutes les routes ; il sait par cœur les gués des rivières, la distance des villages, les bons et les mauvais chemins ; il ne s'égare jamais, hésite rarement, et, pour plus de sûreté, il crie de loin en loin aux paysans qu'il rencontre : « Frère, nous allons à tel endroit ; est-ce là le chemin ? » Ce nom de frère est encore d'un usage universel, comme aux beaux temps de la charité chrétienne. Mais je crois qu'il a perdu un peu de sa force, car il n'est pas rare d'entendre dire : « Frère, tu es un coquin ! Frère, je te ferai passer un mauvais quart d'heure ? »

Les chevaux d'agoyate, qui se payent quatre francs cinquante centimes par jour, et moitié les jours où ils ne marchent pas, sont des animaux très-laids, passablement vicieux, et plus obstinés que toutes les mules de l'Andalousie ; mais durs à la fatigue, patients, sobres, intelligents, et capables de marcher sur des pointes d'aiguille ou de grimper à des mâts de perroquet. Celui que je montais a certain air de famille avec Rossinante, quoique son maître l'ait honoré du nom d'Épaminondas. Il est si long qu'on n'en voit pas la fin, et maigre comme un cheval de ballade allemande. Ses défauts, je n'ai jamais pu en savoir le nombre. Aujourd'hui, il s'emporte et m'emporte ; demain, il plantera ses quatre pieds en terre et ne bougera non plus qu'un arbre. Il ne saurait passer auprès d'une maison sans entreprendre d'y froisser la jambe de son cavalier, et, lorsqu'il marche entre deux murs, son seul regret est de n'en pouvoir frôler qu'un à la fois. Le sable exerce sur lui une attraction irrésistible ; tout chemin un peu poudreux l'invite à s'étendre sur le dos, et le plus désolant, c'est que l'eau des rivières produit exactement sur lui le même effet. Il n'écoute pas la bride, il est indifférent à la cravache, et les coups de talon les plus énergiques sont des raisons qui ne le persuadent pas. Et cependant je suis bien capable de l'aimer un peu, en mémoire de certains mauvais pas que nous avons franchis, l'un portant l'autre, et que je n'aurais pu traverser sans lui.

Si l'on finit par s'attacher à son cheval, on adore bientôt ses agoyates. Notre agoyate en chef avait la plus belle figure d'honnête homme que j'aie jamais rencontrée. Il s'appelle Leftéri, c'est-à-dire libre, et jamais nom ne fut mieux porté. Il nous rendait mille petits offices avec tant de dignité et d'un si grand air, qu'on aurait juré qu'il nous servait par politesse et non par métier.

Nous formions à nous tous une plaisante armée. Nos bagages, secoués par la marche des chevaux, s'éparpillaient sur la route ; les jupes blanches de nos hommes avaient pris, au bout de huit jours, des couleurs inqualifiables, et nos vêtements, produits économiques de la *Belle Jardinière*, trahissaient en vingt endroits la faiblesse de leurs coutures.

VI

Physionomie de Mycènes. — Les bords de l'Eurotas. — Ce qui
reste de Sparte et de Mistra. — Aspects de la Laconie.

En sortant d'Athènes, nous avons traversé Éleusis, la ville des mystères sacrés ; Mégare, où la beauté du type grec s'est conservée sans tache ; Corinthe, cette seconde Athènes, qui a produit tant de chefs-d'œuvre et qui ne produit plus que des raisins ; nous nous sommes assis sur les ruines de Mycènes, et nous avons évoqué les ombres sanglantes de cette race de coquins qui commence à Atrée et finit à Oreste, heureux scélérats qui ont été chantés par Sophocle et par Racine, tandis que les assassins de Fualdès n'ont obtenu qu'une complainte. Mycènes a eu le bonheur d'être abandonnée à une époque très-ancienne : c'est ce qui l'a conservée. On n'a pas démoli ses vieux murs cyclopéens pour construire des bicoques turques ou vénitiennes. Tous les remparts sont encore debout, le milieu est comblé par quelques maigres champs d'orge qui poussent sur le palais d'Agamemnon. La ville du roi des rois a bien pu contenir jusqu'à cinq cents maisons. On voit encore ses deux portes, en pierres monstrueuses, taillées par quelque rude ciseau. La plus grande, la porte d'honneur, est surmontée de deux lions sculptés peut-être par Dédale, et qui ressemblent fort à ceux que je dessinais jadis sur mon cahier de brouillons. L'enfance de l'art a beaucoup de rapport avec l'art de l'enfance. C'est assurément par cette grande porte qu'entrèrent Hélène et Ménélas lorsqu'ils vinrent faire à Agamemnon leur visite de noces ; c'est par là que sortit le roi des rois avec Iphigénie, qu'il allait égorger ; c'est par là qu'Achille était entré lorsqu'il était venu voir Iphigénie ; c'est là que rentra Agamemnon vainqueur. À quelques pas plus loin l'attendait sa femme, et Égisthe, et la chemise fatale dont elle l'enveloppa, et la hache dont il lui fendit la tête. C'est par là que, quelques années plus tard, entra la vengeance dans la personne d'Oreste, qui devait poignarder Égisthe et sa mère, et fuir ensuite par toute la terre sous le fouet des Furies. Tout ce gibier de cour d'assises a fourmillé dans ces mêmes murs ; toute cette collection de crimes, riche à défrayer deux mille ans de tragédies, a tenu dans ce petit espace. Et c'est là qu'à la génération précédente Atrée avait tué les enfants de Thyeste, et fait cette abominable cuisine qui épouvanta le soleil. Mycènes a tout l'air de ce qu'elle a été, un nid d'horribles sacripants. Au nord et à l'est, elle est dominée par deux rochers roides, nus, âpres à l'œil, et hauts d'une demi-lieue. À ses pieds se creuse un ravin immense où courent les torrents pendant l'hiver. Ses murs, ouvrage d'une industrie robuste et guerrière, ont une physionomie particulièrement scélérate. Et cependant, si l'on porte les yeux à l'ouest et au sud, on voit s'ouvrir un horizon aussi riant, aussi frais, aussi jeune que l'image d'Iphigénie. C'est la plaine d'Argos, cette Beauce de la Grèce, où les jeunes filles cueillent les feuilles de mûrier et sèment la graine du coton ; et Nauplie, penchée sur son golfe bleu ; et la gracieuse silhouette des hautes montagnes du Péloponèse, et la mer, et les îles, et tout au fond l'élégante Hydra, dont les filles couvrent leur tête et ne couvrent pas leur poitrine.

Entre Argos et Sparte, la route (je veux dire le sentier) parcourt un pays étrangement varié : des plaines brûlantes où le laurier-rose est en fleur ; des montagnes glaciales où les chênes et les mûriers attendent encore leurs premières feuilles. On passe en quelques heures du printemps à l'hiver, et l'on change de climat trois ou quatre fois par jour.

L'Eurotas est le plus beau fleuve de la Morée. Je ne vous dirai pas qu'on peut y lancer des bateaux à vapeur, ni même des canots de canotier ; mais c'est une vraie rivière, où l'on trouve de l'eau en toute saison. L'Illissus est mouillé quand il pleut ; le Céphise a toujours un peu d'eau, mais divisée en mille petits ruisseaux qui auraient rappelé à Mme de Staël le ruisseau de la rue du bac. La route qui nous menait à Sparte nous a jetés sans préparation au plus bel endroit de l'Eurotas. Son lit peut avoir là quinze mètres de large ; l'eau, très-claire et très-rapide, coule sur un lit de sable fin, entre deux massifs d'arbres derrière lesquels s'élèvent de beaux rochers, grands, taillés à pic, de couleur tantôt rougeâtre, tantôt dorée. Le pont est d'une seule arche, très-hardie : c'est une construction vénitienne. Les saules, les peupliers et d'énormes platanes se serrent à s'étouffer au bord de l'eau : on dirait que c'est à qui se fera une petite place pour regarder passer l'Eurotas. Ici les lauriers-rose sont de véritables arbres, plus grands que des chênes de vingt ans. Il ne faut pas penser cependant, comme M. de Chateaubriand l'a fait croire à beaucoup de monde, qu'on n'en trouve que sur l'Eurotas. Il n'y a pas de ruisseau sans lauriers-rose. Nous avons campé au milieu des figuiers aux larges feuilles, des oliviers au feuillage grêle, des arbres de Judée, des vignes sauvages, des chênes verts en buisson, des églantiers, des genêts et de ces grands roseaux, communs en Italie, dont la tige a quelquefois vingt pieds de haut. C'est là que j'ai retrouvé pour la première fois ces bonnes senteurs forestières, si âpres et si délicieuses, que j'avais presque oubliées depuis la France. C'est sans doute dans ce délicieux petit coin que Jupiter, déguisé en cygne, vint rôder autour de Léda, et peut-être avons-nous déjeuné dans le cabinet de verdure qui servit de vestiaire à sa métamorphose. Les deux artistes qui voyageaient avec moi, et qui tous les jours accusaient la Grèce de manquer de premiers plans, lui ont pardonné en faveur de l'Eurotas et de la Laconie. La plaine de Sparte, fertile et entièrement couverte de beaux arbres, s'étend entre un rang de jolies collines et la chaîne énorme du Taygète, hérissé de sapins et coiffé de neige. C'est l'horizon le plus majestueux que j'aie vu, après la plaine de Rome, qui sera toujours au-dessus de toutes les comparaisons. Au premier aspect du pays, lorsque du haut d'une montagne on voit se dérouler la Laconie, on est saisi.[1] Il fallait que Pâris fût bien beau, pour qu'Hélène ait consenti à quitter un pareil domaine.

L'ancienne Sparte a péri tout entière. Tandis que les débris d'Athènes brillent encore de jeunesse et de beauté, et attirent de loin les regards du voyageur, il faut chercher sous les champs d'orge

---

[1] Les Grecs sont convaincus que si l'on monte au sommet du Taygète le 1er juillet, on aperçoit Constantinople à l'horizon. Ces pauvres gens voient partout Constantinople.

un théâtre enseveli, un tombeau, et quelques pans de muraille qui marquent la place où fut sa rivale. Après un duel de plus de vingt siècles, Athènes a vaincu Sparte, et le champ de bataille lui est resté. La Sparte du moyen âge, Mistra, est une montagne escarpée, couverte du haut en bas de mosquées, de châteaux et de maisons écroulées : ruines étrangement pittoresques, au milieu desquelles on est tenté de regretter, pour l'harmonie, les Turcs, cette ruine vigoureuse d'une grande nation. La Sparte nouvelle est une création du roi Othon, qui a formé le vain projet de ressusciter tous les grands noms de la Grèce. C'est une ville d'administration et de commerce, toute en boutiques, en casernes et en bureaux.

La Laconie n'est pas à plaindre. Il est vrai qu'elle n'a plus ni les lois de Lycurgue ni cette organisation artificielle qui transforma violemment un peuple d'hommes en un régiment de soldats ; elle a perdu cette puissance brutale dont elle abusait pour opprimer ses voisins et faire des ilotes ; mais il lui reste une terre fertile, bonne à labourer, bonne à planter ; de larges ombrages sous les mûriers et les figuiers, des eaux fraîches et limpides ; le Taygète, dont le front se perdrait dans les nuages, s'il y avait des nuages ; il lui reste enfin le plus beau peuple du monde. Virgile, atteint déjà de cette langueur qui devait l'emporter au tombeau, regrettait la Grèce, comme tous ceux qui l'ont vue ; mais ce qu'il désirait surtout, c'était de voir les vierges de Laconie dansant sur le Taygète les danses sacrées de Bacchus. Elles n'ont point dégénéré, ces gracieuses sœurs d'Hélène et de Léda ; mais elles ne dansent qu'une fois par an, et elles poussent la charrue.

L'aspect général de la Laconie rappelle surtout à l'esprit l'idée de la force. On y trouve cependant des paysages pleins de délicatesse. Quatre heures après avoir quitté Sparte, nous marchions au milieu d'une jolie forêt dont la feuille nouvelle brillait du plus beau vert émeraude. Une herbe épaisse formait partout de gros tapis au pied des chênes et des oliviers sauvages ; de beaux genêts dorés et de grandes bruyères, aussi hautes que de petits arbres, s'entrelaçaient pêle-mêle avec les lentisques et les arbousiers. Mille odeurs pénétrantes, échappées de la terre, exhalées du feuillage, apportées on ne sait d'où par la brise, se mêlaient ensemble pour nous enivrer. À chaque pas nous faisions la rencontre d'un joli filet d'eau qui tombait de quelque rocher pour nous rafraîchir la vue : ou bien c'était un petit ruisseau qui nous suivait depuis un quart d'heure, invisible et muet sous les herbes, et qu'un léger murmure, un reflet argenté trahissait tout à coup. Voilà les voluptés les plus exquises que l'on trouve en Grèce, après et peut-être avant le plaisir d'admirer des chefs-d'œuvre : un peu d'eau fraîche par un doux soleil. Et ne croyez pas que pour sentir ces beautés il soit nécessaire d'avoir l'âme de Rousseau, qui pleurait devant une fleur de pervenche : les Turcs, qui ne sont pas tendres, soupirent encore au seul nom de la Grèce ; et, dans les plaines insipides de la Thessalie, ils s'écrient, en versant des larmes : « Ah ! les eaux fraîches sur les montagnes ! »

VII

L'Arcadie. — Le cours de la Néda : nous voyageons dans un fleuve. Le Ladon.

L'Arcadie, que les poëtes ont tant chantée, n'est pas un pays d'Opéra-Comique. Des paysages austères, des montagnes escarpées, des ravins profonds, des torrents rapides, peu de plaines, presque point de culture, voilà en quelques mots toute l'Arcadie. Le Styx, que les indigènes appellent aujourd'hui l'Eau Noire, est un fleuve d'Arcadie si violent, si bruyant et si terrible, que les anciens en ont fait un fleuve des enfers. La Néda, moins effrayante que le Styx, a deux aspects différents ; près du village de Pavlitza, elle forme des cascatelles qui ressemblent en miniature à celles de Tivoli ; une lieue plus loin, elle se précipite dans un gouffre immense, avec le fracas d'une cataracte. En approchant de son embouchure, ce n'est plus qu'un filet d'eau dans un lit large comme une vallée. Nous avons cheminé longtemps sur les galets humides à travers lesquels elle serpente : quand l'eau passait à droite nous prenions à gauche. La Grèce voit à chaque instant les hommes dans le chemin des torrents, et les torrents dans le chemin des hommes. Au milieu du lit du fleuve, on rencontre de grands troncs d'arbres dépouillés de leur écorce, des amas de branchages rompus et pétris ensemble, des cailloux gigantesques grossièrement arrondis ; ces arbres arrachés, ces troncs pelés, ces roches roulées, et les rives partout déchirées, voilà les œuvres complètes de la Néda. Tandis que nous descendions le courant, un orage se formait derrière nous. Leftéri nous avertit de nous hâter, si nous ne voulions pas qu'il nous coupât le chemin. Heureusement, la pluie attendit pour tomber que nous fussions à l'abri. Une heure après, la route que nous venions de traverser à pied sec, ou à peu près, ressemblait au lit de la Seine après la fonte des neiges : la Néda était devenue une grosse rivière. Avant la nuit il n'y paraissait plus ; nous la traversions à pied sec en poursuivant les lucioles.

Le Ladon, le plus beau des fleuves de l'Arcadie, et le plus cher aux poëtes bucoliques, ne m'a pas agréablement surpris la première fois que je l'ai traversé. Je voyais, entre des rives plates et nues, un peu d'eau trouble coulant dans un grand lit, et je plaignais les pauvres auteurs de pastorales qui ont tant admiré le Ladon sans le connaître. Ces petites rivières, le jour où elles ne sont pas torrents, ressemblent, dans leurs larges ravins, à des enfants qu'on a couchés dans le lit à colonnes de leur grand-père. Au reste, je dois avouer qu'à cette première entrevue je n'avais pas l'esprit tourné à l'admiration. Je venais de prendre un bain dans l'Érymanthe, bien malgré moi, et par la volonté du grand Épaminondas, mon cheval. Cet animal a la même passion que M. de Chateaubriand : il veut emporter de l'eau de tous les fleuves qu'il traverse. Quand je revis le Ladon, c'était un peu plus près de sa source. Nous avions dressé notre camp dans le plus frais, le plus gracieux et le plus magnifique temple que la nature se soit bâti de ses propres mains. La rivière, qui a bien dix mètres de large, coule avec rapidité, entraînant dans ses eaux jaunes des débris de toute espèce. Elle dévore ses rives, et emporte souvent jusque dans l'Alphée les arbres qui ont grandi sur ses bords. Jamais, en cet endroit, un rayon de soleil ne pénètre jusqu'à la surface de l'eau, tant les arbres des deux rives rapprochent et confondent leur feuillage. Ce sont des platanes au tronc marbré, de grands saules plantés au milieu de la rivière, qui éparpillent dans les airs leur graine cotonneuse, et dessinent sur l'eau l'ombre grêle de leur feuillage ; des chênes verts, dont le feuillage sombre s'anime au printemps des plus beaux tons roux ; des frênes au tronc noueux, à la feuille découpée ; des arbousiers qui laissent pendre en groupe leurs grosses framboises vertes ; des ormeaux, ces pauvres ormeaux classiques, dédaignés des poëtes de nos jours, et bien déchus du haut rang où la rime les avait mis ! Ce sont des lentisques odorants, dont la moindre tige, pourvu qu'on la laisse croître, forme au bout de dix ans un môle de feuillage ; des églantiers, des aubépines roses qui laissent tomber sur nos têtes une pluie de pétales et de parfum. Et partout des clématites, des vignes, des lianes de toute espèce. Souvent une vigne sauvage s'empare d'un arbre, l'escalade de branche en branche jusqu'au sommet, et retombe à ses pieds en cascade. Souvent on trouve quelque grand arbre sans nom et sans forme : le lierre l'a étouffé dans ses bras, et revêt ce cadavre d'un feuillage éternel. À nos pieds la terre est couverte de jeunes fougères dont les extrémités sont encore recroquevillées comme des scorpions. L'herbe, verte et touffue, est semée de boutons d'or, de mauves sauvages et de marguerites, de vraies marguerites de France. C'est ici le lieu de la fraîcheur et de la paix. Je comprends la fantaisie d'un solitaire qui viendrait s'établir aux bords du Ladon et endormir sa vie au bruit de l'eau, sous les beaux platanes, dans le voisinage des bergers. Nous nous y sommes arrêtés trois ou quatre heures : nous n'avions pas mangé cette fleur du lotus qui fait oublier la patrie.

VIII

Conclusion. — La Grèce telle qu'elle est.

Le lendemain de mon retour à Athènes je reçus la visite de deux officiers de marine avec qui j'avais voyagé quatre ou cinq mois auparavant. Quand ils eurent assez ri de mes mains noires et de ma figure que le soleil avait pris soin de teindre en brique :

« Eh bien ! me dirent-ils, la Grèce, la belle Grèce ?

— Ma foi, messieurs, leur répondis-je, je persiste à croire qu'elle n'a pas volé son nom. D'abord elle n'est ni aussi nue ni aussi stérile que vous me l'avez faite. On y trouve de beaux arbres et des paysages frais, quand on prend la peine de les chercher. Et puis la stérilité a sa beauté tout aussi bien que l'abondance ; elle a même, si je ne me trompe, une beauté plus originale. Je vous accorde que la Grèce ne ressemble pas à la Normandie : tant pis pour la Normandie ? Peut-être le pays était-il plus boisé, plus vert et plus frais dans l'antiquité : on a brûlé les forêts, la pluie a emporté les terres, et les rochers ont été mis à nu. Il ne serait pas difficile de faire reverdir la Grèce entière ; il suffirait de quelques millions et

de quelques années. Plantez sur toutes les montagnes ; il se for-
mera de la terre végétale ; les pluies deviendront plus fréquentes ;
les torrents se changeront en rivières, le pays sera plus fertile : en
sera-t-il plus beau ? J'en doute. L'Acropole d'Athènes, qui est le plus
admirable rocher du monde, est cent fois plus belle en été, quand
le soleil a brûlé les herbes, qu'au mois de mars, lorsqu'elle est çà et
là plaquée de verdure. Si un enchanteur ou un capitaliste faisait le
miracle de changer la Morée en une nouvelle Normandie, il obtiendrait pour récompense les malédictions unanimes des artistes.
La Grèce n'a pas plus besoin de prairies que la basse Normandie n'a
besoin de rochers, que la campagne de Rome n'a besoin de forêts. »

CHAPITRE II - LES HOMMES

I

Population de la Grèce. — Les Hellènes d'aujourd'hui ne sont pas des Slaves. — Phanariotes. — Pallicares. — Insulaires. — Le costume national.

La population de la Grèce est d'environ neuf cent cinquante mille habitants. Nous avons des départements plus peuplés que ce royaume.

La race grecque compose la grande majorité de la nation. C'est une vérité qu'on a essayé de mettre en doute. Suivant une certaine école paradoxale, il n'y aurait plus de Grecs en Grèce ; tout le peuple serait albanais, c'est-à-dire slave : on voit sans peine où tend une pareille doctrine, qui change les fils d'Aristide en concitoyens de l'empereur Nicolas.

Mais il suffit d'avoir des yeux pour distinguer les Grecs, peuple fin et délicat, des grossiers Albanais. La race grecque n'a que fort peu dégénéré, et ces grands jeunes gens à la taille élancée, au visage ovale, à l'œil vif, à l'esprit éveillé, qui remplissent les rues d'Athènes, sont bien de la famille qui fournissait des modèles à Phidias.

Il est vrai que la guerre de l'indépendance a détruit la plus grande part de la population. Depuis que la Grèce est libre, elle s'est repeuplée, mais par l'accession de familles grecques.

Les unes venaient de Constantinople, et de ce fameux quartier de Phanar qui a mené si longtemps les affaires de la Turquie. On sait qu'une partie de la noblesse byzantine resta à Constantinople après la conquête de la ville par Mahomet Ii. Plus instruits et plus habiles que les Turcs, ces Grecs entreprirent de reconquérir par la ruse tout ce que la force des armes leur avait enlevé. Ils se firent les interprètes, les secrétaires, les conseillers des sultans ; et, cachés modestement dans des positions secondaires, ils eurent le talent de mener leurs maîtres. Plus d'un s'éleva jusqu'au rang d'hospodar, c'est-à-dire de gouverneur de province ; ceux qui n'arrivèrent pas si haut s'en consolèrent en s'enrichissant. On compte au Phanar plus de cinquante mille Grecs qui attendent le rétablissement de l'empire byzantin, et qui font leurs affaires en attendant.

Après la guerre de l'indépendance, lorsqu'on vit naître une patrie grecque, plusieurs familles phanariotes vinrent s'établir autour du roi. Ce qui les attirait, c'était la liberté d'abord, peut-être aussi la création d'une cour, dont ils espéraient remplir les principales charges. Les premières familles d'Athènes, les Mourousi, les Soutzo, les Mavrocordato, les Argyropoulo, etc., sont des familles phanariotes.

C'est aussi après la guerre de l'indépendance qu'un grand nombre de Grecs du nord, l'élite de ces montagnards qui avaient commencé la révolte, s'arrachèrent à leur pays natal, que la diplomatie avait laissé aux mains des Turcs, et s'établirent dans ce royaume qu'ils avaient fondé au prix de leur sang. Ces montagnards, ces anciens chefs de révoltés ou de brigands (car le brigandage était une des formes de la guerre), ont apporté jusque dans Athènes les mœurs étranges de leur pays. Avec les autres chefs qui habitaient autrefois la Morée, ils forment la partie la plus originale et la plus colorée du peuple grec. Ils se donnent à eux-mêmes le titre de Pallicares, c'est-à-dire de braves. Ils sont restés fidèles au costume national, et portent fièrement le bonnet rouge, la veste d'or et la jupe blanche ; ils sortent armés, suivis d'un cortége d'hommes armés. Leurs maisons ressemblent un peu à des forteresses, et leurs domestiques, choisis parmi leurs anciens soldats ou leurs fermiers, forment une petite armée. Ils pratiquent largement une hospitalité ruineuse : tous les hommes de leur pays qui viennent à Athènes sont reçus chez eux et trouvent une place sous le hangar pour chaque nuit, du pain et quelque chose de plus pour chaque repas. Lorsqu'ils se visitent les uns les autres, ils imitent la réserve silencieuse des Turcs, parlent peu, fument beaucoup et boivent force tasses de café. Ils se saluent en posant la main sur la poitrine ; ils disent *oui* en inclinant la tête, et *non* en la renversant en arrière. Leur langage est hérissé de mots turcs qui le rendent assez difficile à comprendre. Quelques-uns savent encore parler le turc ; la plupart peuvent dire quelques mots d'italien ; aucun d'eux ne sait le français, et ils se font gloire de cette ignorance.

Leurs femmes, sans être positivement enfermées, sortent peu de chez elles ; elles sont ignorantes, timides dans le monde, et toujours tremblantes devant celui qu'elles appellent leur seigneur.

CHAPITRE II - LES HOMMES

Elles ignorent l'usage du corset, et portent le bonnet national.

Les Phanariotes s'habillent à la française et montent à cheval en selle anglaise. Ils parlent un grec épuré ; ils savent le français et souvent plusieurs autres langues ; ils ressemblent à tous les peuples de l'Europe. Leurs femmes sont des dames qui font venir leurs robes de Paris.

Dans cent ans, sauf erreur, il n'y aura plus de Pallicares. Aujourd'hui toute la race grecque est, pour ainsi dire, divisée en deux nations, dont l'une se fond insensiblement dans l'autre. L'avenir est aux habits noirs.

Entre les Pallicares et les Phanariotes, mais plus près des derniers, se placent les insulaires ; ils sont tous ou marins ou marchands, et le plus souvent l'un et l'autre ensemble. Ils portent le bonnet rouge avec un pli particulier, la veste courte et l'immense pantalon des Turcs.

C'est un fait digne de remarque, que le prétendu costume national des Grecs est emprunté soit aux Turcs, soit aux Albanais. Le roi Othon, pour faire acte de patriotisme et se rendre populaire, revêt pour les jours de fête l'habillement d'une peuplade de Slaves ; et les marins d'Hydra, pour se distinguer des barbares de l'Occident, se parent d'un costume turc.

Tous les Grecs, de quelque condition et de quelque origine qu'ils soient, se rasent les joues et le menton et gardent la moustache. Ils laissent pousser leur barbe lorsqu'ils sont en deuil. Les élégants qui portent des favoris à la mode d'Europe sont mal notés par les bons citoyens.

Il est de bon goût chez les Pallicares de se serrer la taille outre mesure. Ce sont les hommes qui portent le corset ; et, comme la race grecque est maigre et nerveuse autant que la race turque est lourde et puissante, en voyant le peuple assemblé sur une place, on croit être au milieu des guêpes d'Aristophane.

Voici, en quelques mots, la toilette d'un Pallicare d'Athènes : une chemise de percale avec un grand col rabattu, sans cravate ; un caleçon court en coton ; des bas quelquefois ; toujours des guêtres agrafées jusqu'au genou, assez semblables aux cnémides des guerriers d'Homère ; des babouches rouges ; une foustanele, ou jupe très-ample, serrée à petits plis autour de la taille ; une ceinture et des jarretières étroites en soie de couleur ; un gilet sans manches ; une veste à manches ouvertes ; un bonnet rouge à gland bleu ; une large ceinture de cuir où l'on suspend le mouchoir brodé, la bourse, le sac à tabac, l'écritoire et les armes. La veste et les guêtres sont presque toujours en soie et souvent brodées d'or. Le costume d'un domestique de bonne maison, ou d'un employé à six cents francs par an, vaut six cents francs. En hiver, les Pallicares s'enveloppent dans un manteau de laine blanche qui imite assez bien la toison d'une brebis, ou dans un énorme surtout de feutre grossier, imperméable à la pluie. En été, pour se défendre des coups de soleil, ils enroulent un mouchoir, en guise de turban, autour de leur bonnet rouge. Dans quelques villages, le turban est encore de mode, et l'on rase les cheveux.

Le costume des femmes est varié à l'infini : non-seulement chaque village a le sien, mais chaque femme le modifie à sa guise. Les Athéniennes portent une jupe de soie ou d'indienne, suivant leur condition, avec une veste de velours ouverte par devant ; elles se coiffent du bonnet rouge tombant sur l'oreille, et le plus souvent elles se contentent de rouler autour de leur tête une grosse natte de cheveux tortillée avec un foulard. Cette énorme natte leur appartient, car elles l'ont payée ou reçue en héritage.

Les Albanaises portent une longue chemise de toile de coton, brodée au bas, au col et aux manches, avec de la soie de toutes couleurs ; c'est la partie essentielle de leur vêtement. Elles y ajoutent un tablier et un paletot de grosse laine, une large ceinture de laine noire, et pour la coiffure, une écharpe de coton brodée comme la chemise. On rencontre à chaque pas des femmes qui n'ont sur elles que cet habillement élémentaire.

II

Le type grec. — Les femmes d'Athènes. — Beauté des hommes. — Sobriété de tout le peuple. — Effets du vin dans les pays chauds.

La beauté de la race grecque est tellement célèbre, et les voyageurs s'attendent si fermement à trouver en Grèce la famille de la Vénus De Milo, qu'ils se croient mystifiés lorsqu'ils entrent dans Athènes.

Les Athéniennes ne sont ni belles ni bien faites ; elles n'ont ni la physionomie spirituelle des Françaises, ni la beauté large et opulente des Romaines, ni la délicatesse pâle et morbide des femmes turques. On ne voit guère dans la ville que des laiderons au nez camard, aux pieds plats, à la taille informe.

C'est qu'Athènes, il y a vingt-cinq ans, n'était qu'un village albanais. Les Albanais formaient et forment encore presque toute la population de l'Attique, et l'on trouve à trois lieues de la capitale des villages qui comprennent à peine le grec. Athènes s'est peuplée rapidement d'hommes de toute nation et de toute espèce ; et c'est ce qui explique la laideur du type athénien. Les belles Grecques, qui sont rares, ne se rencontrent que dans certaines îles privilégiées, ou dans quelques replis de montagnes où les invasions n'ont pas pénétré.

Les hommes, au contraire, sont beaux et bien faits dans tout le royaume. Leur haute taille, leur corps svelte, leur visage maigre, leur nez long et arqué et leur grande moustache leur donnent un air martial. Ils conservent quelquefois jusqu'à l'âge de soixante-dix ans une taille fine et une tournure libre et dégagée. L'obésité est un mal inconnu chez eux, et les goutteux sont les seuls qui prennent de l'embonpoint.

La race grecque est sèche, nerveuse et fine comme le pays qui la nourrit. Il suffirait d'assainir quelques marais pour supprimer toutes les fièvres épidémiques et faire des Grecs le peuple le plus sain de l'Europe, comme ils en sont le plus sobre.

La nourriture d'un laboureur anglais suffirait en Grèce à une famille de six personnes. Les riches se contentent fort bien d'un plat de légumes pour leur repas ; les pauvres, d'une poignée d'olives ou d'un morceau de poisson salé. Le peuple entier mange de la viande à Pâques pour toute l'année.

L'ivrognerie, si commune dans les pays froids, est un vice très-rare chez les Grecs. Ils sont grands buveurs, mais buveurs d'eau. Ils se feraient scrupule de passer auprès d'une fontaine sans y boire, mais s'ils entrent au cabaret, c'est pour jaser. Les cafés d'Athènes sont pleins de monde, et à toute heure ; mais les consommateurs ne prennent point de liqueurs fortes. Ils demandent une tasse de café d'un sou, un verre d'eau, du feu pour allumer leurs cigarettes, un journal et un jeu de dominos : voilà de quoi les occuper toute une journée. Je n'ai pas rencontré, en deux ans, un homme ivre-mort dans les rues ; et je crois qu'on aurait bientôt fait de compter tous les ivrognes du royaume.

Quand la sobriété ne serait pas naturelle à ce peuple, elle lui serait imposée par le climat. Sous un ciel brûlant, il suffit de quelques gouttes de liqueur pour terrasser un homme. La garnison anglaise de Corfou s'enivre tous les jours avec sa ration de vin ; nos matelots en station au Pirée se grisent abominablement en croyant se rafraîchir ; et si jamais les Suisses se rendent maîtres de la Grèce, il faudra, sous peine de mort, qu'ils se condamnent à la sobriété.

III

Les Grecs n'ont point de passions violentes. — Les fous sont très-rares dans le royaume et très-communs aux îles Ioniennes : pourquoi ?

On peut dire que le peuple grec n'a aucun penchant pour aucune sorte de débauche, et qu'il use de tous les plaisirs avec une égale sobriété. Il est sans passion, et je crois que de tout temps il a été de même ; car les habitudes monstrueuses dont l'histoire l'accuse, et dont il s'est défait, venaient plutôt de la dépravation des esprits que de la violence des sens. Ces mémorables horreurs n'étaient que des sophismes en action.

Aujourd'hui, les Grecs sont capables d'amour et de haine ; mais ni leur haine ni leur amour ne sont aveugles ; ils font le bien et le mal avec réflexion, et le raisonnement se mêle toujours à leurs actions les plus violentes. Ils ne vont tuer un ennemi qu'après s'être assurés de l'impunité ; ils ne séduisent une fille qu'après s'être informés de sa dot.

Aussi la folie est-elle une maladie excessivement rare dans le royaume. On vient de construire dans Athènes un hôpital pour les aveugles : on n'aura jamais besoin d'en bâtir un pour les fous.

Chose curieuse ! la folie est presque épidémique aux îles Ioniennes. M. le docteur Delviniotis, avec qui j'ai visité l'hospice des aliénés à Corfou, me disait : « Comprenez-vous cette contradiction ? Nous avons ici près de cent aliénés enfermés, sans parler de ceux qui sortent en liberté ou qui sont détenus par leurs familles ; c'est un préjugé populaire que dans chaque maison noble il doit se rencontrer un fou ; nous avons des fous par amour, des fous par terreur, des fous par ambition, tandis que dans tout le royaume de Grèce on compte à peine dix aliénés !

— Quelle langue, demandai-je au docteur, parle-t-on dans vos campagnes ?

— L'italien. Le grec est notre langue nationale, mais nous l'apprenons à peine, et nos mères ne le savaient pas.

— Voilà pourquoi vous avez un hôpital de fous. » Les habitants des îles Ioniennes ont beau se passionner pour la Grèce et aspirer à une réunion qui les rendrait misérables : leur patrie est à Venise. Ils n'auront jamais cette indifférence remuante, ce flegme bruyant, cette raison ardente, qui n'appartiennent qu'au peuple grec.

IV

Le peuple grec est encore un des peuples les plus spirituels de l'Europe : il travaille facilement. — Curiosité. — Un maître d'école érudit et un village qui veut s'instruire.

Les Grecs ont précisément autant de passion qu'il en faut pour mettre en œuvre ce qu'ils ont d'esprit.

Ils ont de l'esprit autant que peuple du monde, et il n'est pour ainsi dire aucun travail intellectuel dont ils soient incapables. Ils comprennent vite et bien ; ils apprennent avec une facilité merveilleuse tout ce qu'il leur plaît d'apprendre, c'est-à-dire tout ce qu'ils ont intérêt à savoir. Je ne crois pas qu'ils soient très-aptes aux sciences de haute spéculation, et il se passera probablement quelques siècles avant que la Grèce produise des métaphysiciens ou des algébristes ; mais les ouvriers grecs apprennent en quelques mois un métier même difficile ; les jeunes commerçants se mettent rapidement en état de parler cinq ou six langues ; les étudiants en droit, en médecine et en théologie acquièrent rapidement les connaissances nécessaires à leur profession : tous les esprits sont ouverts à toutes les connaissances utiles ; l'amour du gain est un maître qui leur enseignera un jour tous les arts.

Ils étudient par nécessité ; ils étudient aussi par vanité. Un peuple qui a de l'intelligence et de l'amour-propre est un peuple dont il ne faut point désespérer. Ils apprennent, tant bien que mal, le grec ancien, pour se persuader qu'ils sont les fils des Hellènes ; ils étudient leur histoire pour avoir de quoi se vanter. Ils s'instruisent enfin par curiosité pure, et ils montrent un égal empressement à raconter ce qu'ils savent et à apprendre ce qu'ils ignorent.

Je me souviens qu'un jour, après une longue course dans les montagnes de l'Arcadie, nos agoyates, qui s'étaient un peu égarés, nous conduisirent à un village escarpé, éloigné des chemins battus et de la circulation des voyageurs : les habitants ne se souvenaient pas d'avoir vu un habit européen. À peine étions-nous arrêtés sur la place, que le maître d'école s'empara de nous et se mit à nous faire les honneurs de son village, en nous énumérant toutes les gloires mythologiques du pays :

« Cette montagne couverte de neige, c'est le Cyllène, où naquit Mercure. C'est ici que dans son enfance il vola les bœufs d'Apollon, et, tandis qu'Apollon faisait la grosse voix pour le forcer de les rendre, il trouva moyen de lui dérober son carquois.

— Et vos élèves, lui demandai-je, sont-ils encore dans les mêmes principes ?

— Non pas précisément, mais il en reste quelque chose : mauvais exemple porte toujours ses fruits. C'est là-bas, derrière l'église, qu'Hercule atteignit la biche d'Érymanthe. » En effet, nous apercevions le sommet de l'Érymanthe, et, sans faire tort au mérite incontestable d'Hercule, je ne pensais, je l'avoue, qu'à ces vers charmants d'André Chénier, le dernier des poètes grecs :

Ô coteaux d'Érymanthe ! ô vallons ! ô bocage !
Ô vent sonore et frais qui troublais le feuillage,
Et faisais frémir l'onde, et sur leur jeune sein
Agitais les replis de leur robe de lin !

Ô visage divin, ô fêtes, ô chansons !
Des pas entrelacés, des fleurs, une onde pure,

Aucun lieu n'est si beau dans toute la nature.

« Monsieur, me disait le maître d'école, en descendant par la maison de M. le maire (le *parèdre*) vous arriveriez à Gortyne, qui fut la patrie du dieu Pan. C'est à nos ancêtres qu'il inspirait une terreur panique. Vous savez que c'est là-bas, sur les bords du Ladon, qu'il poursuivait Syrinx, lorsque cette femme vertueuse fut, pour ses mérites, changée en roseau. » C'est ainsi que le maître d'école se plaisait à étaler sa modeste érudition en nous apprenant les choses que nous savions mieux que lui. Lorsqu'il eut tout dit, il voulut à son tour nous faire quelques questions. Si j'ai jamais regretté d'être une encyclopédie vivante, c'est durant l'examen que ce brave homme me fit subir. Toute la jeunesse du pays recueillait avidement mes réponses, et ne manquait pas une si belle occasion de s'instruire. S'il me laissait reposer un instant, tous ses voisins lui suggéraient des questions nouvelles. Il fallait leur parler de la France, de Paris, de nos grands fleuves, des chemins de fer, des ballons, de l'Angleterre et de la Chine, et surtout de la Californie. Leur curiosité n'était pas trop ignorante, et leurs questions mêmes montraient qu'ils savaient passablement de choses. Ils écoutaient mes réponses dans un tumultueux silence, et les transmettaient à ceux qui étaient trop loin pour m'entendre. C'est ainsi qu'on devait écouter Hérodote, lorsqu'il racontait les merveilles de l'Égypte et de l'Inde à ce peuple pétri d'intelligence et de curiosité.

V

Passion pour la liberté : il y a toujours eu des hommes libres en Grèce. — Le brigandage et la piraterie sont deux formes de liberté. — Le Magne n'a jamais obéi à personne. — Impôt payé au bout d'un sabre.

Tout homme intelligent est fier de sa qualité d'homme et jaloux de sa liberté. Quand les Russes sauront penser, ils ne voudront plus obéir. Les Grecs haïssent l'obéissance. Il faut que l'amour de la liberté soit bien enfoncé dans leurs âmes, pour que tant de siècles d'esclavage n'aient pu l'en arracher.

La nature du pays est singulièrement favorable au développement de l'individualisme. La Grèce est découpée en une infinité de fractions par les montagnes et par la mer. Cette disposition géographique a facilité autrefois la division du peuple grec en petits États indépendants les uns des autres, qui formaient comme autant d'individus complexes. Dans chacun de ces États le citoyen, au lieu de se laisser absorber par l'être collectif ou la cité, défendait avec un soin jaloux ses droits personnels et son individualité propre. S'il se sentait menacé par la communauté, il trouvait un refuge sur la mer, sur la montagne, ou dans un État voisin qui l'adoptait.

Grâce à la mer et aux montagnes, la Grèce eut beau être asservie, le Grec put rester libre. L'archipel n'a jamais manqué de pirates ; les montagnes n'ont jamais manqué de brigands ou de clephtes. Les deux presqu'îles méridionales de la Morée sont restées insoumises. Les Mavromichalis, beys du Magne, administraient eux-mêmes tout ce pays, et ne payaient aux Turcs qu'un impôt dérisoire, que l'agent du fisc venait recevoir en tremblant sur la frontière. On lui tendait, au bout d'un sabre nu, une bourse contenant quelques pièces d'or.

Les montagnards du Magne sont rudes et incultes comme leur pays. Ce peuple se nourrit de glands, comme autrefois les habitants de Dodone. Les glands doux du chêne valanède ne sont pas un trop mauvais manger. Les Maniotes parlent une langue à part, qui se rapproche beaucoup du grec ancien ; ils ne prononcent pas comme les gens d'Athènes. Leurs danses et leurs mœurs leur appartiennent exclusivement : on prétend même que leur religion a conservé quelques traces du paganisme.

Ils sont, avec les clephtes de l'Acarnanie, les plus courageux de tous les Grecs ; ils sont aussi les plus robustes. Les portefaix et les terrassiers d'Athènes sont des Maniotes ; ils ne travaillent pas avec beaucoup d'adresse, mais ils ont des épaules à porter un bœuf. Lorsque Beulé faisait ses fouilles à l'Acropole, il avait confié la direction des travaux à deux ouvriers : l'un était vif, adroit et flâneur ; il était d'Athènes. L'autre était lourd, puissant et infatigable ; c'était un Maniote. Il nous semblait que la guerre du Péloponèse allait recommencer et que nous voyions Athènes et Sparte en présence.

Les voyageurs pénètrent rarement dans le Magne, car la Laconie a toujours été plus riche en vertus qu'en chefs-d'œuvre, et l'on n'y trouve rien d' antique que les mœurs. Les habitants sont, comme autrefois, brigands et hospitaliers. Un étranger qui n'est connu de personne est sûr de revenir sans bagages. J'ai vu un jour, dans la ville de Mistra, sur la frontière du Magne, aux portes d'une préfecture, un de mes amis qui se débattait en plein jour contre une douzaine de Maniotes. Ces bonnes gens insistaient poliment pour qu'il leur donnât une pièce de cent sous ; il la refusait avec une politesse au moins égale. Pour l'exhorter à la munificence, ils lui parlaient à mots couverts de coups de bâton, et ils lui montraient quelques armes à feu dont ils étaient ornés. Le chef de la bande était un petit employé de la préfecture, qui faisait sonner très-haut son titre officiel. J'arrivai à temps pour dégager mon compagnon de voyage : on accorde à deux hommes ensemble le respect qu'on refuserait à chacun d'eux séparément. Je menaçai le chorége de cette troupe de coquins, et je fis sonner assez haut le nom d'un député de Mistra pour qui j'avais une lettre. Mon homme se mit à rire. « Un tel ! s'écria-t-il ; mais je le connais ; c'est un homme à moi. »

Faites-vous recommander à un Maniote un peu puissant : vous parcourrez tout le pays sans qu'il vous en coûte rien. Votre hôte vous adressera à tous ses amis. Vous serez conduit de village en village, embrassé sur la bouche, et, dans la maison la plus pauvre, on tuera un agneau en votre honneur. Cette libéralité n'est pas intéressée. Peut-être un jour votre hôte vous demandera-t-il votre montre ou quelque autre bijou qui lui fait envie ; mais c'est un présent d'amitié, et dont il vous rendra la valeur.

On sait combien les Anglais sont affables pour l'étranger qui leur est présenté, et froids pour celui qui se présente lui-même. Les Maniotes ont la même qualité et le même défaut, un peu exagérés ; ils poussent l'affabilité jusqu'à l'embrassade, et la froideur jusqu'au coup de fusil. Malgré ces petits travers, ils sont plus intéressants que tous leurs compatriotes, parce qu'ils sont plus hommes.

Quels que soient à l'avenir les maîtres de la Grèce, le Magne sera toujours un pays inaccessible, et la liberté pourra s'y réfugier.

VI

Égalité. — Les Grecs étaient égaux du temps d'Homère : ils le seront éternellement. — Impossibilité de fonder une aristrocratie.

Edmond About

— Le ministre et l'épicier. — Ce qu'il faut penser des princes grecs qu'on voit à Paris. — Les nobles honteux ; leurs cartes de visite.

Les Grecs ont eu de tout temps le sentiment de l'égalité. On peut voir dans Homère comment les soldats parlaient à leurs chefs et les esclaves à leurs maîtres. Le roi n'était pas fort au-dessus des peuples ; il n'y avait point d'inégalités marquées dans la société ; les pauvres et les mendiants étaient frappés et insultés, mais non méprisés et humiliés. On leur jetait quelquefois à la tête un pied de bœuf ou un escabeau, mais ils parlaient librement aux chefs et mangeaient avec eux. Les esclaves eux-mêmes étaient traités avec honneur, et Eumée embrassait familièrement le fils d'Ulysse. Tous les traducteurs d'Homère qui ont introduit le mot *vous* dans le dialogue ont fait un grossier contre-sens. Les Grecs se sont toujours tutoyés et ils se tutoient toujours.

Aristophane nous apprend comment le peuple de son temps traitait ses gouvernants, ses orateurs et ses philosophes. Il y avait dans Athènes un parti aristocratique, mais il n'y avait point d'aristocratie ; il n'y en a pas aujourd'hui, et je défie les plus habiles d'en établir une. L'almanach de Gotha n'aura jamais de clients aux bords de l'Ilissus.

En effet, pour établir une aristocratie tolérable ou excusable, il faut trouver une classe de la société qui ait à la fois plus de gloire, plus d'argent et plus d'intelligence que les autres. Point d'aristocratie sans gloire, c'est-à-dire sans ancêtres ; point d'aristocratie sans argent, c'est-à-dire sans indépendance ; et une noblesse qui n'a que de la gloire et de l'argent n'a pas longtemps à vivre.

Tous les Grecs sont également dénués d'argent et de gloire. Il n'y a pas cent familles dans le royaume qui aient leur pain assuré : voilà leur richesse. Ils ont tous porté le poids de la domination turque jusqu'au moment où nous les avons délivrés ; ils ont tous reçu les mêmes coups de bâton : voilà leur gloire.

Pour de l'esprit et du savoir, ils en ont tous une dose à peu près égale, et tous, ou peu s'en faut, se piquent d'appartenir à l'aristocratie de l'intelligence.

Lorsqu'un ministre passe dans la rue d'Hermès en se rendant au palais, l'épicier ou le barbier lui crie bien fort : « Hé ! mon pauvre ami, que tu nous gouvernes mal ! » Le ministre répond : « On voit bien que tu ne tiens pas la queue de la poêle. »

La constitution n'admet aucune espèce de distinction nobiliaire, et elle fait bien.

Cependant il n'est pas rare d'entendre annoncer un prince grec dans les salons de Paris ; et les comtes grecs sont assez communs dans les hôtels garnis. Les comtes grecs peuvent être de bon aloi, mais ils viennent des îles Ioniennes et n'appartiennent pas au royaume de Grèce ; quant aux princes, ils n'appartiennent à aucune aristocratie, et ils se sont faits eux-mêmes ce qu'ils sont.

Tous les Grecs qui ont rempli sous la domination turque les fonctions temporaires d'hospodar ou de bey, c'est-à-dire d'administrateur, ont changé le titre qu'ils n'avaient plus contre le nom plus pompeux de prince. Leurs enfants et petits-enfants des deux sexes, pour être sûrs d'hériter de quelque chose, prennent à leur tour le titre de prince et de princesse. Si un sous-préfet destitué se décernait à lui-même le titre de prince, et si tous ses enfants se faisaient princes à leur tour, nous en ririons de bon cœur. Ainsi font les Grecs, et jamais ils n'ont pris au sérieux les principautés phanariotes dont Athènes est inondée. Les princes grecs ont deux sortes de cartes de visite. Sur les unes ils écrivent : Jean, Constantin ou Michel X… ; sur les autres : le prince X… ; les unes sont pour les Grecs, les autres pour les dupes.

VII

Patriotisme. — Insurrection de Céphalonie. — La bravoure des Grecs. — Leur dégoût de l'agriculture. — Passion pour le commerce. — Petros veut acheter le cheval de son maître.

J'ai reconnu aux Grecs deux vertus politiques : l'amour de la liberté et le sentiment de l'égalité ; il faut en ajouter une troisième : le patriotisme.

Sans doute il entre beaucoup d'orgueil dans l'amour des Grecs pour leur pays, et ils s'aveuglent étrangement sur l'importance de la Grèce. Selon eux, tous les événements de l'Europe ont la Grèce pour centre et pour fin. Si l'Angleterre a fait une exposition universelle, c'était pour mettre en lumière les produits de la Grèce ; si la France fait une révolution, c'est pour fournir des articles intéressants aux journaux d'Athènes ; si l'empereur Nicolas convoite Constantinople, c'est pour en faire hommage au roi Othon. Le peuple grec est le premier peuple du monde ; la Grèce, un pays sans égal ; la Seine et la Tamise, des affluents souterrains du Céphise et de l'Ilissus. Je passe sur ces ridicules. Il est certain que plusieurs Grecs des îles ont, comme le grand Condouriotis, sacrifié tous leurs biens, qui étaient considérables, pour affranchir leur patrie. Tous les monuments d'Athènes ont été construits par souscription, et la plupart des Grecs qui vivent à l'étranger lèguent leurs biens à la Grèce. Enfin, les habitants des îles Ioniennes, qui sont plus riches, plus heureux, et cent fois mieux administrés que les sujets du roi Othon, se sont révoltés à la suite des événements de 1848 ; ils voulaient être ruinés par les impôts, pillés par les percepteurs, incendiés par les brigands, maltraités par les soldats, et jouir de tous les avantages qu'un gouvernement déplorable procurait depuis vingt ans à la Grèce.

Le patriotisme des Grecs va-t-il jusqu'à affronter les balles ? C'est une question que j'ai souvent débattue avec les philhellènes. L'Europe a cru dans un temps que tous les Grecs étaient des héros : j'ai entendu quelques vieux soldats assurer qu'ils étaient tous des poltrons. Je crois être plus près de la vérité en disant qu'ils ont un courage prudent et réfléchi. Pendant la guerre de l'indépendance, ils ont surtout combattu en tirailleurs, derrière les buissons. On n'aura pas de peine à me croire, lorsqu'on saura qu'ils appuient volontiers leur fusil sur un arbre ou sur une pierre, pour assurer le coup. Les chasseurs ne tuent guère de gibier au vol, ils tirent les perdrix au posé et les lièvres au gîte. C'est ainsi qu'ils ont fait autrefois la chasse à l'homme. Sans doute il s'est rencontré parmi eux des soldats assez hardis pour se risquer en plaine ; mais ce n'est pas le plus grand nombre. Canaris, qui allait incendier une flotte à bout portant, était un sujet de stupéfaction pour la nation entière. Il ne faut pas croire que tous les Grecs soient semblables à Canaris, et c'est toujours un mauvais système que de juger un peuple sur échantillon. Ce n'est pas la flotte grecque qui a attaqué Xerxès à Salamine : c'est un homme, c'est Thémistocle. Les Grecs ne voulaient pas se battre, et Hérodote raconte qu'il s'éleva dans les airs une voix qui leur disait : « Lâches ! quand cesserez-vous de reculer ? »

Le peuple grec n'est pas né pour la guerre, quoi qu'il dise. Eût-il autant de courage qu'il s'en attribue, la discipline, qui est le principal ressort de la guerre, lui manquera toujours. Il prétend qu'il n'est pas né pour l'agriculture : je crains bien qu'il n'ait raison. L'agriculture réclame plus de patience, plus de persévérance, plus d'esprit de suite que les Hellènes n'en ont jamais eu. Ils aiment les voyages lointains, les entreprises hardies, les spéculations aventureuses. Le Grec se trouve à sa place sur la porte d'une boutique où il attire les chalands, ou sur le pont d'un navire où il amuse les passagers. Assis, il se complaît dans sa dignité ; debout, il s'admire dans son élégance ; mais il lui répugne de se courber vers la terre. Nos laboureurs le traiteraient de fainéant, et ils auraient tort ; il a l'activité de l'esprit. Les Grecs qui cultivent la terre se sentent humiliés : ils ambitionnent une place de domestique ou la propriété d'un petit cabaret. Le sol ingrat qu'ils tourmentent ne dit rien à leur cœur ; ils n'ont pas, comme nos paysans et comme leurs ancêtres, l'amour de la terre ; ils ont oublié les fables poétiques qui en faisaient la mère des hommes. Le paysan français ne songe qu'à arrondir son champ ; le paysan grec est toujours prêt à le vendre.

Au reste, ils vendent tout ce qu'ils peuvent, d'abord pour avoir de l'argent, ensuite pour le plaisir de vendre. En France, si vous proposiez à un ouvrier de lui acheter son habit, il vous répondrait, en enfonçant ses mains dans ses poches : « Mon habit n'est point à vendre. » En Grèce, arrêtez un bourgeois à la promenade et demandez-lui s'il veut vendre ses souliers. Pour peu que vous en offriez un prix raisonnable, il y a dix à parier contre un qu'il s'en retournera nu-pieds à la maison. Dans nos voyages, lorsque nous logions chez des particuliers un peu aisés, nous n'avions pas besoin d'envoyer au bazar : nos hôtes nous donnaient au plus juste prix le vin de leur cave, le pain de leur four et les poules de leur poulailler. Ils se déshabillaient au besoin pour nous vendre leurs vêtements. J'ai rapporté une chemise albanaise fort bien brodée que j'avais achetée toute chaude. En revanche, une fois ou deux les paysans nous ont prié de leur vendre ce qu'ils voyaient dans nos mains. Un jour, à Sparte, un homme qui était venu pour me vendre des médailles, voulut acheter l'encrier dont je me servais. Petros, notre domestique, ayant appris que Beulé voulait vendre son cheval, vint le trouver en tournant son bonnet entre ses doigts, et lui demanda la préférence. « Mais au nom du ciel, lui demanda Beulé, que ferais-tu de mon cheval ? — Je vous le louerais, monsieur, pour la promenade. »

VIII

Revers de la médaille. — Les Grecs sont indisciplinés et jaloux. — Le roi des autochthones et des hétérochthones. — La probité grecque. — Deux ministres se disputent un pot-de-vin. — Le président de l'Aréopage met son jardin en loterie.

Toute médaille a son revers, et il est bien rare qu'une vertu ne soit pas doublée d'un vice.

Chez les Grecs, l'amour de la liberté est doublé du mépris des lois et de toute autorité régulière ; l'amour de l'égalité se manifeste souvent par une jalousie féroce contre tous ceux qui s'élèvent ; le patriotisme étroit devient l'égoïsme, et l'esprit mercantile touche de près à la friponnerie.

Les Pallicares ont appris depuis leur naissance à violer les lois, les Phanariotes à les éluder ; la masse du peuple n'a jamais obéi qu'à la force et ne se croit obligée à rien envers un gouvernement faible ; la religion, comme nous l'expliquerons plus tard, ne prescrit aux fidèles que les pratiques superstitieuses, et oublie de prêcher la morale ; l'autorité ne sait pas se faire respecter et semble douter d'elle-même : bref, tout contribue à faire du peuple grec le peuple le plus indiscipliné de la terre.

La même jalousie qui dictait autrefois les sentences sévères de l'ostracisme fait proscrire aujourd'hui tous les hommes qui dépassent un certain niveau. Les uns sont assassinés à coups de couteau, les autres sont tués à coups de langue. Interrogez un Grec sur tous les grands noms de son pays, il n'en touchera aucunsans le salir. Celui-ci a trahi, celui-là a volé, tel autre a conseillé ou commandé des assassinats ; les plus purs ont eu des mœurs infâmes. Il n'y a pas un Grec qui soit estimé en Grèce.

Le patriotisme grec se manifeste de deux façons entièrement opposées, au dehors et au dedans du pays. Les Grecs du dehors adorent la patrie commune ; ils se dépouillent pour elle, ils ne songent qu'aux moyens de la rendre plus riche et plus grande. Les Grecs du dedans ne s'occupent qu'à fermer le pays aux Grecs du dehors. Les uns ont le patriotisme prodigue, les autres le patriotisme conservateur. C'est le patriotisme prodigue qui a créé tous les grands établissements de la Grèce ; c'est le patriotisme conservateur qui a fait la loi du 3 février 1844 sur les autochthones et les hétérochthones.

Cette loi, la plus injuste et la plus inepte qui ait jamais été votée chez un peuple civilisé, donne le monopole exclusif des emplois publics aux habitants de la Morée et de l'Attique ; elle ferme la Grèce à tous les Grecs qui ne sont pas nés dans le petit royaume d'Othon ; elle exclut du gouvernement la partie la plus intelligente, la plus riche et la plus dévouée de la nation.

Les autochthones sont les Grecs nés dans le royaume ; les hétérochthones sont les Grecs nés sur un territoire soumis à la Turquie.

Un insulaire de Chio ou de Candie, un Grec de Smyrne, de Corfou ou de Jannina, qui a combattu pour l'indépendance, mais qui ne s'est établi dans le royaume ou qui n'y a fait venir sa famille qu'en 1838, est incapable de remplir les fonctions de garde champêtre. Il a le droit de donner un million à la Grèce, de construire un observatoire, une école militaire, un séminaire, un hospice ; il n'a pas le droit de se mettre sur les rangs pour la députation : ainsi le veut la loi du 3 février 1844.

Le premier effet de cette loi a été d'expulser un grand nombre d'employés et de désorganiser tous les services ; le second a été d'empêcher la population de s'accroître. Il ne paraît pas que la Grèce soit plus peuplée aujourd'hui qu'il y a vingt ans, malgré la fécondité des mariages ; la fièvre, qui tue un enfant sur trois, décime régulièrement les familles, et la loi sur les hétérochthones est une barrière qui arrête les imaginations.

Il est un dernier point sur lequel les apologistes les plus ardents du peuple grec sont forcés de passer légèrement : c'est le chapitre de la probité. Les Grecs se sont fait à l'étranger une réputation détestable : en tout pays, on dit *un Grec* comme on dirait un filou de bonne compagnie. Je suis contraint d'avouer qu'ils ne valent pas mieux que leur réputation. On m'a montré à la cour du roi Othon tel officier supérieur qu'on a surpris plusieurs fois à voler au jeu ; mais on ne montre pas les juges qui ont vendu la justice, les hommes d'État qui se sont vendus eux-mêmes et les grands officiers de la couronne qui ont commandé des bandes de brigands : on aurait trop à faire. C'est un axiome chez les Grecs que tous les moyens sont bons pour s'enrichir ; le vol heureux est admiré, comme autrefois à Sparte ; les maladroits sont plaints ; celui qui s'est laissé prendre ne rougit que d'une chose : de s'être laissé prendre.

Un jour, un haut personnage de Valachie envoya au ministre des affaires étrangères de Grèce un service d'argenterie qui pouvait valoir cinquante mille francs. La caisse portait cette simple suscription : « À monsieur le ministre des affaires étrangères. » Pendant que l'argenterie était en route, survient un changement de ministère. Le nouveau ministre reçoit la caisse et la garde de confiance. L'excellence déchue la réclame, prétendant que c'est un pot-de-vin qui lui était dû. Il y eut procès, mais il n'y eut pas scandale. Les plus honnêtes gens d'Athènes seraient des gens tarés en France ou en Angleterre. Que penserions-nous d'un très-haut fonctionnaire de l'ordre judiciaire qui met en loterie un enclos et une cabane, qu'il intitule pompeusement l'académie de Platon ! L'homme qui a fait cette spéculation et qui a envoyé des billets à toute l'Europe, est un ancien ministre, qui préside la plus haute de toutes les cours de justice, et qui jouit dans son pays d'une fort bonne réputation.

Je résume en quelques mots les observations précédentes.

Le peuple grec est nerveux, vif, sobre, sensé, spirituel, et fier de tous ses avantages : il aime passionnément la liberté, l'égalité et la patrie : mais il est indiscipliné, jaloux, égoïste, peu scrupuleux, ennemi du travail des mains. Enfin, et c'est une observation qui domine toutes les autres, la population est stationnaire et n'a reçu aucun accroissement sensible en vingt-cinq années.

IX

Les Albanais et les Valaques, laboureurs et bergers. — Les Maltais. — L'italien s'oublie et l'on apprend le français. —

Histoire des Bavarois en Grèce. — Polonais. — Turcs.

Les Albanais forment près du quart de la population du pays. Ils sont en majorité dans l'Attique, dans l'Arcadie et dans Hydra. C'est une race forte et patiente, aussi propre à l'agriculture que les Hellènes le sont au commerce. Les Albanais, peuple sédentaire, et les Valaques, peuple nomade et pasteur, travaillent pour nourrir les Hellènes. Ils ne recherchent pas les places, et leur ambition n'est point d'entrer dans les bureaux. Tous les soirs, au coucher du soleil, on rencontre autour d'Athènes de longues processions d'Albanais qui reviennent avec leurs femmes du travail des champs. Ils habitent presque tous sur le versant de l'Acropole, au même endroit où se tenaient autrefois les Pélasges. Les Valaques couchent en plein air dans la montagne, au milieu de leurs troupeaux. Ainsi vivait autrefois Eumée.

« Le pasteur ne veut point dormir sur sa couche, loin de ses troupeaux. Il sort et s'arme. Il jette son épée tranchante sur ses robustes épaules ; il revêt un large manteau qui le garantit contre le vent, et met sur son dos la peau d'une grande chèvre. Il prend un javelot aigu, arme contre les chiens et contre les hommes, et il va dormir au milieu des porcs aux dents blanches, sous un rocher creux, au souffle des vents. » Les chiens des Valaques sont, comme ceux d'Eumée, des animaux féroces contre lesquels il est bon d'avoir un javelot.

Il n'y a dans la langue grecque qu'un seul mot pour désigner un Valaque et un berger.

Les Albanais parlent une langue originale qui ne se confond avec aucun des autres idiomes slaves. Les Valaques parlent une sorte de latin corrompu et méconnaissable.

Les Maltais, ces Savoyards de la Méditerranée, sont nombreux à Athènes et au Pirée : on y en compte plus de quinze cents. Par une exception assez curieuse, ils sont en Grèce d'une probité irréprochable, tandis qu'à Smyrne et à Constantinople ils forment la lie de la population. À Constantinople, leurs principales occupations sont le vol et l'assassinat ; à Athènes, ils sont commissionnaires, terrassiers, jardiniers : ils partagent avec les robustes habitants du Magne tous les travaux pénibles dont les journaliers athéniens ne voudraient pas. Si les Maltais sont les Savoyards d'Athènes, les Maniotes en sont les Auvergnats.

La puissance vénitienne n'a laissé que des souvenirs dans la Grèce continentale et dans la Morée. Les Grecs donnent le nom de *castro vénitien* à toutes constructions qui semblent remonter au moyen âge. Mais la langue italienne s'oublie de jour en jour davantage ; elle est remplacée par le français. Quant aux Italiens, ils ont disparu du pays : on n'en trouve plus que quelques familles dans les îles de l'archipel.

Les Bavarois, qui semblaient avoir envahi la Grèce, ont également disparu.

Le roi Othon, second fils du roi Louis de Bavière, fut proclamé roi de Grèce à la conférence de Londres, en février 1832.

Il débarqua à Nauplie, mineur, soumis à un conseil de régence composé de trois Bavarois, et escorté d'une petite armée de 3500 Bavarois, le 6 février 1833.

Jusqu'au jour de sa majorité (1er juin 1835) la régence bavaroise disposa de toutes choses en Grèce, arbitrairement et sans contrôle : toutes les places importantes furent données à des Bavarois ; un Bavarois fut nommé inspecteur des eaux et forêts de l'île de Syra, qui n'a ni eau ni forêts ; l'armée grecque se recruta de 5000 volontaires bavarois.

Une fois majeur, le roi, qui avait un pouvoir absolu, le remit tout entier aux mains de M. d'Armansperg, Bavarois qui gaspilla les finances et révolta le peuple. En 1837, le roi, qui venait de se marier à une princesse d'Oldenbourg, renvoya M. d'Armansperg, et le remplaça par M. Rudhart, Bavarois qui accorda une haute paye de cinq sous par jour aux volontaires bavarois, persécuta la presse, mécontenta les Grecs, et ne respecta pas même le roi, qui le destitua au mois de novembre.

De novembre 1837 à septembre 1843, l'administration fut partagée entre les Grecs et les Bavarois, les Grecs gagnant, les Bavarois perdant tous les jours du terrain. En même temps, l'armée se remplissait de Grecs, les étrangers retournaient en Bavière, si bien que le 15 septembre 1843 il ne restait plus dans le pays que quelques employés et cent cinquante soldats bavarois, lorsque le peuple fit une révolution pour les chasser.

Aujourd'hui, à l'exception de quelques serviteurs attachés à la personne du roi et payés sur sa liste civile, les seuls Bavarois qu'on rencontre en Grèce sont les habitants d'un pauvre petit village voisin d'Athènes et qu'on nomme Héraclée.

À l'époque de mon arrivée en Grèce (février 1852), il y avait à Athènes vingt-cinq ou trente Polonais qui, après avoir fait la guerre en Italie, trouvaient dans ce maigre pays une plus maigre hospitalité. Le climat leur était mauvais ; presque tous avaient la fièvre ; et tous seraient morts de faim sans la générosité d'un Grec, M. Négris, qui leur fournit l'argent nécessaire pour fonder un manége. Ils y travaillaient à perte, et M. Négris, en deux ans, y dépensa une trentaine de mille francs ; mais enfin ils vivaient. Le peuple d'Athènes, qui ne comprend pas qu'on fasse le bien sans intérêt, accusait M. Négris de conspirer contre la paix de l'Europe avec cette poignée de fiévreux et de vieillards. Les Polonais étaient maltraités assez régulièrement ; deux ou trois furent assassinés. Un officier grec insulta un Polonais sur la route du Pirée : le Polonais lui demanda raison ; le Grec refusa de se battre, en disant qu'il ne savait pas à qui il avait affaire. « Monsieur, répondit le Polonais, je suis officier comme vous, et plus que vous, car je me suis déjà battu, et je suis prêt à le faire encore. » Le Grec eut le courage de tenir bon et de ne point se battre. Malgré ces indignes traitements, les pauvres gens cherchaient à se rendre utiles. Un incendie se déclara dans Athènes. Les Grecs y coururent selon leur coutume, pour voir du feu et pour faire du bruit. Les Polonais y exposèrent leur vie. Peu de temps après ils furent chassés d'Athènes : ils portaient ombrage à la Russie. On les arracha de chez eux avec une brutalité qui ajoutait à l'odieux de cette exécution. Ils furent embarqués sans avoir pu mettre ordre à leurs affaires, et ils prirent le chemin de l'Amérique sans argent. Le gouvernement grec, pour justifier sa conduite, publia dans le journal officiel trois pièces saisies chez le chef des Polonais, le général Milbitz. C'étaient trois proclamations adressées deux ans auparavant aux Grecs de Bulgarie et de Servie pour les exhorter à se défier de la Russie.

Il restait quelques familles turques dans l'île de Négrepont, lorsque la guerre d'Orient a éclaté : je suppose qu'elles ont quitté le royaume. Les Grecs les toléraient, à peu près comme ils tolèrent les juifs : je ne sais rien de plus intolérant que leur tolérance. Ces Turcs avaient cent fois plus de raisons de se plaindre que les Grecs rayas n'en ont jamais eu d'accuser les Turcs. Jamais les Turcs n'ont traité les églises grecques comme les gamins de Négrepont traitaient les mosquées.

Les Grecs témoignent très-hautement leur mépris pour les Turcs. Depuis qu'on les a délivrés, ils se figurent qu'ils se sont délivrés eux-mêmes ; chacun se rappelle les beaux faits d'armes qu'il aurait pu faire, et le plus modeste a toujours tué cent Turcs pour le moins. Cependant j'ai vu le temps où il était fort difficile de décider un domestique hellène à passer la frontière de Turquie. Ces héros se serreraient contre leurs maîtres à l'approche du moindre turban, et le plus mince cavas aurait pu les bâtonner sans résistance.

X

Sentiments des Grecs pour les étrangers. — Les Anglais aux îles Ioniennes. — Un Anglais qui ne veut pas perdre son accent. — *Are you a gentleman ?* — La haute cour de justice à Corfou.

Les sentiments des Grecs pour les peuples de l'Occident, et en particulier pour leurs protecteurs, ne sont pas faciles à démêler. Le paysan que le hasard a mis en contact avec un voyageur commence par lui demander s'il est Français, Russe, Allemand ou Anglais, et, suivant la réponse, il ajoute d'un air pénétré : « J'aime beaucoup les Français, ils sont vifs et généreux ; » ou : « J'adore les Russes, ils sont orthodoxes ; » ou : « Je vénère les Allemands, il nous ont donné le meilleur des rois ; » ou : J'ai la plus grande admiration pour les Anglais, ils sont aussi bons marins que nous. »

Le fond de toutes ces protestations est une grande indifférence, qui n'est point sans un mélange de haine. S'ils aiment les étrangers, c'est comme le chasseur aime le gibier. Ils témoignent la même affection aux Français, aux Anglais et aux Russes, en les volant uniformément sur tout, en leur vendant impartialement les choses au double du prix qu'on les vend aux Grecs, et en les trompant, sans préférence aucune, sur le change des monnaies. Un Grec se croirait déshonoré s'il ne vous dérobait pas quelque chose en vous rendant la monnaie de cinq francs : lorsqu'on s'en aperçoit et qu'on le lui dit, il répare son erreur, et sourit d'un air aimable qui veut dire :

« Nous nous comprenons : vous avez deviné que j'étais un fripon ; vous êtes un homme d'esprit, peut-être un peu fripon vous-même ; nous sommes faits pour nous entendre. » Un cafetier grec n'est nullement embarrassé lorsqu'un Français et un Grec qui ont pris le même café à la même table, viennent en même temps lui payer l'un deux sous, l'autre un sou. Si vous lui en faisiez la remarque, il vous répondrait : « Les Grecs ne se mangent pas entre eux.[1] »

Il y a fort peu d'Anglais établis dans le royaume de Grèce ; mais l'Angleterre protège les îles Ioniennes, et le rapprochement des Grecs et des Anglais, les deux peuples les plus personnels de la terre, offre un spectacle assez curieux.

Ce n'est point ici le lieu de rechercher si les Anglais ont fait aux Ioniens tout le bien qu'ils pouvaient leur faire.

Ce qui est certain, c'est que Corfou est pour les Anglais une position militaire aussi importante que Malte ou Gibraltar, et qu'ils tiennent à la conserver. Ce qu'on devine encore, et au premier coup d'œil, c'est que Corfou et les six autres îles sont mieux cultivées et plus florissantes qu'aucune province du royaume de Grèce ; les communications sont faciles par terre et par mer, le pays est traversé en tous sens par des routes admirables ; toutes les îles sont reliées entre elles par un service régulier de bateaux à vapeur. On pourrait donc croire que les îles ont autant de plaisir à garder les Anglais que les Anglais en ont à garder les îles. On se tromperait grossièrement.

Cependant les Ioniens font bon visage aux Anglais. Ils retrouvent à l'occasion ces sourires gracieux et ces flatteries ingénieuses que la grécaille du temps d'Auguste prodiguait aux Romains, ses maîtres. J'ai vu grandir à Corfou une génération de jeunes élégants qui cherche à oublier le grec et l'italien pour apprendre l'anglais, qui fredonne le *God save the Queen*, qui taille ses favoris en brosse, et qui voudrait pouvoir les teindre en rouge. Cependant les Anglais sont détestés de tous, excepter des hommes de jugement froid et

---

1 Cette inégalité dans le prix des choses s'explique aussi par un préjugé oriental. Les Grecs, non plus que les Turcs, n'ont aucune notion de la valeur absolue. Ils pensent que le prix d'un objet ou d'un service est déterminé par la misère du vendeur et la fortune de l'acheteur. Le prix d'un bain turc à Constantinople est d'une piastre pour le mendiant et de cent piastres pour le pacha. Les Grecs considèrent tous les étrangers comme des pachas en voyage.

d'esprit politique qui ne forment pas la majorité dans les sept îles.

Il est vrai que les Anglais sont terriblement Anglais. On a dit avec quelque raison : « Ce qui a fait la force de ces gens-là, c'est qu'ils se répètent vingt fois par jour : « Je suis Anglais. » Je suis sûr qu'aux îles Ioniennes ils se le disent une fois de plus.

Un des Anglais qui ont rendu le plus de services aux Ioniens, un véritable philhellène, lord …, qui parlait le grec comme M. Hase ou M. le Normant, demandait un jour à un ionien s'il ne trouvait pas quelque chose à reprendre dans son langage. « Oui, dit le Grec, vous avez gardé un léger accent. — Je le sais, répliqua l'Anglais, et j'ai soin de ne point le perdre. Je veux que, même en m'entendant parler grec, on reconnaisse que je suis Anglais. »

Un Ionien qui se promenait à cheval sur une des routes de Corfou tombe, et son cheval sur lui. Un Anglais qui passait en voiture arrête ses chevaux, court à l'homme et tend les mains vers lui pour le relever, lorsqu'une réflexion l'arrête :*Are you a gentleman ?* Heureusement le cavalier tombé s'appelait Dandolo, et comptait des doges de Venise parmi ses ancêtres. On ne dira plus que les ancêtres ne servent de rien : les Dandolo du XVe siècle ont sauvé une jambe à leur postérité.

Les Anglais font peu de chose pour se rapprocher des Grecs, et les Grecs, à part l'exception que j'ai signalée, font tout pour s'éloigner des Anglais. Le gouvernement a fondé quelques institutions qui forcent les deux races de s'asseoir côte à côte. Ainsi, la haute cour de justice est mi-partie de Grecs et d'Anglais. Il est vrai que les magistrats qui la composent sont collègues sans être égaux. Pour remplir les mêmes fonctions et s'asseoir dans deux fauteuils pareils, un Grec reçoit six mille francs par an et un Anglais vingt-cinq mille. Les Grecs ne sont pas contents.

XI
La colonie française en Grèce. — Les philhellènes. — Le colonel Touret. — Le général Morandi. — Un procès inouï. — L'École française d'Athènes.

La colonie française n'est pas nombreuse en Grèce. Elle se compose de deux grands propriétaires, MM. de Mimont et Lapierre, qui ont créé à force de talent et de patience deux belles exploitations agricoles ; deux négociants, MM. Michelon et Bruno, qui ont le magasin le mieux achalandé d'Athènes ; un boulanger, un aubergiste, deux ou trois réfugiés qui végètent ; M. Bareaud, jardinier du roi ; quelques anciens philhellènes restés au service de la Grèce, et enfin l'École française.

Nous sommes si loin de ces temps d'enthousiasme où la France entière se passionnait pour les Grecs et contre les Turcs, que le mot de philhellène a déjà besoin d'un commentaire.

On se souvient à peine que, pendant la guerre de l'indépendance, la jeunesse la plus ardente de l'Europe courut à la défense de la Grèce. Ces *amis des Grecs*, ou ces *philhellènes*, auront été les derniers chevaliers errants. Ils comptaient parmi eux nombre de cerveaux brûlés qui n'avaient rien de mieux à faire que d'aller mourir en Grèce, et bon nombre aussi d'âmes énergiques et droites, passionnées pour la liberté. Leur chef, Fabvier, avait les talents et les vertus des grands capitaines : on pouvait croire que cet homme extraordinaire s'était échappé d'un volume de Plutarque, au bruit de la guerre.[1] Sans le corps des philhellènes, les Grecs n'auraient jamais pu attendre Navarin ; le maréchal Maison serait arrivé trop tard. Le royaume de Grèce doit la vie à cette poignée d'hommes.

Un de nos plus fins romanciers, M. Alphonse Karr, raconte l'histoire d'un philhellène à qui les grecs ont volé sa montre aux Thermopiles et sa tabatière à Marathon. Je pourrais raconter à mon tour l'aventure arrivée au pauvre docteur Dumont, philhellène que nous avons enterré il y a deux ans. Au plus fort de la guerre, et tandis qu'il passait une moitié de son temps à se battre et l'autre à panser les blessés, il fut presque mis en pièces par les Grecs. Les Grecs ont souvent intercepté les convois de vivres, d'armes et de munitions que l'Europe envoyait à la Grèce : ils venaient ensuite les revendre à l'Europe. Les Grecs plaçaient les philhellènes au premier rang dans les batailles, et se cachaient modestement au second. Un jour que les Grecs étaient bloqués dans l'Acropole, sans poudre, les philhellènes pénétrèrent dans la forteresse, sous le feu des Turcs, apportant chacun un sac de cartouches sur le dos. En <u>récompense de c</u>e dévouement, les assiégés leur signifièrent qu'il

[1] Aujourd'hui le capitaine Fabvier est général de division en France.

leur serait défendu de sortir, et les forcèrent de subir avec eux un blocus de plusieurs mois, sans bois, sans eau et sans aucun abri contre une pluie de boulets.

La guerre terminée, les Grecs se hâtèrent d'oublier ce qu'on avait fait pour eux. Beaucoup de philhellènes étaient morts ; quelques-uns retournèrent dans leur patrie ; les autres demeurèrent en Grèce : on le leur permit. Ils forment la troisième des catégories désignées dans la loi sur les hétérochthones.

L'homme le plus remarquable et le plus apparent de cette vieille troupe est un Français, M. Touret. Il était, si je ne me trompe, sous-lieutenant de hussards lorsqu'il abandonna la France. Il est aujourd'hui colonel, directeur de l'hôpital militaire, chargé de l'inspection de la comptabilité de l'armée, et décoré d'une multitude d'ordres : mais il est resté jusqu'au bout sous-lieutenant, hussard et philhellène. Dans un pays où la mémoire des bienfaits se perd vite, il s'est fait le prêtre de la religion des souvenirs. Ce grand vieillard, plus vif, plus svelte, et plus infatigable que les jeunes gens, est la personnification vivante de la guerre de l'indépendance. Tant qu'il vivra, les Grecs auront beau faire pour oublier les services qu'ils ont reçus, le colonel se charge de les leur rappeler. Il a construit, dans une église de Nauplie, un monument à ses frères d'armes : un monument de bois, dans la patrie du marbre ; un monument qui pourrira avant dix ans ; mais, si le colonel est encore de ce monde, il en fera faire un autre à ses frais. C'est le colonel Touret qui a forcé la municipalité d'Athènes à donner à une rue le nom de Fabvier : il y a tout juste deux ans qu'il a obtenu cette tardive satisfaction : chez les Grecs d'aujourd'hui, la vengeance a les pieds agiles, et c'est la reconnaissance qui est boiteuse.

Il est probable que, si le colonel Touret était retourné en France avec Fabvier, il serait général aujourd'hui. Il ne le sera jamais en Grèce. Pour l'élever au rang où il est parvenu, il a fallu l'autorité du roi : les ministres ne lui veulent aucun bien.[1] Le colonel a pour le roi le dévouement le plus passionné. Il s'est nommé lui-même conservateur de la vie du roi, et il vaque nuit et jour à cette fonction toute gratuite. Que le roi sorte à cheval, qu'il sorte en voiture,

---

1 Le colonel est en faveur depuis l'occupation anglo-française. Il commande la place d'Athènes. Il vient d'organiser un corps de pompiers, dont la ville avait bon besoin. (*Note de la 2ᵉ édition.*)

le colonel chevauche à ses côtés. Au mois d'avril 1852, le roi et la reine revenaient à quatre heures du matin du Pirée, où l'amiral Romain Desfossés leur avait donné un bal à son bord : le colonel, à cheval à la portière de la voiture, veillait au salut de ses chères Majestés. Son cheval, un cheval de troupe qu'il avait emprunté pour la circonstance, fut frappé d'apoplexie, et tomba. Le roi et la reine étaient déjà au palais, que le colonel, étendu auprès de sa monture, une jambe engagée sous la selle, attendait encore qu'on vînt le relever. Le ministre de la guerre réclama le prix du cheval.

Le colonel Touret a pour commensal et pour ami un autre phil-hellène, Vénitien de naissance, le général Morandi. M. Morandi est homme d'esprit comme tous les Italiens, et homme de tête comme presque tous les Lombards. Je n'ai jamais rencontré d'homme plus pénétrant, plus subtil, qui connût mieux les hommes, ni qui eût moins conservé d'illusions. Il était né pour organiser la gendar-merie dans un pays de brigands ; et c'est ce qu'il a fait en Grèce. Aprèsavoir conspiré contre l'Autriche, souffert sous les plombs de Venise, fait connaître son nom à toute l'Italie par des évasions aussi hardies que celles de Latude et du baron de Trenck, défendu les libertés de l'Espagne contre l'invasion française en 1824, et l'indé-pendance de la Grèce contre la domination turque jusqu'en 1828, ce conspirateur et cet insurgé a fait de l'ordre comme il avait fait du désordre, avec autant de talent et avec plus de succès. Pendant près de vingt ans, la tranquillité publique, le respect des lois et la vie du souverain ont été confiées à la garde de M. Morandi. Il était l'homme indispensable du royaume.

En 1848, Venise chassait les Autrichiens et proclamait la répu-blique, M. Morandi se souvint qu'il était Vénitien. Il demande un congé, on le lui refuse ; il part, ses concitoyens le reçoivent à bras ouverts ; il prend une part active au gouvernement de la répu-blique, et Manin lui confie un des forts de la ville pendant le siége.

Après la capitulation, le général revint en Grèce. La vengeance de l'Autriche l'y poursuivit. La reine, toute dévouée à la Russie et à l'Autriche, qui ne faisaient qu'un en ce temps-là, le traduit devant un conseil de guerre : il est acquitté à l'unanimité.

Cependant, on ne lui rend ni son grade ni sa solde, on refuse de lui donner le traitement de disponibilité qui lui était dû. Il veut partir pour le Piémont, où il aurait pu prendre du service comme général ; on lui refuse un passe-port, et le gouvernement lui défend à la fois la sortie de la Grèce et les moyens d'y subsister.

Quatre années se passent. Le général avait épuisé ses dernières ressources ; le gouvernement refusait obstinément de lui payer la solde qui lui était due. Le ministre de la guerre, honteux du rôle qu'on le condamnait à jouer, alla dire de lui-même au général Morandi : « Mettez une saisie sur mon traitement : il faudra bien que votre affaire arrive devant les tribunaux. »

En première instance, M. Morandi fut condamné. Le gouvernement avait intimidé les juges : on les menaça d'une destitution. Le plus honnête des trois venait de se marier ; sa femme était enceinte, il craignait de perdre sa place, et il vota contre sa conscience.

En cour d'appel, M. Morandi gagna. Le gouvernement se pourvut en cassation et perdit. Tout le monde croyait que M. Morandi allait enfin obtenir justice : on se trompait. Le pouvoir exécutif refusa d'exécuter le jugement ; et l'on fit dire au général qu'il pouvait recommencer les poursuites et faire saisir le traitement du ministre ; qu'après tous les jugements, les sentences et les arrêts, il reviendrait toujours au même point.

On parlait autrefois de la justice turque : M. Morandi a fait à ses dépens l'épreuve de la justice grecque.

L'école française d'Athènes est mal connue en Grèce, peu connue en France. Voici, en quelques mots, toute son histoire.

En 1846, M. de Salvandy, ministre de l'instruction publique, convaincu que l'académie de France à Rome était une institution utile aux arts, résolut de fonder en Grèce une école parallèle, dans l'intérêt des lettres. Il fut décidé que les membres de l'école seraient choisis parmi les jeunes professeurs de l'université, qu'ils resteraient à Athènes deux ou trois ans, et qu'ils profiteraient de ce séjour pour visiter l'Italie et une partie de la Turquie.

Les premiers qui débarquèrent en Grèce furent assez embarrassés : ils ne savaient pas précisément ce qu'ils y venaient faire. Les uns se mirent à apprendre le grec moderne avec un vieux professeur athénien que la France payait fort bien ; les autres s'amusèrent à enseigner le français à quelques étudiants de l'université d'Athènes ; les uns voyagèrent, les autres restèrent au logis ; tel prépara de grands travaux, tel autre ne fit rien, ou peu de chose.

Depuis cette époque, les Grecs se sont fait une idée arrêtée sur le but et l'utilité de l'école. Les uns s'imaginent qu'on y vient tout exprès pour étudier pendant trois ans le grec moderne, qui est la plus belle langue du monde ; les autres se sont mis dans l'esprit que la France faisait hommage de cinq ou six professeurs de français à la jeunesse d'Athènes, qui est la plus brillante jeunesse de l'Europe ; d'autres enfin se persuadent que cette institution n'a pas d'autre uti-lité que d'introduire en Grèce quarante mille francs d'argent fran-çais tous les ans.

En France, l'école avait contre elle un bon nombre d'ennemis, que je ne blâme pas. Les gens économes pouvaient sans injustice blâmer une institution assez coûteuse et qui semblait assez sté-rile. Il est vrai que les jeunes professeurs que le ministre envoyait à Athènes en revenaient plus savants et plus artistes ; mais le public n'en savait rien, et les éplucheurs du budget n'en croyaient rien.

Pour satisfaire les esprits positifs, un décret en date du 7 août 1850 plaça l'école d'Athènes sous le patronage de l'académie des inscriptions et belles-lettres, et décida que chaque membre enver-rait tous les ans à l'académie un mémoire sur quelque question d'histoire, de géographie ou d'archéologie grecque. Ce décret fut provoqué par M. Guigniaut, membre de l'Institut, qui protégea l'école dès sa naissance, qui la défendit contre ses ennemis, et qui lui servit, comme il l'avoue en souriant, de père nourricier. Dès ce jour, l'école fut préservée de la mort violente ; mais elle faillit mou-rir de mort naturelle. Les candidats ne se présentaient point. Les professeurs de notre université n'ont pas les goûts nomades ; ceux qui sont à Paris aspirent à y rester ; ceux qui n'y sont pas aspirent à y venir : personne ne se souciait, en ce temps-là, d'aller voir le roi Othon sur son trône.

Mais, au milieu de l'année 1852, un des membres de l'école, M. Beulé, fit une fouille heureuse, une belle découverte et un bon livre : *l'Acropole d'Athènes*. Son nom acquit en peu de mois une grande célébrité, dont il retomba quelque chose sur l'école. L'émulation s'empara de nos jeunes professeurs ; Athènes leur pa-rut un séjour plus désirable que Chaumont ou Poitiers, et les places vacantes se remplirent comme par enchantement.

Aujourd'hui, l'école est au complet, c'est-à-dire composée de cinq membres. Ces jeunes érudits apprennent le grec moderne sans autre maître que le peuple grec, et la géographie sans autre maître que le pays : ils se dispensent d'enseigner le français aux petits Athéniens, qui ne leur en sauraient aucun gré ; ils écrivent pour l'Institut des mémoires sérieux, pour la Sorbonne des thèses savantes : lorsqu'ils retourneront en France, rien ne les empêchera de devenir, en quelques mois, docteurs ès lettres et professeurs de faculté. En attendant, leurs études ne les absorbent pas tellement qu'ils ne puissent jouir de l'ombre en été et du soleil en hiver.

XII
Histoire de deux grandes dames étrangères qui s'étaient fixées en Grèce.

Les Grecs, pour qui nos mères ont brodé des drapeaux, ne sont ni galants ni hospitaliers. Ils croient avoir fait beaucoup pour un étranger, et même pour une étrangère, lorsqu'ils n'ont tiré que quelques coups de pistolet aux oreilles de son cheval, et qu'ils n'ont pas lancé trop de cailloux dans les glaces de sa voiture. Si je connaissais une femme éprise de la solitude, je lui conseillerais les déserts de la Bretagne, plutôt que ce Quimper-Corentin glorieux que nous vénérons sous le nom d'Athènes.

Cependant Athènes possédait encore en 1853 deux femmes célèbres, qui, après avoir brillé dans les plus belles cours de l'Europe, étaient venues en Grèce cacher leur vie et semblaient devoir l'y finir.

L'une, fille d'un ministre de Napoléon, mariée dans une des trois plus grandes familles de l'empire, aimée de Marie-Louise, qu'elle servit en qualité de dame d'honneur, admirée de la cour pour sa beauté, à laquelle il ne manquait qu'un peu de grâce, estimée de l'empereur, pour sa vertu qui n'a pas même été soupçonnée, séparée de son mari sans autre cause que la différence de leurs humeurs, et renfermée dans l'amour d'une fille unique qui lui ressemblait en toutes choses ; après s'être montrée à tout l'Orient, avec cette fille pour qui elle ne rêvait rien moins qu'un trône, résignée enfin à vivre obscurément dans une condition privée, s'est fixée pour toujours à Athènes, dans toute la force de son âge et de son caractère. La mort prématurée de sa fille, une maladie incurable, la vieillesse qui est venue la surprendre, la solitude dont elle n'a pas eu soin de se préserver, un penchant invincible pour tout ce qui n'est point ordinaire, et peut-être la lecture assidue d'un même livre, l'ont jetée dans une religion qui n'appartient qu'à elle, très-éloignée du christianisme, et qui se rapproche de la foi israélite, sans cependant s'y confondre ; religion sans adeptes, dont elle est à la fois la prêtresse et la prophétesse. Dieu, qu'elle consulte et qui lui répond, lui a inspiré l'idée d'élever un grand autel sur le Pentélique. C'est un projet qu'elle exécutera dès qu'elle aura trouvé pour cet autel un plan digne de Dieu et d'elle-même. C'est du haut de ce monument qu'elle conversera avec Dieu, si Dieu luiprête vie. L'exaltation de ses idées et la singularité de sa foi n'ôtent rien à la finesse de son esprit ni à la solidité de son jugement dans les choses ordinaires, ni à la fidélité de sa mémoire, qui va jusqu'à réciter les longues tirades de vers moraux qu'on lui a fait apprendre dans son enfance, et les petites histoires de la cour impériale qu'elle n'a pas pu s'empêcher d'écouter dans sa jeunesse. Son caractère est entier comme celui de peu d'hommes, sa volonté inébranlable, ses inimitiés constantes, son amour de la vie extrême, sa prudence toujours éveillée. Cinq ou six gros chiens capables de dévorer un homme, et qui l'ont prouvé, sont ses gardes du corps et ses meilleurs amis. Elle est riche : ses revenus, tant en France qu'en Grèce, s'élèvent à près de trois cent mille francs ; elle a hypothèque sur les plus belles maisons d'Athènes, et de grands personnages lui adressent des pétitions pour lui emprunter de l'argent. Elle est libérale par accès, mais seulement envers les riches, et non sans quelques velléités de reprendre ses dons. Sa fortune, dont la moindre part placée en aumônes mettrait toute la ville à ses pieds, se dépense en constructions bizarres, qu'elle laisse inachevées, à dessein, dit-on, et par une crainte superstitieuse de mourir lorsqu'elle aura terminé quelque chose. Son jardin d'Athènes, immense et traversé par l'Ilissus, est un désert qu'elle entretient soigneusement pour empêcher qu'il n'y croisse des arbres. Elle habite une maison ébauchée, isolée, démeublée et déserte, lorsqu'une vie confortable, une société choisie, cinq ou six amis dévoués (au prix où sont les amis), et l'adoration publique, ne lui coûteraient pas cent mille francs par an.

Edmond About

Cette femme extraordinaire, qui vit et qui mourra malheureuse, quoiqu'elle ait plus d'esprit, d'argent et de vertu qu'il n'en faut pour être heureux en ce monde, est Mme Sophie De Barbé-Marbois, duchesse de Plaisance.

La duchesse aime les nouveaux visages, et tout homme qui met des gants peut hardiment se présenter chez elle : il sera le bienvenu. Elle le promènera dans sa voiture, en compagnie d'un chien ; elle l'invitera à dîner à sa maison du Pentélique, en compagnie d'une meute. Il est vrai que ces fusées d'amitié s'éteignent vite ; mais tous les étrangers qui ont passé par Athènes se sont donné le plaisir d'en allumer une. À quelques semaines de distance, la duchesse m'a présenté au premier sculpteur du siècle, M. David d'Angers, et je lui ai conduit Théophile Gautier. Les femmes aussi ont part à cette bienveillance de passage : la princesse Belgiojoso a reçu l'hospitalité chez la duchesse ; et ce n'est qu'au bout de plusieurs jours d'intimité que ces deux personnes extraordinaires ont commencé à se haïr.

La seule femme qui ait inspiré à la duchesse une amitié durable, c'est Janthe.

Je confesse, avant tout, que je n'ai pas le droit de désigner Janthe par son nom de baptême. Si je la traite si familièrement, c'est que ce nom est le seul qui lui reste de tous ceux qu'elle a portés. Elle a pris et perdu successivement le nom de lady E..., de baronne F... et de comtesse T... ; et, quoique le comte T..., le baron F... et lord E... soient vivants tous les trois, Janthe aujourd'hui s'appelle Janthe, et rien de plus.

Le hasard a voulu que Janthe se trouvât chez la duchesse le jour de ma présentation. Ces deux amies intimes formaient un contraste frappant. La duchesse est une petite femme d'une maigreur fabuleuse, et qui semble n'avoir que le souffle. Le costume invariable qu'elle porte, hiver comme été, achève de lui donner l'apparence d'un fantôme : c'est une robe blanche en étoffe de coton, et un voile blanc, à la juive, qui enveloppe sa figure pâle et ses cheveux blancs. Janthe est une admirable incarnation de la force et de la santé. Elle est grande et svelte, sans maigreur ; si elle avait la taille un peu plus longue, il serait impossible de trouver une femme mieux faite. Ses pieds et ses mains annoncent une origine aristocratique ; les lignes de son visage sont d'une pureté incroyable. Elle a de grands yeux bleus, profonds comme la mer ; de beaux cheveux châtains, relevés çà et là par quelques tons plus chauds : quant à ses dents, elle appartient à cette élite de la nation anglaise qui a des perles dans la bouche et non des touches de piano. Son teint a conservé cette blancheur de lait qui ne fleurit que dans les brouillards de l'Angleterre, mais à la plus légère émotion il se colore. Vous diriez que cette peau fine et transparente n'est qu'un réseau où l'on a enfermé des passions : on les voit s'agiter dans leur prison, toutes frémissantes et toutes rouges. Janthe a plus de quarante et moins de cinquante ans.

Il y a vingt et quelques années, elle était, comme toutes les jeunes filles à marier, un livre relié en mousseline et tout plein de papier blanc. Elle attendait qu'elle eût un mari pour avoir un caractère, un esprit et un bon ou mauvais naturel. C'est l'histoire de toutes les femmes ; elles sont ce qu'on les fait. Janthe, qui n'avait qu'une fortune médiocre, rencontra ce qu'on appelle un beau mariage : elle épousa lord E....

Lord E... était en amour un gourmet un peu bien blasé : il fallait qu'il fût terriblement affriandé par cette beauté rose et blanche, pour qu'il s'embarquât dans un mariage disproportionné. Cet homme, qui épousait pour son plaisir, traita sa femme comme une chose qu'on a payée. Il en fut bientôt puni. Janthe distingua le prince de S..., secrétaire d'une des grandes ambassades d'Allemagne. Le prince était fort beau : j'ai vu une miniature que Janthe conserve précieusement en souvenir de son premier amour. D'ailleurs il portait un grand nom, il était plein d'esprit ; il était destiné à devenir premier ministre dans son pays : mais ce point-là ne la préoccupait guère. Elle aima le prince comme on lui avait appris à aimer. Dans les premiers jours, elle garda son bonheur secret ; mais bientôt elle n'y tint plus. Son mari avait été nommé gouverneur d'une province anglaise plus grande que l'Europe : elle ne voulait point quitter l'Angleterre. Un beau matin elle monta sur les toits, et cria très-distinctement à tout le Royaume-Uni : « Je suis la maîtresse du prince de S... ! » Toutes les ladies qui avaient des amants et qui ne le disaient pas furent grandement scandalisées : la pudeur anglaise rougit jusqu'au bout des cheveux ; lord E... témoigna son indignation par un bon procès, et le prince de S... fut condamné à payer l'honneur d'un pair d'Angleterre au taux marqué par la loi. Janthe devint libre par un divorce qui la condamnait à quitter l'Angleterre, puisqu'il lui fermait toutes les portes. Elle voyagea deux ans avec son amant ; elle en eut une fille que le prince a fait élever et qu'il a mariée quelques mois avant de mourir. Janthe ne songea pas un instant à devenir princesse de S... : elle aimait trop le prince pour vouloir devenir sa femme. Il la quitta.

Elle se remit à courir le monde pour se distraire et pour changer d'amour. Elle visita la France, et se fixa en Allemagne. Sa fortune personnelle, qui ne lui aurait point suffi en Angleterre, lui permit de tenir un certain rang dans certaines principautés. Elle avait et elle a encore trente-sept mille francs de rente. Ce qu'elle fit de son temps et de son cœur jusqu'au moment où elle épousa le baron F..., Dieu seul le sait : elle était libre, et ne devait compte de ses actions à personne. Je suis porté à croire que les distractions ne lui manquèrent jamais, qu'elle eut quelques attachements, et que de préférence elle s'attacha assez haut. Elle me demandait un jour ce que je pensais des cartes.

« Rien que de bon, lui répondis-je : nous sommes chez les gGecs, et je dois respecter la religion du pays.

— Vous ne voulez pas m'entendre. Je vous demande si vous croyez à la cartomancie ? J'ai consulté, il y a longtemps, Mlle Lenormant : elle m'a prédit que je ferais tourner bien des têtes…

— Il ne fallait pas être sorcière.

— Et entre autres trois têtes couronnées.

— Eh bien ?

— Eh bien ! J'ai beau chercher, je n'en trouve que deux.

— C'est que la troisième est dans l'avenir. »

Il ne faut pas croire cependant qu'elle n'ait aimé que les puissances. Dans un séjour qu'elle a fait à Bade, elle s'est liée avec un proscrit français que nous avons vu à la tête d'un ministère depuis 1848. En ce temps-là, elle parlait et écrivait déjà fort bien le français et l'allemand. Aussi le roi de Bavière la maria-t-il dans ses États au baron de F..., dont elle eut deux enfants. Mais elle rencontra dans un bal le comte T..., héritier d'une des plus anciennes familles des îles Ioniennes. Le comte T..., comme tous les héritiers de ce pays-là, ne possédait qu'un beau nom et une jolie figure ; mais il portait si élégamment le bonnet grec et le jupon traditionnel, que Janthe s'aperçut aussitôt que les Allemands étaient trop laids. Elle commanda des chevaux, et partit le soir même avec le comte. On prétend que le pauvre baron F…, qui revenait d'un petit voyage, se croisa avec la chaise de poste qui emportait sa femme : mais il refusa de croire le témoignage de ses yeux. Il ne pouvait admettre que la baronne eût quitté le domicile conjugal, puisqu'il avait la clef dans sa poche.

Janthe s'était fait enlever, mais à bonne intention, et pour contracter un mariage légitime. Elle renvoya au baron la foi qu'il lui avait donnée ; et, pour pouvoir épouser son cher comte, elle embrassa la religion grecque. On sait que les Grecs baptisent par immersion : c'est ce qui les autorise à nous appeler chiens mal baptisés. Ils aiment l'empereur de Russie parce qu'il est un chien bien baptisé. La comtesse se fit baptiser dans une baignoire.

Après quelques années de bonheur, elle remarqua que la plupart des Grecs portaient des jupons blancs et des bonnets rouges, et qu'ils avaient au moins aussi bonne tournure que son mari. Elle fit une pension très-convenable au comte, qui s'en alla vivre en Italie. Pour elle, elle resta en Grèce, et fit quelques voyages en Turquie. Elle parle assez bien le grec et le turc. Sa maison était alors le rendez-vous des jeunes gens aimables d'Athènes ; on y vivait à la française, et on y dansait quelquefois.

Mais, dans un voyage qu'elle fit au nord, elle traversa la petite ville de Lamia. Le général commandant la place était un de ces héros de la guerre de l'indépendance, demi-soldats, demi-brigands, que le gouvernement est forcé d'employer, pour n'avoir pas à leur couper la tête. Ce galant homme s'appelle Hadji-Petros : il est bon cavalier, il a la taille fine, il se dandine en marchant et porte le plus légèrement du monde les soixante-dix ans qu'il a sur la tête. Ces Grecs du bon vieux temps ne sont pas dépourvus d'une certaine grâce. Ils s'habillent tout en or pour montrer des chevaux harnachés d'argent. Ils parlent peu, n'ayant que peu d'idées à débourser. Tout ce qu'on peut leur reprocher, c'est de manger de l'ail et d'ôter leurs babouches par contenance, pour prendre leur pied dans la main.

Lorsqu'elle vit Hadji-Petros dans sa gloire, Janthe s'imagina qu'elle était née Pallicare : le lendemain elle régnait sur Lamia. Toute la ville était à ses pieds, et lorsqu'elle sortait pour faire sa promenade, les tambours battaient aux champs. Cette femme délicate vécut avec des soudards, courut à cheval dans la montagne, mangea littéralement sur le pouce, but du vin résiné, dormit en plein air, auprès d'un grand feu de lentisques, et s'en trouva bien.

Lorsqu'on apprit dans Athènes que l'heureux Hadji-Petros avait succédé au comte T…, la jalousie publique murmura hautement. On enviait le bonheur du vieux général, et surtout (faut-il le dire ?) l'aisance dont il allait jouir. Dans un pays où les ministres ont sept cent vingt francs de traitement par mois, on ne dispose pas de trente-sept mille livres de rentes sans faire bien des jaloux. Hadji-Petros fut destitué. En apprenant cette nouvelle, il forma une résolution qui paraîtra invraisemblable à tous ceux qui ne connaissent pas les grecs d'aujourd'hui.

Il écrivit à la reine une lettre conçue à peu près en ces termes :

« Votre Majesté m'a fait destituer : c'est sans doute parce que je vis avec la comtesse T… ; mais, quoi que mes ennemis aient pu vous dire, je vous déclare sur mon honneur de soldat que si je suis l'amant de cette femme, ce n'est point par amour, mais par intérêt. Elle est riche, et je suis pauvre : j'ai un rang à soutenir, des enfants à élever. J'espère donc, » etc.

Cette lettre a été rendue publique, toute la ville a pu la lire ; mais je ne crois pas que le commun des Grecs l'ait trouvée étrange ou inconvenante. Si Hadji-Petros l'a adressée de préférence à la reine, c'est qu'il savait que, dans le royaume de Grèce, le roi règne et la reine gouverne. Il devinait fort bien, en supposant que c'était elle qui l'avait destitué. La reine est une personne irréprochable : elle a donc le droit d'être sévère. Elle a brisé la carrière de plusieurs officiers qui s'étaient permis d'avoir des maîtresses ; et l'an dernier, lorsqu'un des ministres du roi a été pris en flagrant délit d'adultère, si elle ne l'a pas destitué, c'est qu'elle le savait dévoué à la Russie. Hadji-Petros, malgré sa lettre justificative et ses sentiments de père de famille, fut forcé de quitter Lamia. Il revint à Athènes, et Janthe avec lui. Elle loua, près de la ville, deux petites maisons jumelles avec un jardin commun : le Pallicare habitait l'une avec ses sous-brigands ; elle occupait l'autre avec ses domestiques.

En Grèce, comme partout, l'opinion publique est pleine d'indulgence pour qui la respecte, impitoyable pour qui la brave. Du jour où Janthe afficha sa liaison avec Hadji-Petros, toutes les maisons lui furent fermées. Elle ne vit plus que quelques femmes d'officiers, pauvres créatures sans éducation et sans esprit. C'est alors que la duchesse, par pitié, par curiosité et par esprit de contradiction, lui tendit les bras. À son âge, elle pouvait, sans se compromettre, fréquenter une femme compromise. Janthe, d'ailleurs, prenait bien ses mesures pour que l'on ne fût point exposé à rencontrer son sauvage doré ; et quand même la duchesse se serait croisée avec lui, comme elle ne sait pas le grec et qu'il ignore le français, la conversation n'eût pas été longue. Cette bonne duchesse trouvait un plaisir paradoxal à excuser les faiblesses de son amie. Elle baptisait du nom d'unions libres ce que Gorgibus appelle brutalement le concubinage. Au demeurant, sa religion, j'entends la religion qu'elle a inventée, n'était pas contraire à ces sortes de liaisons, théorie plaisante et dont on peut se passer la fantaisie lorsqu'on a derrière soi plus de soixante-dix ans de vertu. Un seul point contrariait la duchesse : c'était cette pension que Janthe servait fidèlement à son mari. Elle lui conseilla de divorcer par économie. Mais, comme les tribunaux pouvaient refuser le divorce, Janthe plaida la nullité. On sait qu'en Grèce le mariage est un acte purement religieux. Or, les prêtres grecs ne sont point incorruptibles ; il ne faut qu'un peu d'argent pour leur faire avouer qu'ils ont omis telle formalité de la plus haute importance, et que deux personnes qui ont eu huit enfants ensemble sont étrangères l'une à l'autre. Comme Janthe n'avait eu qu'un enfant du comte T…, elle fut démariée en un clin d'œil, ou plutôt on reconnut à la majorité des voix qu'elle n'avait jamais été mariée.

Toute la ville se disait : « Elle va épouser Hadji-Petros. » En effet, elle avait donné congé au propriétaire de cette masure, où elle avait l'air d'un portrait de Lawrence pendu dans une cuisine ; elle s'était fait bâtir une grande et belle maison, dont la chambre à coucher ressemblait à une salle du trône ; le général avait un appartement magnifique, la garnison un corps de garde très-confortable : elle venait de faire prix avec un capitaine, un vrai capitaine en retraite, qui devait lui servir de portier.

Au moment de déménager, elle s'avisa que son écurie neuve était digne de loger un beau cheval arabe, et elle courut en Syrie pour en choisir un. Elle partit sans Hadji-Petros, qui se faisait vieux, qui la battait quelquefois et qui aurait pu la tuer un beau matin, non par amour, mais par intérêt. Son départ fut si précipité que ses amis eurent à peine le temps de lui dire adieu. Pendant toute une année, j'ai demandé vainement de ses nouvelles : on m'en a donné cette semaine.

Janthe a trouvé dans une tribu arabe le cheval pur sang qu'elle cherchait. L'animal appartenait au cheik ; le cheik était jeune et bien fait. Il dit à Janthe : « Ce cheval est malheureusement indomptable ; s'il était dressé, il n'aurait point de prix, et je le préférerais à tout, même à mes trois femmes. » Janthe répondit au cheik : « Un beau cheval est un trésor ; mais trois femmes ne sont point à dédaigner lorsqu'elles sont belles. Mais fais amener ton cheval, afin que je voie s'il est indomptable. » Deux arabes amenèrent l'animal à Janthe, qui le dompta. Pendant qu'elle le faisait galoper en le conduisant à sa fantaisie, le cheik la trouva plus belle que ses trois femmes ensemble. Il lui dit : « La femme réussit quelquefois où l'homme succombe, car elle sait plier. Cette bête est inestimable depuis que tu as pu la soumettre, et ce n'est pas avec ton argent que tu la payeras, si tu veux l'avoir. » Janthe, qui admirait depuis quelques instants la beauté du cheik, lui répondit : « Je payerai ton cheval comme tu l'entendras ; je ne suis pas venue de si loin pour marchander. Mais les femmes de mon pays sont trop fières pour partager le cœur d'un homme : elles n'entrent sous une tente qu'à la condition d'y régner seules, et je ne te payerai ton cheval que si tu renvoies ton harem. » Le cheik répliqua vivement : « Les hommes de mon pays prennent autant de femmes qu'ils en peuvent nourrir, si je renvoie mon harem pour vivre avec une seule femme, j'aurai l'air d'un employé à douze cents francs. D'ailleurs, je dois suivre ma religion, donner l'exemple à mon peuple et ménager le vieux parti turc. La monogamie est un cas... » Bref, on discuta longuement, puis on transigea, et, à l'heure qu'il est, Janthe est la seule femme du cheik. Elle a passé un bail de trois ans, à l'expiration duquel le cheik rentrera, si bon lui semble, en possession de son harem. Le bail pourra être renouvelé. Le sera-t-il ? J'en doute. La femme est un fruit qui mûrit vite sous le ciel de la Syrie.

Lord E... siége à la chambre des lords ; le baron F... élève ses enfants ; le comte T... espère que le gouvernement du roi Othon le nommera à quelque consulat ; Hadji-Petros a repris la casaque de soldat : il commande un corps d'insurgés sur la frontière de Turquie ; il se querelle assidûment avec les autres généraux de son parti ; il vient d'écrire, au roi cette fois, pour lui annoncer qu'il n'avait plus ni argent ni munitions, et les journaux ont déjà enregistré deux ou trois de ses défaites.

La duchesse s'est bientôt consolée du départ de Janthe. Elle avait pris la précaution de se brouiller avec elle pour n'avoir point à la regretter.[1]

---

[1] Hadji-Peros est rentré en Grèce et il se dandine, plus jeune et plus adoré que jamais, sur la route de Palissia. Janthe annonce son retour pour l'hiver de 1856. La pauvre duchesse est la seule qui ne reviendra pas. Elle est morte l'an dernier tandis qu'on imprimait la première édition de cet ouvrage. (*Note de la 2ᵉ édition.*)

CHAPITRE III - AGRICULTURE, INDUSTRIE, COMMERCE

I

Poids et mesures. — Mesures officielles et mesures usitées. — Tout se vend au poids. — La monnaie n'est pas en rapport avec les autres mesures. — L'or et l'argent monnayé ont disparu.

Avant de parler de l'agriculture, de l'industrie et du commerce en Grèce, je crois nécessaire de dire un mot des poids, mesures et monnaies usités dans le pays.

Une ordonnance en date du 28 septembre 1836 impose aux citoyens le système métrique. Le législateur a pris la peine de baptiser à nouveau toutes nos mesures, auxquelles nous avions donné des noms grecs. Il appelle le centimètre un doigt, le décimètre une main, le mètre une coudée. Le peuple ne veut pas surcharger sa mémoire de cette nomenclature : il emploie, pour toute mesure de longueur, la pipe de 65 centimètres comme au temps des Turcs.

Les poids légaux lui semblent trop difficiles à retenir : il ne connaît que l'oque, poids turc de 1250 grammes. L'oque se divise en 400 drammes (drâmia). Ce sont les seuls poids que j'aie entendu nommer en Grèce, dix-huit ans après que le gouvernement en a imposé d'autres.

Les mesures de capacité ont été établies en pure perte. Le peuple a du bon sens. Il sait que les marchands le voleront s'il ne fait peser sa marchandise : il achète donc tout au poids, même le vin.

La drachme, base du système monétaire, n'est pas en rapport avec les autres mesures légales.

Elle pèse 4 grammes 447 milligrammes, ou, pour parler le patois administratif de la Grèce, la drachme pèse 4 drachmes, 4 oboles, 4 coki et 4/10 de cokos.

La drachme contient 4029 grammes de fin, et 0448 d'alliage.

Elle vaut 89 centimes 54, argent de France, ou, en chiffres ronds, 90 centimes.

Elle représente donc à peu près les 9/10 d'un franc, et, lorsque le lecteur trouvera un chiffre indiqué en drachmes, il n'aura qu'à le réduire d'un dixième pour en trouver la valeur approximative en francs.

La drachme se divise en cent parties égales appelées *lepta*. Un lepton (prononcez lepto) vaut donc 9/10 de centime, et un sou grec équivaut sensiblement à 4 centimes 1/2.

L'État a frappé des pièces de 20 francs en or appelées des othons : elles sont sorties du pays ;

Des pièces d'argent de 5 drachmes : on n'en trouve plus qu'en Turquie ;

Des pièces d'argent d'une drachme : je n'en ai pas manié plus de quinze en deux ans ;

Des pièces d'argent de 50 et de 25 lepta : elles ont été fondues ou exportées ;

Des pièces de cuivre de 10, de 5, de 2 lepta, et de 1 lepton : c'est la seule monnaie grecque qui circule dans le pays.

II

Agriculture : quelles ressources offre-t-elle à la Grèce ? — Le pays n'est pas stérile. — Difficulté de connaître l'étendue des terres arables : le cadastre n'est pas fait. — Les eaux courantes. — Culture des céréales, du coton, de la garance, du tabac. — L'olivier. — La vigne : les vins de Santorin et de Malvoisie. — Le vin résiné. — Les raisins de Corinthe. — La soie. — Les fruits : pourquoi les Grecs ne mangent-ils que des fruits verts et ne mangent-ils jamais d'asperges ? — Les forêts.

Depuis plus de vingt ans la Grèce a vécu de l'agriculture et du commerce, sans industrie.

Tant qu'elle n'aura pas de fabriques, et elle n'en aura pas de longtemps, elle sera tributaire des pays qui en ont, et elle importera des produits manufacturés.

Il ne faut pas songer à improviser une industrie dans le pays le moins industriel du monde : on y dépenserait en vain des capitaux, des hommes et du temps. Je ne trouve pas mauvais que ce petit royaume achète encore pendant un siècle ou deux les produits des manufactures étrangères, pourvu qu'il prenne dans l'agriculture et le commerce l'argent nécessaire pour les payer.

Le jour où la Grèce exportera pour 50 millions de soies, de vallonées, de vins et de raisins de Corinthe, elle pourra sans aucun inconvénient acheter tous les ans pour 50 millions de fers et de tissus.

Jusqu'au moment présent, elle a exporté environ moitié moins de marchandises qu'elle n'en importait, et elle a perdu tous les ans plus de 10 millions de numéraire. Si l'on veut que le pays se rétablisse, il faut mettre l'exportation en équilibre avec l'importation, non pas en diminuant la quantité des choses importées, car elles sont nécessaires à la consommation du peuple, mais en augmentant la quantité de ces produits échangeables qui s'écoulent par l'exportation.

La principale ressource de la Grèce est dans l'agriculture.

Le pays, sans être très-fertile, pourrait nourrir 2 000 000 d'habitants. Il en a 950 000, et il ne les nourrit pas.

Je voudrais pouvoir, à l'appui de cette assertion, donner le chiffre précis des terres arables contenues dans le royaume. Mais je ne le connais point. Je suis aussi ignorant à cet égard que le roi Othon et ses ministres, qui n'ont jamais fait le cadastre du pays.

L'étendue du royaume est de 7 618 469 hectares.

On compte approximativement 2 500 000 hectares de montagnes et de rochers ;

1 120 000 hectares de forêts ;

2 003 000 de terres arables, dont 800 000 hectares appartenant à l'État.

Les marais et les lacs entretiennent dans la Grèce septentrionale quelques pâturages. Si la terre venait à manquer aux bras qui la cultivent, ce qui n'arrivera pas avant cent ans, on n'aurait qu'à dessécher le lac Copaïs pour donner à l'agriculture 30 000 hectares de terres admirables.

L'eau courante est assez rare en Morée, très-rare dans certaines îles. C'est un grand malheur pour la culture, car les pluies sont toujours insuffisantes, et les vignes et les oliviers ont besoin d'être arrosés. Mais l'eau ne manque jamais absolument, et les paysans grecs sont très-habiles à tirer parti du moindre ruisseau pour arroser leurs plantations.

Il existe dans tout le pays un double système d'eaux courantes. Les unes sont à la surface de la terre, les autres coulent sous les rochers et n'apparaissent que par intervalles. Tel lac qui n'a point d'écoulement visible se déverse à dix lieues de distance sous forme de torrent. C'est un fait qui n'a aucune importance pour l'agriculture, mais que j'ai dû signaler comme curieux et particulier au pays.

Le sol de la Grèce est raisonnablement approprié à la culture des céréales, de la vigne, du mûrier et des arbres à fruit.

Le blé, le seigle, l'orge et le maïs sont assez beaux dans les cantons pierreux, où la terre végétale n'a que quelques centimètres d'épaisseur. L'avoine réussit médiocrement, la pomme de terre tout à fait mal ; c'est une culture à laquelle il faut renoncer. Les pois, les haricots, les fèves viennent bien et rendent beaucoup. Le riz se cultiverait avec succès dans les terrains humides.

Le coton herbacé réussit partout où on le plante. Il prospère surtout dans la plaine d'Argos et dans les îles. La Grèce peut en récolter assez pour sa consommation, et en exporter encore à l'étranger. C'est dans les îles de l'archipel grec que le gouvernement français a fait chercher des graines de coton pour nos colonies d'Afrique. La garance réussit dans les provinces du Nord aussi parfaitement que le coton dans le Midi. Les premières plantations qu'on en a faites ont rapidement accru de cent mille drachmes le revenu de la nation. Les économistes pensaient qu'au bout de quelques années elles rapporteraient jusqu'à un million. Si ces espérances n'ont pas été tout à fait justifiées, c'est parce que les cultivateurs manquaient d'argent, et non parce que la terre manquait de fécondité.

Le tabac grec est d'une belle qualité et d'un parfum délicieux. Il se récolte dans l'Argolide et dans la province de Livadie. Les tabacs d'Argos sont plus noirs et moins fins que ceux du Nord ; ils sont néanmoins très-estimés et très-estimables. La culture du tabac est si peu coûteuse que les paysans peuvent le livrer au commerce au prix d'une drachme l'oque, quatre-vingt-dix centimes les douze cent cinquante grammes. Il y a huit ans, le gouvernement français a fait à ce prix une commande s'élevant à huit cent mille francs. Mais les intermédiaires ont abusé de la confiance de l'administration en achetant à vil prix des tabacs avariés, et la régie des contributions indirectes a rompu ses relations avec la Grèce.

Le sol du pays est couvert d'oliviers sauvages qui n'attendent que la greffe pour donner d'excellents fruits. Les oliviers greffés sont innombrables. Le peuple se nourrit toute l'année d'olives marinées tant bien que mal dans la saumure ; on fait une grande consommation d'huile, car la chandelle de suif est inconnue dans le pays, la bougie n'est employée que dans quelques maisons d'Athènes ; on n'a jamais songé à fabriquer des chandelles de résine, et toutes les lampes du royaume brûlent exclusivement de l'huile d'olive. Et cependant, malgré l'usage et l'abus qu'on en fait à l'intérieur, on peut encore en exporter une quantité considérable.

La vigne a été jusqu'à ce jour la principale richesse de l'agriculture. Il faut distinguer deux sortes de vignes : celles qui fournissent du vin, et celles dont le raisin se conserve en nature sous le nom de raisin de Corinthe.

Les premières suffisent abondamment à la consommation d'un pays sobre. Toutes les espèces de raisin, sans exception, réussissent sur le sol de la Grèce. On en compte, seulement dans l'île de Santorin, plus de soixante variétés, toutes excellentes, au dire des vignerons.

Toutes les provinces produisent du vin, mais le meilleur cru du royaume est sans contredit l'île de Santorin.

Je ne compare pas le vin de Santorin au vin de Chypre, puisque Chypre, heureusement pour elle, ne fait point partie de la Grèce ; mais il ne serait pas impossible de trouver des gourmets assez indépendants pour préférer le vin de Santorin. L'île de Chypre exporte tous les ans pour un million et demi de vins de cinq ou six espèces, dont le plus cher et le plus agréable est le *vin de Commanderie*. Mais cette précieuse liqueur ne se conserve pas. Pendant sept ou huit années, elle se clarifie et passe du roux foncé au jaune pâle ; puis elle se rembrunit graduellement, et change de goût ainsi que de couleur. Le vieux vin de Chypre, soit à le boire, soit à le regarder, ressemble à du jus de pruneaux ; et les amateurs payent fort cher pour mettre dans leur cave ce qu'ils se procureraient pour rien dans leur cuisine.

Le vin de Santorin se conserve longtemps ; il résiste aux plus longues traversées. Il flatte les yeux par une belle couleur topaze et satisfait le goût par une saveur franche. Il porte l'eau à merveille : je n'ai pas bu d'autre vin à mes repas pendant deux ans. Il rappelle un peu le vin de Marsalla ; il a aussi un arrière-goût de soufre. Il se sent de son origine. Né sur un volcan mal éteint, il est le lacryma-christi de la Grèce.

Les Russes sont très-friands du vin de Santorin ; ils en achètent tous les ans pour cinquante mille drachmes ; mais ils préféreraient l'avoir pour rien et le boire sur place.

Le vin de Malvoisie, si célèbre au moyen âge, n'existe plus guère que dans l'histoire. Il se faisait à Monemvasia, en Laconie, au nord du cap Malée ou Saint-Ange. Les habitants du Magne ont à peu près abandonné la culture de la vigne, et c'est tout au plus s'ils fabriquent tous les ans de quoi noyer Clarence ; mais les plants de Malvoisie, transplantés dans les îles, et surtout à Tinos, donnent encore un vin des plus agréables.

Malheureusement les Grecs n'ont point de caves ; à peine ont-ils des futailles. Les bouteilles, qui viennent d'Europe, coûtent fort cher dans les ports. Il ne faut pas songer à les transporter dans l'intérieur du pays : elles arriveraient en miettes. Le vin se conserve dans des outres et se dépose dans des chambres. Pour l'empêcher de se gâter, on le mélange de résine. C'est un peu le raisonnement de l'homme qui se jetait à l'eau de peur d'être mouillé. J'ai connu bon nombre de voyageurs qui rejetaient avec indignation leur première gorgée de vin résiné, et qui aimaient tout autant boire de la poix liquide. J'en ai vu beaucoup d'autres, sans me compter, qui s'accoutumaient à ce breuvage, très-hygiénique du reste, et qui, à force d'étude, parvenaient à faire abstraction de la résine et à deviner la saveur du vin sous ce malheureux déguisement.

Le même raisin sert à fabriquer des vins fins et des vins ordinaires, et l'on récolte souvent dans la même vigne deux liqueurs de qualité, de goût et de prix très-différents. Si, au moment de porter la vendange au pressoir, on en réserve une partie pour l'exposer au soleil sur les terrasses, ce raisin, après quinze jours d'évaporation, fournit un vin plus doux, plus spiritueux et plus facile à conserver.

Le *rino santo* de Santorin, préparé de cette manière, est encore plus estimé que le santorin sec ; mais il est difficile de le boire pur à

Athènes. Les marchands craindraient de se faire montrer au doigt, s'ils vendaient quelque denrée sans la frelater.

Il y a en Grèce plus de trente-deux mille hectares de vignes appartenant aux particuliers.

Le raisin de Corinthe se cultive depuis l'isthme jusqu'à Arcadia, sur presque tous les rivages du nord et de l'ouest de la Morée. Le grain est d'une couleur violacée et de la grosseur d'une groseille ; il n'a point de pepins, et pend en longues grappes très-lâches. On vendange le raisin de Corinthe à la même époque que tous les autres. Aussitôt cueilli, on le sèche au four, on l'emballe, et on l'expédie en Angleterre. Si la Grèce cessait de produire ces précieux petits grains noirs, il n'y aurait plus ni *plum-puddings*, ni *plum-cakes*, ni aucune de ces friandises dont les *plums*, ou raisins de Corinthe, sont la base. Si la maladie du raisin, qui a détruit, en 1852, les deux tiers de la récolte, avait fait mourir les ceps, l'Angleterre eût été privée du plus pur de ses plaisirs, et la Grèce du plus clair de ses revenus ; car les huit ou dix mille hectares qui produisent le raisin de Corinthe ont fait entrer dans le pays, en 1849, plus de six millions de drachmes d'argent anglais.

Les Grecs sont plus friands d'argent que de raisin de Corinthe ; ils exportent à peu près la totalité de la récolte. À peine peut-on se procurer à Athènes quelques grappes fraîches, et des raisins secs on n'a que le rebut.

Un fait digne de remarque, c'est que les Anglais sont le seul peuple de l'univers qui recherche passionnément le raisin de Corinthe. Si la France, l'Amérique et la Russie étaient possédées du même amour, la consommation de ce produit serait illimitée, et la Grèce aurait dans ses vignes la source d'un revenu inépuisable. Le peuple grec n'aurait pas besoin de cultiver autre chose, et le plus sage serait de planter des vignes de Corinthe sur toutes les terres du royaume. Mais une pareille imagination ne serait guère plus raisonnable que le projet de mettre en port de mer toutes les côtes de France. La consommation du raisin de Corinthe étant limitée par les besoins de l'Angleterre, la production doit s'imposer des bornes. L'expérience a déjà démontré que le prix de cettemarchandise était en raison inverse des quantités exportées, et que, plus les vignes gagnaient de terrain, plus les fruits perdaient de leur valeur. Le raisin de Corinthe a subi, dans les dernières années, une dépréciation énorme, et, quoique la Grèce possède environ quatre fois plus de vignes qu'il y a dix ans, le prix total de la récolte est à peine doublé.

L'État doit donc encourager toute espèce de culture plutôt que celle du raisin de Corinthe, et modérer l'empressement des vignerons, qui, séduits par la perspective d'un gain considérable, empruntent pour acheter un champ, empruntent pour le planter, empruntent pour le cultiver, empruntent pour le vendanger, à un intérêt de quinze et de vingt pour cent, et, à force de travaux, de soucis et de peines, arrivent à faire baisser les raisins sur le marché de Londres !

La soie trouve son emploi dans tout l'univers civilisé ; elle est demandée sur tous les marchés du globe, et l'on n'en produira jamais assez pour une consommation qui fait des progrès tous les jours. La Grèce en peut produire beaucoup ; non-seulement elle a reçu du ciel un climat favorable à la culture du mûrier, mais elle a reçu des Turcs l'héritage de beaux et grands mûriers en plein rapport.

Elle peut trouver encore des ressources assez importantes dans la culture des arbres à fruit. Les fruits d'Europe, tels que les poires, les pommes, les noix, réussissent assez mal sous un ciel si brûlant ; les fraises, les framboises et les groseilles ne s'obtiennent qu'à grands frais et à force de soins ; les cerises et les prunes y sont petites et insipides ; mais les abricots, les figues, les amandes, les grenades, les oranges et les citrons y viennent admirablement.

Les figues de l'Attique n'ont pas dégénéré depuis l'antiquité. Elles sont plus petites, mais plus savoureuses que celles de Smyrne, et elles peuvent, sur tous les marchés, soutenir la concurrence. Les abricots sont délicieux : on en ferait, avec un peu d'industrie, des pâtes égales ou supérieures à celles de l'Auvergne. Les amandes s'exporteraient avantageusement. On pourrait joindre aux autres fruits secs les jujubes, qui réussissent très-bien à Corfou et dans toutes les îles Ioniennes. Les fruits frais qui se récoltent à Poros, à Calamata, à Navarin et dans les îles, les grenades, les oranges et les citrons feraient bonne figure chez les marchands de Paris et de Londres. Il ne faut pas songer à tirer profit du dattier, quoiqu'il s'acclimate assez bien dans certains cantons : il ne peut servir qu'à l'ornement des jardins.

Edmond About

Les Grecs ont la malheureuse habitude de cueillir les fruits avant qu'ils soient mûrs.

Allez au bazar d'Athènes, et achetez des fruits. Ils sont trop verts et bons pour les indigènes, qui les dévorent tels quels. « Ne serait-il pas possible de se procurer des pêches mûres ? demandais-je un soir à un Athénien.

— J'en doute.

— Mais sauriez-vous me dire pourquoi ?

— Nous n'avons pas de routes, et, si l'on transportait des fruits mûrs à dos de mulet dans nos sentiers, il n'arriverait au marché que de la marmelade.

— Mais, lui dis-je, j'ai remarqué que les fruits de Corfou, qui sont, sans vous offenser, beaucoup plus beaux que les vôtres, n'étaient pas beaucoup plus mûrs. Cependant on les apporte en voiture, sur des routes aussi égales et aussi douces que les allées d'un parc.

— Ah ! répondit le Grec, il y a encore une autre raison. Les cultivateurs n'ont pas d'argent, et ils ont des créanciers. »

Toute l'agriculture grecque en est là, il faut faire à tout prix de l'argent comptant.

L'an dernier un jardinier français vint à Smyrne. Il remarqua que les Grecs n'avaient pour ainsi dire point de légumes dans leurs jardins, et que tous les efforts de l'horticulture se bornaient à faire pousser des tomates. Il offrit à plusieurs propriétaires aisés de leur semer des asperges, assurant qu'ils en tireraient sans travail et sans frais un revenu considérable.

« Dans combien de temps ? dirent les Grecs.

— Dans quatre ans au plus tard.

— Êtes-vous fou ? Et croyez-vous que nous allons dépenser notre argent pour gagner quelque chose dans quatre ans ? Nous aurions le temps de faire banqueroute vingt fois dans l'intervalle. »

Je retourne aux Hellènes, qui sont les dignes frères des *Rayas* de Smyrne.

Ils ont en Grèce, sur le Taygète, sur le Parnasse, dans la plaine de Doride, 1 120 000 hectares de forêts peuplées d'arbres des meilleures essences. Le nord de l'île d'Eubée renferme de beaux bois. On trouve en Acarnanie de véritables forêts vierges. Ces ressources, exploitées par une administration intelligente, seraient une fortune pour le pays, qui a besoin de bois de construction pour les maisons et les navires, et qui est réduit à les acheter au dehors.

Les chênes qui produisent la vallonnée sont les seuls arbres forestiers dont la Grèce tire du profit. La vallonnée est très-demandée en Europe ; les Grecs trouveraient presque autant de profit à semer des chênes qu'à planter des mûriers.

III

Agriculture : emploi des ressources. — Progrès rapides et brusque arrêt de la production agricole. — Culture des céréales ; les femmes à la charrue. — L'huile et le vin sont mal fabriqués. — Les forêts ne sont ni gardées ni exploitées. — Budget des ponts et chaussées. — Danger de traverser une rivière sur un pont. — Les forêts sont régulièrement incendiées. — Un bon garde forestier. — Résumé.

Telles sont les ressources que le sol de la Grèce offre à ses habitants. Voyons quel profit ils en ont su tirer.

De 1833 à 1837, la production agricole s'est élevée graduellement de 30 à 50 millions de drachmes.

De 1837 à 1849, elle n'a point fait de progrès ; depuis 1850, elle est en pleine décadence.

Je ne veux pas insister sur les malheurs des quatre dernières années : ils ont eu d'autres causes que la fainéantise du peuple et l'incurie du gouvernement. Ce qu'il importe de rechercher, c'est pourquoi, de 1837 à 1849, en douze années de paix, l'agriculture n'a pas fait un pas en avant.

Je commence par les céréales. Les céréales sont le principal produit de l'agriculture grecque. Dans les douze années dont il s'agit, la Grèce a produit annuellement pour 25 millions de céréales. Le blé, l'orge, l'avoine, le seigle et le maïs représentent donc la moitié de la production annuelle du pays.

Cependant la Grèce n'exporte pas de céréales ; elle en importe. En 1851, elle en a importé pour 12 millions de drachmes. C'était une année de disette. Année moyenne, le déficit varie de 1 à 2 millions.

Dans une bonne partie du royaume, les paysans ne mangent que des galettes de maïs, nourriture lourde et malsaine ; et n'en a pas qui veut. J'ai vu en Arcadie des cantons où l'on ne se nourrit que d'herbes et de laitage, sans pain d'aucune sorte.

Pour combler ce déficit, il suffirait de mettre en culture quelques plaines fertiles qui n'attendent que des bras et des semences. Sur 3 millions d'hectares de terre arable, on ne compte pas plus de 500 000 hectares en culture. La Grèce pourrait donc produire six fois plus de céréales qu'elle n'en produit.

Malheureusement, les hommes aiment mieux se pavaner sur la place du village que de travailler aux champs. Ils y envoient leurs femmes et leurs filles. Ne croirait-on pas que je raconte l'histoire d'une de ces tribus sauvages où le chasseur charge son gibier sur le dos de sa femme, et revient leste et joyeux, sans autre bagage que sa carabine ?

L'exportation des produits de la Grèce se monte en moyenne à 12 millions de drachmes par an. L'agriculture en fait tous les frais. Mais on n'exporte pas plus d'un 1/2 million d'huile d'olive, et l'exportation du vin ne s'élève pas à 1 million.

C'est que l'huile est mal faite, et qu'il faut l'épurer avant de la vendre en pays civilisé. Non que le goût de fruit, qu'elle conserve, soit intolérable : le palais s'y accoutume si bien, que l'on finit par préférer cette huile naturelle aux huiles épurées de la Provence. Mais lorsqu'on la goûte pour la première fois, on est désagréablement surpris, et tous les consommateurs n'ont pas assez de constance pour faire l'éducation de leur palais. Voilà pourquoi les détaillants d'Athènes font venir de l'huile d'Aix pour les voyageurs et les étrangers.

Si l'exportation du vin est si restreinte, c'est pour une raison analogue. La Grèce en vendrait trois fois plus si elle savait le préparer et le conserver sans résine. Partout où l'on trouve une cave et un tonneau, le vin se conserve excellent, sans une goutte de poix. Le monastère de Mégaspiléon, qui a l'avantage d'être construit dans une cave, est un but de pèlerinage pour les dévots hellènes, qui viennent adorer une grande tonne, pleine d'un vin qui n'est pas résiné.

Si les forêts ne rapportent rien à l'État, si la Grèce, qui devrait exporter du bois, en importe, c'est pour deux raisons principales :

1° L'impossibilité d'exploiter les forêts, faute de routes.

Le budget des travaux publics s'élève, dans les bonnes années, à 250 000 drachmes. Sur cette somme, 80 000 drachmes seulement sont affectées au service des ponts et chaussées.

Pour l'entretien des routes.........	23 000 dr.
Pour l'ouverture des routes nouvelles.	57 000
Total partiel......	80 000 dr.

Grâce à cette munificence d'un gouvernement qui ne dépense que 45 000 000 drachmes pour l'armée, le royaume de Grèce est en possession de 30 lieues de routes carrossables, ou à peu près.

D'Athènes au Pirée, route passable...	2 lieues.
D'Athènes à Éleusis, route passable...	4
D'Éleusis à Thèbes, mauvaise route...	9
D'Athènes à Képhissia, route médiocre	4
De Calamaki à Loutraki, bonne route.[1]	2
À reporter......	21 lieues.

Report..........	21 lieues.
De Calamaki à Corinthe, route médiocre	3
De Nauplie à Argos, bonne route....	3
De Navarin à Modon (route que je n'ai pas vue	3
Total.........	30 lieues.

Trente lieues de route en sept tronçons, voilà tout ce que le gouvernement a fait pour le pays depuis 1832 jusqu'en 1854, dans un royaume où l'État est possesseur de plus de la moitié des terres, où les expropriations se font sans difficulté, où les paysans sont toujours disposés à vendre leurs terrains et même à prêter leurs bras pour les travaux d'utilité publique. Il n'y a point de route entre Athènes et Sparte, point de route entre Athènes et Corinthe, point de route entre la capitale du royaume et Patras, qui, grâce aux raisins, devient la capitale du commerce. À l'exception de la mauvaise route qui relie Athènes à Thèbes en passant par Éleusis, tous les chemins qui partent d'Athènes ne sont que des promenades pour les chevaux de la reine. On s'est amusé, il y a deux ans, à tracer une route longue de deux lieues et bordée de poivriers, qui conduit aux rochers déserts de Phalères, parce que la reine va se baigner à Phalères ; mais le commerce intérieur, l'exploitation des forêts, la sécurité du pays, réclameront encore longtemps quatre ou cinq voies de première nécessité.

Lorsqu'une route traverse un ruisseau ou une rivière, on construit un pont, mais quel pont ! Les seuls qui soient praticables sont l'ouvrage des Turcs ou des Vénitiens ; encore sont-ils si mal entretenus que les voyageurs préfèrent passer à côté en poussant leurs chevaux dans la rivière.

Le cimetière d'Athènes est séparé de la ville par l'Ilissus. Le lit du fleuve est quelquefois humide en hiver : on a attendu jusqu'en 1853 pour jeter un pont d'une rive à l'autre. J'ai vu encore, avant que le pont fût construit, les enterrements passer en sautillant au milieu des flaques d'eau.

Tant que l'on n'aura pas établi des voies de communication, les forêts ne pourront être exploitées ; tant qu'elles ne seront pas exploitées, elles ne seront pas gardées, et les bergers continueront à les dévaster.

2° C'est un axiome très-accrédité en Grèce que, nuire à l'État, c'est ne nuire à personne. Les paysans n'ont pas plus de respect pour la propriété nationale que si elle appartenait aux Turcs. Ils ne croient faire ni une mauvaise action ni un mauvais calcul lorsqu'ils causent à l'État un dommage de mille drachmes qui leur rapporte un sou. C'est en vertu de ce principe que les bergers incendient régulièrement les bois taillis, pour être sûrs que leurs troupeaux trouveront au printemps de jeunes pousses à brouter. Ces naïfs incendiaires ne se cachent pas pour faire de pareils coups : on trouve souvent, dans la campagne d'Athènes, de grandes taches noires qui couvrent une demi-lieue carrée, et l'on se dit : « Ce n'est rien, c'est un berger qui a fait de l'herbe pour ses brebis. »

Les laboureurs s'amusent aussi de temps en temps à débarrasser le sol de tous les arbres dont il est encombré. Ceux-là ne détruisent point par intérêt, mais par hygiène. Ils sont convaincus que l'arbre est une créature malsaine, et que personne n'aurait plus la fièvre si le pays était une bonne fois nettoyé. Voilà pourquoi l'imprudent qui se permet de faire des plantations trouve quelquefois ses élèves coupés par le pied ou dépouillés de leur écorce.

D'autres, enfin, détruisent par désœuvrement et pour le plaisir de détruire. Ils sont d'avis que notre bien se compose du mal d'autrui. C'est la même idée qui préside à la conduite des singes, les plus spirituels des animaux malfaisants.

Lorsque j'allais à la chasse, je n'emmenais pas Petros avec moi, parce qu'il a la malheureuse habitude de mélanger la poudre avec le plomb pour les couler dans le fusil. Je prenais un autre domestique, grand chasseur, et qui a peut-être couru l'homme dans sa jeunesse. Je ne suis jamais sorti avec lui sans qu'il me demandât la permission d'amasser des branches mortes pour mettre le feu à un buisson. Il est aujourd'hui garde forestier.

J'ai suivi un jour pendant trois ou quatre heures le lit du Saranda-Potami : c'est une rivière de Laconie. J'y ai vu peut-être mille platanes, tous énormes, tous vigoureux, et tous d'une rare beauté. Il n'y en avait pas un qu'on n'eût essayé de brûler par le pied.

Voilà pourquoi, en 1849, il s'est importé en Grèce pour 1 092 690 drachmes de bois de construction.

Ces faits sont authentiques, ces chiffres officiels : quelles conséquences en peut-on tirer ?

Le peuple grec est pauvre, mais le pays ne l'est pas. Le pays, bien cultivé, produirait : pour la consommation, des céréales, des cotons, des fruits, des légumes, des bois ; pour l'exportation, des raisins de Corinthe, des huiles, du vin, du tabac, de la garance, de la vallonée[1] et de la soie.

Le pays est mal cultivé faute de bras, faute de capitaux et faute de routes.

Les bras ne manqueraient pas si le pays était sain, si la fièvre ne décimait pas les familles, si une loi d'exclusion ne repoussait pas les hétérochtones et les étrangers.

1 La vallonée est la cupule, le dé du gland du chêne valanède (*quercus ægilops*) : on l'emploie en teinture, comme la noix de galle, pour fixer les couleurs.

Les capitaux ne manqueraient pas, si les affaires offraient quelque sécurité, si les prêteurs pouvaient compter ou sur la probité des emprunteurs, ou sur l'intégrité de la justice, ou sur la fermeté du pouvoir.

Les routes ne manqueraient pas, si les revenus de l'État, qu'on gaspille pour entretenir une flotte et une armée, étaient employés à des travaux d'utilité publique.

Le devoir d'un gouvernement est de procurer, par tous les moyens honnêtes, l'accroissement et le bien-être de la population, l'observation rigoureuse des lois et le meilleur emploi possible des revenus de l'État.

D'où je conclus que, sans autres ressources que son agriculture, la Grèce serait riche si le gouvernement faisait son devoir.

IV

Les jardins d'Athènes. — Le printemps à la ville. — Jardin de la reine. — Ce que coûte une pelouse. — Comment la reine ouvre son jardin au public. — Jardin botanique d'Athènes. — École d'agriculture de Tyrinthe. — Colonie agricole de M. de Roujoux, à Carvati.

La Grèce manque du nécessaire : elle s'en console par le superflu.

Depuis plusieurs années, on ne construit pas une maison dans Athènes sans y joindre un petit jardin d'agrément. Les bourgeois les plus pauvres et les plus endettés se donnent le plaisir de cultiver quelques orangers et quelques fleurs. Jamais, dans leurs jardins, ils ne laissent une place pour la culture des plantes potagères : ils se croiraient déshonorés s'ils surprenaient derrière leur maison un oignon furtif ou un chou dissimulé. La vanité est plus forte chez eux que l'intérêt et le besoin.

Cependant un jardin coûte cher. Les arbustes se payent deux drachmes, l'un dans l'autre, chez les pépiniéristes grecs ou chez les Génois Bottaro. Si l'on veut avoir de la terre végétale, il faut l'acheter ; si l'on veut arroser les arbres (et les arbres veulent tous être arrosés), il faut acheter, pour deux cents drachmes par an, une prise d'eau que la municipalité vous vend sans la garantir, car les paysans coupent les aqueducs au bénéfice de leurs champs ; ou bien, il faut payer deux drachmes cinquante lepta par jour à un Maltais qui tire l'eau du puits.

Les arbres ont souvent besoin d'être renouvelés ; la chaleur les décime régulièrement tous les étés : on dirait qu'ils sont sujets aux fièvres comme les hommes.

Le propriétaire doit cultiver son jardin lui-même, ou le faire culti-ver par des journaliers, car il ne faut pas compter sur les domes-tiques de la maison. L'un dit : « Je suis valet de chambre, et non pas jardinier ; » l'autre : « Vous m'avez pris pour nettoyer vos chibouks et non pas vos allées ; » un autre ne se plaint pas, mais saccage si habilement tout ce qu'il touche, qu'on lui défend bientôt de tou-cher à rien.

Mais la possession d'un jardin est un plaisir qui console de bien des ennuis. Depuis le commencement de janvier jusqu'au milieu de mai, heureux qui peut vivre dans son jardin ! Si l'on a pris soin d'élever, contre le vent du nord, une barrière de grands cyprès, on peut, neuf jours sur dix, se promener à l'abri du froid. Les citron-niers ouvrent, dès les premiers jours de l'année, leurs gros boutons d'un blanc violacé ; les poivriers, semblables à des saules pleureurs qui ne perdraient pas leurs feuilles, laissent pleuvoir au hasard leurs longues branches ; les pins, les arbousiers, les lentisques et vingt autres espèces d'arbres résineux offrent aux yeux une ver-dure douce et sérieuse dont on ne se fatigue jamais. Les ficoïdes forment çà et là de gros tapis verts ; les cactus trapus, accroupis dans les coins ou rangés en haies, amoncellent confusément leurs raquettes épineuses. Les haies de romarin fleurissent tout l'hiver, et attirent par leur âcre parfum les artistes ailés qui travaillent sur l'Hymette. Les narcisses se montrent en février, les anémones et les asphodèles en mars : à la fin d'avril, tout est fleur. C'est le temps où les mélias se parent de grappes violettes ; les orangers frileux s'épanouissent sans crainte ; la vigne joue avec les amandiers ; les jasmins et les passiflores courent ensemble le long des murs, la clé-matite allonge ses grands bras autour de la tonnelle, et les rosiers grimpants s'amusent à barbouiller de rouge les vieilles palissades.

Nous avions dans notre jardin trois carrés incultes où l'on avait jeté une fois pour toutes quelques poignées de graines de toute espèce. Tout fleurissait en avril : pavots, camomille, sainfoin, fume-terre, coquelicot. Pendant un mois entier, les fleurs, les abeilles, les papillons, les lézards, les scarabées, les oiseaux qui cachaient leur nid dans les hautes herbes, se mêlaient, s'agitaient, se culbutaient ; et sous eux la terre inerte semblait s'animer d'une vie confuse. Au-dessus de ce mélange bourdonnant planait une bonne grosse odeur de miel dont le cœur était tout réjoui.

N'y pensons plus. Aussi bien, tout ce luxe se fanait le 1er juin pour laisser venir les myrtes et les lauriers-roses, qui se retiraient en juillet devant la poussière et les sauterelles.

La reine a, sans comparaison, le plus beau jardin du royaume. On y dépense, bon an mal an, cinquante mille drachmes, un vingtième de la liste civile. S'il y a quelque chose à envier dans la petite royauté de Grèce, c'est la possession de ce grand jardin. Je dis grand par l'étendue, et non par le plan : c'est un jardin anglais, plein d'allées tournantes, sans une avenue de grands arbres. Un jardinier du temps de Louis XIV en serait scandalisé et s'écrierait que la majesté royale se compromet dans les allées de cette sorte. N'en déplaise au bon le Nôtre, le jardin de la reine est une jolie chose, et M. Bareaud, qui l'a créé, un habile homme.

Sans doute il eût peut-être été mieux de laisser le terrain comme il était, nu, inculte, brûlé et hérissé çà et là de quelques plantes sauvages. Théophile Gautier s'indignait qu'on eût semé des verdures dans un endroit si pittoresque, et gâté de si beaux rochers. Mais la reine voulait amasser autour d'elle des ombrages, des parfums, des couleurs, des chants d'oiseaux : on lui a donné ce qu'elle demandait.

Ceux qui ont passé trois mois d'été en Grèce savent que le bien le plus précieux et le plus digne d'être recherché, c'est l'ombre. On trouve dans le jardin royal des massifs où le soleil ne pénétrera jamais. La salle à manger du roi est une chambre à ciel ouvert entourée de galeries couvertes : les murs et les voûtes sont en rosiers grimpants, serrés, entrelacés, nattés ensemble comme le travail d'un vannier.

Par un de ces bonheurs qui n'arrivent qu'aux heureux, la reine a trouvé, en défrichant son jardin, les restes d'une villa romaine : quelque chose comme 200 mètres carrés de mosaïques. On a réparé une partie de ce précieux travail, on a détruit le reste, et la reine est en possession d'une immense galerie et de cinq ou six cabinets délicieux dont le pavé est fourni par les Romains, l'ameublement par les camélias, les murailles par les passiflores.

Le plus grand charme de ce jardin, pour les voyageurs qui viennent de France, c'est qu'on y voit fleurir en pleine terre les plantes que nous élevons auprès d'un poëte. Les orangers du Luxembourg et des Tuileries ressemblent toujours un peu aux arbres frisés qu'on donne aux enfants pour leurs étrennes, avec six moutons et six bergers. La reine a un petit bois d'orangers qui sont des arbres et non des joujoux. Elle a des palmiers plus grands que ceux du jardin des Plantes, qui poussent au milieu d'une pelouse verte. Ce qui coûte le plus cher, c'est la pelouse, ce ne sont pas les palmiers. On ne saura jamais ce qu'il faut de soins, de travaux et d'eau fraîche pour entretenir un gazon dans Athènes au mois de juillet. C'est un luxe vraiment royal. Pour arroser ses herbages, la reine a confisqué un certain nombre d'aqueducs qui s'en allaient tout bourgeoisement porter leur eau à la ville et donner à boire aux citoyens. Sa Majesté les a pris à son service. Les Athéniens s'en trouvent mal, mais le gazon s'en trouve bien.

Les ruines du temple de Jupiter Olympien s'élèvent dans la plaine, un peu plus bas que le jardin. Adrien ne se doutait guère qu'il construisait ce temple, gigantesque pour embellir un jardin anglais et amuser les yeux d'une princesse d'Oldenbourg.

La reine aime son jardin tel qu'il est ; mais elle l'aimerait mieux si les arbres étaient plus grands. Elle aspire à une haute futaie ; elle ne l'aura point, et elle ne s'en consolera jamais. La terre végétale est trop rare, les racines des arbres ne sont pas assez profondes, les vents qui soufflent sur l'Attique sont trop violents ; j'ai vu des cyprès de cent ans culbutés en une seconde par le vent du nord. La reine ne se tient pas pour battue : elle force ses jardiniers d'ébrancher tous les arbres pour les faire monter plus haut. Après chaque orage, les ouvriers trouvent deux ou trois cents arbres les racines en l'air : et on les replante comme on peut, et on les taille de plus belle.

Le jardin de la reine est public : il est assez juste que ceux qui en font les frais aient le droit de s'y promener. Seulement, comme la reine s'y promène aussi, et qu'elle n'aime pas à rencontrer ses sujets face à face, le public n'est admis que depuis le moment où Leurs Majestés sortent à cheval jusqu'à la nuit tombante. En été, la reine sort quelquefois à sept heures et demie du soir : les promeneurs ont le temps d'entrer et de sortir. Si par aventure, la reine ne sort pas avant la nuit, le jardin reste fermé tout le jour. Les soldats qui gardent les portes se montrent accommodants pour leurs compatriotes et leur permettent souvent d'entrer avant l'heure prescrite. En revanche, il leur arrive de croiser la baïonnette sur un ambassadeur, à l'heure où tout le monde peut entrer. Le règlement est si bien conçu et si spirituellement exécuté que le jardin n'a rien à craindre de la foule et qu'on ne s'étouffera jamais dans ses allées.

Athènes possède un jardin botanique, ou plutôt un établissement de jardinier pépiniériste régi par l'État. On y trouve les mêmes plantes que chez les marchands et au même prix.

Capo d'Istria a fondé à Tyrinthe une école d' agriculture dont on espérait beaucoup dans le temps où l'on croyait encore au peuple grec. J'ai visité, avec Garnier et Curzon ce spectre d'école. Le sous-directeur était un jeune émigré italien, d'une grande famille de Florence. Il avait toujours eu la passion de l'agriculture, comme toute la jeune noblesse italienne, qui, faute d'avoir une patrie à adorer, se console en aimant la terre natale. Dans son exil, il était heureux d'avoir trouvé une occupation honorable et conforme à ses goûts ; mais il désespérait de son école, de l'agriculture grecque et de l'avenir du pays.

« Croiriez-vous, nous disait-il dans cette belle langue aspirée qu'on parle à Florence, croiriez-vous que cette école, la seule de ce genre qui soit en Grèce, ne compte que sept élèves ? Cependant le prix de la pension n'est pas trop élevé : 25 drachmes par mois ! Nous avons, comme vous le voyez, un bâtiment vaste et commode ; Capo d'Istria a donné à l'école des terres immenses ; la France nous a envoyé de beaux modèles d'instruments d'agriculture. Eh bien ! La maison est déserte, les instruments se rouillent, nos terres sont incultes : il nous est presque aussi difficile de trouver des ouvriers que d'attirer des élèves. Nous sommes réduits à faire travailler les femmes ; encore ne nous en vient-il pas assez. »

Nous étions arrêtés au milieu du jardin, auprès du laurier-rose que Capo d'Istria planta autrefois de ses propres mains. « Voilà, nous dit l'Italien, la seule chose qui ait prospéré. » Deux des sept élèves de l'école vinrent nous apporter des bouquets de roses. « Pensez-vous, demandai-je à leur professeur, que ces jeunes gens profiteront un jour de vos leçons ? Les Grecs comprennent-ils ce que vous leur enseignez ? — Ils comprennent assez, répondit-il ; vous devez savoir que ce n'est pas l'esprit qui leur manque. Mais, lorsqu'ils ont bien compris, ils courent expliquer aux autres ce qu'ils viennent d'apprendre : il ne leur vient jamais à l'esprit de l'appliquer. Vous voyez ce petit carré de lin ? Il a fait l'admiration de tous les habitants d'Argos et de Nauplie. Ils me demandaient : « À quoi bon ces petites fleurs bleues ? » Je leur expliquais comment la tige du lin s'arrache, se rouit, se brise ; comment cette plante à fleurs bleues peut fournir un fil plus fin, plus doux et plus solide que tout ce qu'ils fabriquent avec leur coton. Ils s'écriaient : « Ah ! vraiment ? voilà qui est singulier ! On voit tous les jours du nouveau ; je raconterai cela à mon grand-père : il sera bien étonné. » Pas un ne s'est avisé de me demander de la graine. »

J'ai su depuis que notre pauvre Florentin avait été destitué. Il portait ombrage à une grande puissance de l'Allemagne.

Un français, M. de Roujoux, consul des Cyclades, a fondé une colonie agricole à trois lieues d'Athènes, entre l'Hymette et le Pentélique. Le village s'appelle Carvati ; il est bien bâti, bien fermé, bien aménagé et peuplé de plus de deux cents individus. Le domaine se compose de 7500 hectares, dont un tiers en bonnes terres. L'eau qui découle des deux montagnes entretient en toute saison une fraîcheur suffisante. Le fondateur de la colonie, M. de Roujoux, était non-seulement très-capable, mais encore très-habile. Il avait un patrimoine assez considérable et un assez beau traitement pour pouvoir avancer des fonds à ses paysans et acheter les instruments de culture les plus parfaits. Sa position officielle et les relations de famille lui assuraient beaucoup de crédit et même un peu de pouvoir. Grâce à toutes ces conditions de succès, Carvati devait prospérer. On attendait beaucoup de Carvati ; on montrait Carvati aux étrangers ; les hommes spéciaux qui avaient vu Carvati en disaient des merveilles et le citaient dans leurs livres. M. de Roujoux est mort pendant mon séjour en Grèce, insolvable et ruiné, dit-on, par Carvati.

J'ai cru devoir ajouter ce correctif à ce que j'ai dit sur la fertilité du sol de la Grèce. Je pense encore, malgré l'exemple de M. de Roujoux, que les étrangers aussi bien que les indigènes peuvent s'y enrichir par l'agriculture ; mais je ne réponds de rien, et je sais que dans les entreprises les plus sûres il n'est pas difficile de se ruiner.

V

Les bêtes. — Le cheval, animal déraisonnable. — Un accident de voyage. — Un cavalier en robe de chambre. — Deux prudents diplomates. — L'âne et Ajax. — Les bêtes à laine. — L'agneau à la Pallicare. — La chasse. — Inutilité du port d'armes. — Tolérance des propriétaires. — Les oiseaux de proie. — La tortue. — Les animaux qu'on ne nomme pas.

J'ai vu plus d'une fois le dimanche, *à la musique*, certains petits chevaux qui semblaient détachés de la frise du Parthénon. Ces animaux à la courte encolure, au corps ramassé, à la tête énorme, sont les arrière-neveux de Bucéphale. Ils viennent de Macédoine ou de Thessalie.

Leurs premiers maîtres les ont dressés par acquit de conscience. Lorsqu'on les a vus résignés, ou à peu près, à porter une selle et un homme, on leur a dit qu'ils pouvaient faire leur chemin dans le monde, et on les a dirigés sur la Grèce. La Turquie est en possession de fournir des chevaux au peuple hellène. Les officiers de cavalerie vont en remonte à Smyrne ou à Beyrouth ; les maquignons et les agoyates vont simplement à Salonique. Ce qui s'élève de chevaux dans le royaume ne mérite pas d'être compté.

Les Turcs, comme on sait, aiment à faire briller leurs montures ; les Grecs renchérissent sur cette passion : ils n'estiment que les chevaux semblables à la foudre, qui galopent sans toucher la terre, et dont la course ressemble à un feu d'artifice. Tous les Grecs appartiennent à la grande école de la fantaisie. On voit quelquefois à la promenade un cavalier sauter hors de la route, se jeter à corps perdu dans la campagne, disparaître dans un nuage de poussière, et ramener au bout de dix minutes, un animal fumant et couvert d'écume. Tout le temps que dure cet exploit, tous les promeneurs dont la route est peuplée tirent désespérément sur la bouche de leurs chevaux pour les empêcher de partir au galop. La plus belle qualité de ces agréables animaux est l'émulation, mère des grandes choses. Leur défaut principal est de n'avoir pas de bouche et de ne sentir le mors non plus que des chevaux de bois.

Les modestes chevaux des agoyates sont capables de s'emporter tout comme les chevaux du grand monde. Ce n'est pas au quarantième jour du voyage que les idées de galop leur viennent en tête ; mais, au moment du départ, le grand air, la vue des champs, l'influence du printemps, tout les enivre, et il n'est pas toujours prudent de leur laisser la bride sur le cou. Pour peu que vous soyez trois ou quatre compagnons de voyage et que vos chevaux s'avisent de lutter de vitesse, vous êtes engagés dans un *steeple-chase* assez périlleux.

Le second jour de mon voyage en Morée, nous cheminions paisiblement vers l'isthme de Corinthe et le village de Calamaki. Nous venions de traverser les roches Scironiennes, et je pensais, pour ma part, que, si mon cheval était aussi fatigué que moi, il se coucherait de bonne heure. Au passage d'un petit ruisseau, Curzon descendit pour boire, et continua la route à pied. Son cheval, livré à lui-même, prit les devants. J'étais en tête de la caravane, je le vis passer devant moi sans y prendre garde. Mais un vieil agoyate se mit dans l'esprit de le rejoindre. Le cheval prit le trot. L'agoyate trotta de son côté : le cheval prit le galop ; je riais de voir comme les animaux à quatre pieds sont mieux organisés pour la course que les simples bipèdes. Mais mon cheval, en voyant courir son camarade, faisait aussi ses réflexions. Il se disait en lui-même : « Voilà un animal bien vaniteux ; parce qu'il n'a pas de cavalier sur le dos, il s'imagine qu'il va nous laisser en arrière. Nous verrons bien ! »

Et de partir au galop.

Je serrai la bride, je serrai les genoux, je serrai tout ce que je pus ; je rassemblai tous mes souvenirs du manége Leblanc. Bon gré mal gré, il fallut partir et lutter de vitesse.

Cependant le cheval de bagage, susceptible comme tous les gens de petit métier, s'indignait dans son âme paysanne contre messieurs de la selle, qui affectaient de galoper devant lui. « Parce qu'on a quelques matelas sur le dos, et quelques cartons et quelques assiettes, vous pensez qu'on n'est qu'un âne ! mais attendez ; je vous montrerai si j'étais fait pour porter le bât. » Au premier bond, nos assiettes furent à terre : dix belles assiettes toutes neuves ! il n'en resta que des miettes. Au second, nos matelas s'implantèrent sur un buisson de lentisques. Au troisième, l'animal était loin. Son collègue, qui portait Leftéri, rappelé au sentiment du devoir par la présence de son maître, et saisi d'horreur à l'aspect des ruines que l'ambition sème sur son passage, s'arrêta net et refusa de mettre un pied devant l'autre. Quant au cheval de Garnier, il courait depuis longtemps derrière le mien.

Par malheur, nous étions en plaine, et dans une plaine inculte : pas un rocher pour arrêter les chevaux ; pas une terre labourée pour les fatiguer. Je dois dire, pour être juste, que le cheval de Curzon, qui nous menait tous, suivait à peu près le droit chemin, et qu'il nous dirigeait sur Calamaki ; mais nous aurions voulu arriver moins vite.

Au bout d'une énorme minute, mon cheval arriva, toujours second, sur le sable de la mer. J'avais bonne envie de le pousser à l'eau pour le rafraîchir ; mais j'eus beau tirer à gauche, son concurrent prenait à droite, il suivit à droite. Un peu plus loin je découvris à ma portée un rocher d'une assez belle venue. Je songeai à casser la tête de mon cheval, mais je me retins en pensant à la mienne. Une seconde minute s'écoula : je croyais courir depuis une heure. Derrière moi j'entendais le galop d'un cheval et le bruit d'une chose qui traîne. Je songeais avec horreur que c'était peut-être mon ami Garnier, et j'essayais d'arracher mon pied gauche de l'étrier : l'étrier était pris entre ma guêtre et mon soulier.

Nous avions quitté la grève, et nous courions en pays plat sur une étroite presqu'île. Je pensais en moi-même que les chevaux du champ de Mars font du chemin les jours de course. Il me revenait aussi certains vers du récit de Zampa, et son terrible refrain bourdonnait à mon oreille. La presqu'île allait finir, je retrouvais la mer, et cette fois la rive semblait escarpée. Le cheval de Curzon s'arrêta, je respirai ; mais en entendant le galop du mien, il repartit de plus belle. J'étais haletant ; ma main était coupée comme si j'avais fait de l'herbe pendant huit jours ; mes oreilles entendaient le son des cloches, mes yeux se troublaient : je fis un effort désespéré pour dégager mon pied, et je sautai à terre, la tête la première.

Je restai quelques instants étourdi : il me semblait que j'avais une grande foule autour de moi, qu'on faisait de la musique et qu'on m'offrait des glaces. J'entendis réciter cinq ou six madrigaux que je me promis de retenir. Lorsque j'ouvris les yeux et que je me reconnus, j'étais seul, étendu sur le dos, à cinquante pas de mon chapeau. J'aperçus un oiseau noir sur un arbre : c'était mon manteau, que je croyais avoir attaché solidement au pommeau de ma selle. Je m'orientai comme je pus, le soleil aidant, et je marchai, chancelant un peu, du côté où devaient être nos gens. Je n'avais pas fait vingt pas que je vis accourir Leftéri, qui me demanda des nouvelles de ses chevaux. Je répondis qu'ils n'avaient pas la rate malade, et qu'ils couraient au-devant de Calamaki. Le pauvre garçon galopa à leur poursuite. Après lui arriva Garnier, sain et sauf. Son cheval, mis en demeure d'opter entre un succès d'amour-propre et un fossé de dix pieds, avait pris le bon parti. Curzon demandait à tous les buissons ses papiers et ses dessins perdus, et les agoyates s'accusaient l'un l'autre d'avoir causé tout le mal.

En arrivant à Calamaki, nous trouvâmes Leftéri au milieu de ses chevaux : les aimables bêtes étaient arrivées, toujours au galop, jusqu'aux premières maisons du village, où l'on avait pu les arrêter fort heureusement, car, du train dont elles allaient, elles auraient pu faire le tour de la Morée et revenir à leur écurie.

Les Grecs appellent le cheval *Alogon*, c'est-à-dire animal par excellence. *Alogon* veut dire aussi déraisonnable, et cette traduction ne me déplaît pas. « Pierre, va seller mon déraisonnable ! Attelle les déraisonnables, Nicolas ! »

Dans le temps où M. Piscatory habitait son petit palais de Patissia, un jeune diplomate français, à qui il donnait l'hospitalité, descendit un matin dans la cour, aperçut un déraisonnable qui semblait très-raisonnable, et l'enfourcha par pure curiosité, sans songer qu'il n'était pas en habit de cheval. Le déraisonnable partit comme une flèche et emporta jusque dans Athènes un cavalier en robe de chambre et en pantoufles.

L'an dernier, le secrétaire et l'attaché d'une autre légation prirent au manége deux déraisonnables, dont on leur garantit l'innocence. À cent pas de la ville, les deux jeunes gens crurent prudent de descendre de cheval ; ils eurent le courage de traverser Athènes à pied, menant leurs montures par la bride. À cheval déraisonnable, cavalier trop raisonnable.

Les déraisonnables se nourrissent d'orge sèche pendant onze mois de l'année, et d'orge verte pendant un mois. L'orge sèche les échauffe abominablement. Au mois d'avril on les lâche dans un champ d'orge pour vingt ou vingt-cinq jours ; ils en sortent maigres et purgés.

Les puissances qui occuperont militairement la Grèce feront sagement de n'y transporter que de l'infanterie : nos chevaux ne s'accoutumeraient pas à ce régime, et nos soldats ne se feraient point aux chevaux du pays.

Les pâturages de la Béotie et de la Locride ne restent verts que deux ou trois mois. On n'y récolte pas de foin ; et quand même on en récolterait, on n'aurait aucun moyen de le transporter.

L'âne est moins dégradé en Orient que chez nous. Les poëtes en ont parlé comme d'un animal fougueux. Homère compare Ajax à un âne, sans songer à l'humilier. Les ânes d'aujourd'hui ne sont pas des Ajax, mais de braves petites bêtes qui ont le pied sûr, qui galopent au besoin, et qui font dix lieues par jour lorsqu'il leur plaît.

Les bœufs, qui sont si beaux et si nombreux en Italie, sont rares et maigres dans la Grèce. Athènes ne possède que cinq ou six vaches. On n'y boit d'autre lait que le lait de brebis ; on n'y mange que leur beurre, qui est blanc, léger et assez agréable, malgré un arrière-goût de suif.

Les brebis sont une des grandes richesses du pays. On compte plus de quatre millions de bêtes à laine dans le royaume.[1] Elles trouvent partout à se nourrir ; elles broutent les asphodèles et au besoin les chardons. On ne fait pas de moutons. La brebis n'a d'autre emploi que de fournir du lait et des agneaux. Le lait est transformé en fromage frais ; le fromage frais change de nom le lendemain et s'appelle *minsithra* : c'est un régal délicieux. La minsithra se sale dans des cuves ; le fromage salé se renferme dans des outres et s'expédie ainsi à toutes les villes du royaume. Devant chaque *baccal* ou boutique d'épicier, on voit une outre éventrée, pleine d'une

---

1 Ce nombre s'est accru d'un quart dans le courant de l'année 1854. Ce n'est pas que les brebis aient fait double portée ; mais les héros de la Thessalie n'ont pas voulu rentrer sans butin. Ils sont partis soldats, ils sont revenus bergers. (*Note de la 2e édition.*)

substance blanchâtre et grumeleuse que le marchand puise avec ses mains : c'est du fromage de brebis.

Les agneaux sont tous destinés à la Pâque. Le jour de cette grande fête, que les Grecs appellent par excellence la *lambri*, la brillante, il n'est pas une famille dans le royaume qui ne mange un agneau. Le vendredi saint, la ville d'Athènes est envahie par une cinquantaine de grands Valaques vêtus de haillons des plus pittoresques, escortés de deux cents gros chiens frisés, et suivis de dix mille agneaux bêlants. Tout ce monde, bêtes et gens, s'installe sur les places de la ville ou dans les champs incultes du voisinage. Les citoyens sont régalés pendant deux nuits d'un vaste concert de bêlements. Le samedi, tous les hommes qu'on rencontre dans la rue portent, comme le bon pasteur, un agneau sur les épaules. Chaque père de famille, rentré chez lui, égorge la bête au milieu de ses fils et de ses filles, la vide le plus proprement qu'il peut, l'assaisonne d'herbes aromatiques et lui passe un bâton au travers du corps. On réserve soigneusement la fressure pour la poêle. Le rôti embroché est exposé dans la cour ou devant la porte à un grand clair feu de fagots. Lorsqu'il est cuit à point, on le laisse refroidir (les Grecs ne tiennent pas à manger chaud), et l'on attend, pour se remplir le ventre, *que le Christ soit ressuscité.*

Les sept dixièmes des sujets du roi Othon ne mangent de la viande que ce jour-là.

Les brigands qui achètent les agneaux sans les payer, se régalent assez souvent du rôti que je viens de décrire et dont l'invention leur appartient, dit-on. Un agneau rôti tout entier s'appelle un agneau à la Pallicare.

Les étrangers qui ont contracté l'habitude de manger de la viande tous les jours, mangent de l'agneau pendant une grande partie de l'année. L'agneau bouilli, l'agneau rôti, le ragoût d'agneau, l'agneau en friture, la soupe à l'agneau, forment le fond de la nourriture des voyageurs. Pour varier un peu ce régime, on peut manger du poulet bouilli ou rôti, mais les poulets sont petits, durs, osseux, et secs comme un jour d'été : mieux vaut encore l'agneau, qui du moins est tendre.

Les côtes de la Grèce sont très-poissonneuses, cependant le poisson est cher dans Athènes. Les marins aiment mieux courir de port en port et faire la caravane que s'arrêter dans une crique à tendre des filets.

La chasse, en revanche, est un plaisir dont les Grecs sont très friands. Elle est pour eux sinon l'image de la guerre, du moins, celle du brigandage.

Le gouvernement impose aux chasseurs l'obligation de prendre un port d'armes qui coûte une drachme (90 centimes) pour trois mois. Mais le chasseur se dit : « À quoi bon une permission lorsqu'on a un fusil ? Le meilleur port d'armes est une bonne arme. Si le gendarme me demande mon fusil, je lui répondrai, comme un Spartiate d'autrefois : « Viens le prendre. » Les ports d'armes n'enrichiront jamais le trésor.

Le gibier n'enrichira jamais le chasseur. Il faut aller loin pour tuer un lièvre ou une bécasse. Les chasseurs d'Athènes se font transporter en voiture à cinq ou six lieues de la ville ; s'ils ne veulent pas revenir bredouilles. Les lièvres sont assez communs à Marathon, les perdrix rouges à Égine ; les bécasses ne sont pas rares dans les ravins qui environnent Képhissia. Le meilleur temps pour la chasse est le vent du nord : la neige qui couvre les montagnes chasse le gibier jusque dans la plaine, mais le vent du nord ne souffle pas tous les jours.

Le passage des canards fournit de belles occasions aux voisins du lac Copaïs. J'ai vu arriver au marché d'Athènes des charretées d'oiseaux aquatiques. Le passage des cailles nourrit le Magne pendant un mois. Les pauvres bêtes sont si lourdes en arrivant qu'on les tue à coups de bâton.

Le passage des tourterelles amuse le chasseur au printemps et à l'automne. On les tire au vol dans les orges, au posé sur les figuiers. L'arrivée des grives m'a souvent fait courir les champs aux mois de mars et d'avril. C'est une guerre d'embuscades où le gibier et l'homme se cachent à qui mieux mieux derrière les oliviers. L'avantage ne reste pas toujours à l'homme.

Les paysans sont pour le chasseur d'une tolérance fabuleuse et qui scandaliserait les habitants de la Normandie. Vous pataugez dans les orges, vous enjambez les murs d'enclos au risque de les dégrader, vous les culbutez même, si bon vous semble, car ils sont construits en briques crues ; le propriétaire vous voit et ne dit rien. Il pense qu'un homme qui prend des libertés pareilles est sans doute un seigneur puissant à qui il ne faut point se frotter. Je connais un Français qui allait tirer le pistolet trois fois par semaine dans la porte d'un clos situé à cinquante pas d'Athènes. Le propriétaire n'a jamais murmuré.

Les seuls ennemis que les chasseurs aient à redouter sont les gros chiens de bergers. Ces monstres frisés se précipitent en nombre sur tout Européen qui passe ; leurs maîtres, au lieu de les retenir, s'amusent souvent à les exciter. On ne s'en débarrasse qu'à coups de pierres. Les chiens de la ville, qui devraient se piquer d'urbanité, n'ont pas plus d'égards pour les passants dès qu'il fait nuit ; et les élégants qui sortent d'une soirée font sagement de glisser quelques pierres dans les poches de leur habit. Ces animaux n'ont aucun respect pour le bâton. Si vous les menaciez d'un coup de canne, vous seriez mordu pour le moins. Mais les pierres leur inspirent une terreur superstitieuse.

Le gibier qu'on mange en Grèce est excellent : les lièvres, les bécassines, les grives ont un fumet délicieux. La perdrix rouge, la seule qu'on ait occasion de tuer, est à peine mangeable. Sa chair est dure, cotonneuse et insipide. On lui adresse les mêmes reproches en Algérie et dans presque tous les pays chauds. Si elle pouvait répondre, elle dirait : « Alors, pourquoi me tuez-vous ? »

On trouverait dans la Morée, en cherchant bien, quelques renards et même quelques chacals. On rencontre, sans les chercher, des aigles et des vautours magnifiques. L'Hymette, le Pentélique et toutes les montagnes du royaume en sont peuplées. J'ai vu des vols de plus de cinquante aigles se rassembler au-dessus de notre jardin pour marcher ensemble à la conquête d'une charogne. J'ai rencontré des vautours qui prenaient paisiblement leur repas sur le corps d'un âne ou d'une brebis, et j'ai rapporté quelques grandes plumes cueillies sur le vautour lui-même.

La chouette habite toujours la ville de Minerve ; mais elle n'y règne plus. L'Acropole est habitée en été par une charmante espèce d'épervier qu'on appelle la crécerellette. Ce petit oiseau de proie ne poursuit pas d'autre gibier que les sauterelles. Cependant il ne manque pas de courage. Lorsqu'il arrive, au mois d'avril, il commence par délivrer l'Acropole de tous les corbeaux dont elle est infestée. Lorsqu'il part, en octobre, les corbeaux reviennent triomphalement prendre possession du champ de bataille, et salissent en signe de joie le marbre de tous les monuments.

On sait que la tortue est commune en Grèce, dans les champs et dans les ruisseaux. Ce qu'on ignore, c'est que la tortue terrestre, aussi bien que la tortue aquatique, inspire une grande répugnance au peuple grec. Nous avons voulu contraindre notre cuisinier à nous faire une soupe à la tortue ; son préjugé a été plus fort que notre autorité.

« Je ne veux pas, disait-il, cuisiner cette bête-là.

— Mais pourquoi ?

— Parce que c'est de la vermine.

— Que t'importe ? tu n'en mangeras pas.

— Ni vous non plus. Je ne veux pas qu'il soit dit que j'ai fait cuire de la vermine. »

De tous les animaux que l'on rencontre dans le pays, les plus communs sans contredit sont les animaux portatifs que Mahomet nous recommande de laisser brouter en paix sur notre corps. Les Grecs, ces grands chasseurs, négligent un peu trop de leur donner la chasse.

VI

Les mines et les carrières. — Le Pentélique et Paros. — Charbon de terre à Marcopoulo et à Koumi.— Plomb argentifère de Zéa. — Marbre de Carysto. — Émeri de Naxos. — La propiété de toutes les mines et carrières, à l'exception de deux, est en litige. — Incurie et impuissance du gouvernement.

Si la Grèce avait un gouvernement, les mines et les carrières suffiraient presque à l'enrichir.

Le marbre y est si commun que les montagnes en sont faites. Le mont Pentélique contient encore l'étoffe de plusieurs Parthénons, et les carrières de Paros ne sont pas épuisées pour avoir enfanté un Olympe.

Les marbres du Pentélique et de Paros sont encore aujourd'hui les plus beaux marbres du monde. Le premier est serré, fin et brillant ; le second est d'une transparence limpide : ses larges paillettes, sa couleur chaude et vivifiante, donnent aux statues comme une apparence de chair.

Pour exploiter les carrières du Pentélique, il ne faut que des ouvriers et des voitures. Le chemin est tout tracé de la montagne au Pirée, et du Pirée au monde entier.

Pour exploiter les carrières de Paros, il faudrait tracer un chemin dont le devis, établi par les hommes les plus compétents, s'élève à 17 ou 18 000 francs.

Les frais d'extractions ne seraient pas plus considérables au Pentélique ou à Paros que dans les carrières de Carrare ; le transport par mer ne serait pas beaucoup plus coûteux, surtout si l'on employait des navires grecs ; or les marbres de la Grèce sont plus beaux que ceux d'Italie, et ils obéissent merveilleusement au ciseau.

Il n'y a pas un an qu'on a retrouvé, dans l'Archipel, des carrières de rouge antique, et, dans le Taygète, des carrières du marbre admirable que nous connaissons sous le nom de vert antique.

Aucune de ces quatre carrières n'est exploitée.

Il existe à Marcopoulo, en Béotie, une mine de lignite ou charbon de terre. « Les produits en sont de qualité médiocre ; ils équivaudraient aux quarante-cinq centièmes de leur poids de carbone pur, et au point de vue calorifique ils seraient comparables à du bois.[1] » Cette mine n'est pas exploitée.

On trouve à Koumi, dans l'île d'Eubée, un gisement considérable d'un lignite infiniment meilleur. D'après l'analyse faite par un savant ingénieur français, il équivaut aux deux tiers d'un poids égal de houille de Newcastle. D'après les expériences faites par M. de Lauriston, à bord du bateau à vapeur français *le Rubis*, le rapport de production de vapeur du charbon de Koumi au charbon anglais est des trois cinquièmes. Suivant les calculs établis par un économiste français très-distingué, le lignite de Koumi, bien exploité, rapporterait facilement 150 000 drachmes de bénéfice par an. Il ne serait pas avantageux d'en tirer parti pour la navigation à vapeur, parce qu'il tient trop de place et qu'il ne s'allume pas assez vite ;

1 Rapport de M. Sauvage, ingénieur des mines.

mais on l'emploierait très-utilement dans les usines.

Aujourd'hui les mines de Koumi, tous frais payés, rapportent à l'État 12 000 drachmes par an !

Il existe en Grèce plusieurs gisements de plomb argentifère. Celui dont l'exploitation serait la plus facile et la plus avantageuse est située sur la côte orientale de l'île de Zéa. Les filons descendent jusqu'à la mer, au fond d'une petite crique où les caboteurs peuvent aborder. Le minerai de Zéa contient environ 80 pour 100 de plomb ; le plomb renferme en moyenne 0,00125 d'argent ; c'est-à-dire que cent kilogrammes de plomb donneraient un lingot d'argent de 25 francs.[1]

Les mines de Zéa ne sont point exploitées. Seulement, lorsque les pluies de l'hiver ont détaché quelques masses de minerai, la commune les revendique et les fait vendre.

Les carrières de Carysto, en Eubée, sont abandonnées, mais non pas épuisées. Elles fournissaient dans l'antiquité un beau marbre cipollin dont les veines imitent la couleur et l'ondulation des vagues de la mer. On blâmait, du temps de César, la prodigalité d'un citoyen romain qui fit les colonnes de sa maison en marbre de Carysto. On ne reprochera rien de pareil aux Grecs d'aujourd'hui, qui savent à peine qu'ils ont d'admirables carrières.

Les pierres et les plâtres de l'île de Milo sont mal exploités et ne rendent pas ce qu'on en pourrait attendre ; l'émeri de Naxos, après avoir été exploité par des fermiers à des conditions onéreuses pour l'État est aujourd'hui extrait et vendu par le gouvernement. Les 100 000 francs qu'on en tire tous les ans sont le principal et pour ainsi dire le seul revenu que rapportent à la Grèce ses mines et ses carrières.

Si l'État tire si peu de profit de toutes ses richesses minéralogiques, ce n'est pas seulement par l'incurie de l'administration ; c'est surtout par l'impuissance du gouvernement. La propriété de toutes les mines et de toutes les carrières, excepté de celles de Naxos et de Koumi, est en litige. Les droits de l'État ne sont point établis ; ceux des particuliers ne le sont pas beaucoup mieux. Qu'un capitaliste français prenne la résolution d'exploiter à ses frais les mines de Zéa, ou les carrières de Paros ou de Carysto, s'il se ruine, on le

[1] Rapport de M. Sauvage et de M. Leconte.

laissera faire ; s'il gagne une drachme, la Grèce entière viendra la lui disputer.

« Rien n'est plus confus, dit M. Casimir Leconte, que l'établissement de la propriété en matière de mines, et je puis en parler avec quelque assurance, attendu que la confiance de M. Colettis m'a appelé à remplir une mission tout à fait spéciale pour cette question.

« Il s'agissait de juger des facilités d'exploitation des mines de plomb argentifère de Zéa, des mines de lignite de Koumi, des carrières de marbre de Paros et d'autres encore. Je me suis donc transporté sur les divers points signalés à mon attention, et presque partout je me suis trouvé au milieu d'une complète obscurité, quant à l'établissement des droits, et d'une inexprimable confusion, quant à leur exercice. La propriété de telle mine est revendiquée à la fois par l'évêque du diocèse, par la commune ou par le monastère voisin ; des individus se présentent contradictoirement comme fermiers ou sous-fermiers de tel propriétaire prétendu, etc.... »

Le gouvernement grec se sent trop faible pour essayer de reprendre une mine à de prétendus propriétaires ; mais il se croit assez fort pour prendre un empire au propriétaire légitime.

VII

Industrie. — Ce que la Grèce enverra à l'exposition de 1855. — Tous les produits manufacturés qui se consomment dans le royaume sont importés. — Tableau de l'importation. — Progrès de la Turquie. — La Grèce n'a que deux genres d'industrie : la filature de soie et la construction des navires. — Conversation avec un filateur de Mistra. — Comparaison du prix des navires à Syra et à Marseille.

Un jour que j'étais en visite chez un ancien ministre du roi Othon, la conversation tomba sur Paris.

« J'ai habité Paris, me dit mon très-honorable interlocuteur, et c'est la ville du monde que je désirerais le plus revoir encore.

— Eh bien ! venez-y dans deux ans ; vous y verrez l'exposition universelle.

— Oui, mais je voudrais voir tout cela sans qu'il m'en coûtât rien.

Edmond About

— Allez-y aux frais de l'État.

— J'y pensais ; mais sous quel prétexte ?

— Ne nommera-t-on pas un commissaire du gouvernement pour l'exposition ?

— L'idée est bonne, et je vous en remercie. Vous avez profité de votre séjour en Grèce ; vous entendez les affaires ; pourquoi n'avez-vous pas étudié la politique ? Je ne suis pas mal en cour, le chargé d'affaires de Russie me protége, le roi me nommera ; j'aurai soin qu'on me donne une indemnité raisonnable : les ministres d'aujourd'hui sont si regardants ! J'irai à Paris : je ferai mettre en lumière les produits de notre industrie : je réclamerai pour eux une place d'honneur. On ne parle pas assez de la Grèce ; l'enthousiasme de l'Europe s'est refroidi : je me charge de le réchauffer. On verra ce que nous savons faire !

— À propos, lui dis-je innocemment, qu'est-ce que la Grèce enverra à l'exposition ?

— Vous le demandez ? Elle enverra... la Grèce n'est pas en peine. Elle enverra... soyez tranquille, nous avons de quoi faire parler de nous. Elle enverra... des raisins de Corinthe !

— Sans doute, pardonnez-moi ; je ne sais où j'avais la tête. J'oubliais les raisins de Corinthe et le miel de l'Hymette.

— J'allais vous en parler. Elle enverra vingt oques de miel de l'Hymette. Le miel de l'Hymette n'est pas si rare qu'on le croit en Europe. On s'imagine que l'industrie nationale a dégénéré ? Nous prouverons, si le roi me nomme commissaire, que nos abeilles travaillent mieux encore qu'au siècle de Périclès. Un immense bocal rempli de miel de l'Hymette !

— Vous enverrez encore autre chose ?

— En doutez-vous ? Nous enverrons une grande bouteille d'huile d'olive, un tonneau de vin de Santorin, une balle de coton, un peu de garance, une boîte de figues sèches, un sac de vallonée, un énorme écheveau de soie !

— Un bloc de marbre de Paros ?

— Dix blocs de marbre de Paros ! si M. Cléantis veut bien nous les fournir. Nous y joindrons quelques oques d'émeri de Naxos, et un bloc de charbon de terre de Koumi. Soyez tranquille, la Grèce tiendra son rang dans cette grande assemblée des peuples civilisés.

— Quant à l'industrie proprement dite, ajoutai-je avec un peu d'hésitation…

— Quelle industrie ?

— L'industrie… industrielle.

— Je vous entends. Eh bien ! nous enverrons un joli costume grec.

— Bravo ! L'idée est bonne. Vous savez que j'adore vos costumes. Je vous garantis qu'ils auront du succès. Envoyez un costume. Qu'enverrez-vous encore ?

— Nous enverrons un fez, une veste brodée, une foustanelle, une jolie ceinture…

— Sans doute, et puis…

— Nous enverrons un costume grec. C'est quelque chose que cela ! Je défie tous vos peuples d'Europe d'envoyer un seul costume grec. »

Je pris congé du futur commissaire, et, sur le seuil de sa maison, je repassai dans ma mémoire ce que la Grèce avait envoyé à l'exposition de Londres. Je me souvins de la déception que j'avais éprouvée en entrant dans l'enceinte réservée aux produits de la Grèce, lorsque j'avais vu du miel dans un pot, des raisins de Corinthe dans un bocal, un peu d'huile, un peu de vin, un peu de coton, un peu de garance, une poignée de figues, un peu de vallonée, un cube de marbre et une vitrine où s'étalaient quelques costumes grecs.

L'industrie nationale en est toujours au même point, et nous reverrons tous à Paris ce que j'ai eu la douleur de voir à Londres.

Les deux seules manufactures qui se soient établies en Grèce, la verrerie du Pirée et la raffinerie des Thermopyles, ont ruiné leurs actionnaires, et l'on a dû les abandonner.

Tous les produits manufacturés qui se consomment dans le royaume viennent de l'étranger. On ne sait pas faire en Grèce un de ces couteaux fermés que l'on vend à Paris pour cinq sous !

L'importation a été de 22 300 000 drachmes en 1845.

L'Angleterre y prenait part pour 9 millions, la Turquie pour 4 300 000 drachmes, l'Autriche pour 4 millions, la France pour 2. La Russie fournissait pour 2 millions de matières premières.

L'industrie des Russes a autant de progrès à faire que celle des Grecs. On remarquera qu'après l'Angleterre c'est la Turquie qui prenait la plus grande part à l'importation.

En 1849 la Turquie se rapprochait sensiblement du chiffre des importations anglaises. L'importation totale était évaluée à 20 799 501 drachmes. L'Angleterre y entrait pour 6 200 000 drachmes, la Turquie et l'Égypte pour 6 millions, la Russie pour un million.

Voilà des chiffres qui ne manquent pas d'intérêt, au moment où les grecs parlent du progrès russe et de la décadence de la Turquie.

Revenons à l'industrie des Grecs : ils filent de la soie et construisent des navires.

Une filature de coton établie à Patras produit 40 000 kilogrammes de fil par an.

Quatre filatures de soie existent dans le royaume. La première est à Calamata : elle appartient à un Français. La seconde est à Mistra ; les deux autres sont au Pirée et à Athènes. On fabrique quelques soieries dans l'île d'Hydra.

Je conseille à tous ceux qui voudront établir des filatures en Grèce d'aller à Smyrne visiter les ateliers de M. Mathon. M. Mathon est Français, né dans l'Ardèche, et établi à Smyrne depuis une quinzaine d'années. Il a fondé un établissement comparable à tout ce qu'on voit de plus parfait en France : quatre cents jeunes filles y sont employées toute l'année.

Ses produits, qu'il expédie à Marseille, y sont très-recherchés ; le chiffre de ses affaires s'élève de jour en jour ; il agrandit ses ateliers, il augmente son personnel. Il est vrai que Smyrne est une ville turque, et que les étrangers y sont comme chez eux.

Je rencontrai un jour, chez M. Constantin Mavrocordato, un des propriétaires de la filature de Mistra. Je lui fis mes compliments sur ses ateliers, que j'avais visités quelques mois auparavant, « Oui, me dit-il, tout cela n'est pas trop mal. Nous végétons convenablement. Nous faisons un peu de bien au pays, mais nous n'en serons jamais récompensés. Nous aurons beau faire, tout ce qui peut nous arriver de plus heureux, c'est d'amasser quelque argent. Mais les places, les distinctions, les honneurs, tout cela n'est pas fait pour nous.

— Comment ! Lorsque vous dotez la Grèce d'une industrie qui

doit l'enrichir !

— Hélas ! monsieur, nous ne sommes pas citoyens.

— Vous n'êtes pas Grecs ?

— Pardon ; mais nous sommes hétérochthones. »

Ce n'est pas seulement l'indifférence du gouvernement et l'absurdité des lois qui s'opposent au progrès des manufactures, c'est surtout l'esprit d'individualisme et la rage de décentralisation dont les Grecs sont possédés. Lorsqu'un ouvrier sait son métier, il quitte la manufacture, il charge ses outils sur son dos, et il s'en va de village en village, de maison en maison, criant : « Avez-vous des cocons à filer ? » Le paysan donne la préférence à ces filateurs ambulants qui travaillent devant sa porte, qu'il peut surveiller de plus près, et qui ne lui demandent que cinq ou six drachmes par oque de soie.

Quand la Grèce aura un gouvernement, que les mines de Koumi seront exploitées, que le pays sera traversé en tous sens par des routes carrossables, et que la loi des hétérochthones sera rapportée, toutes les filatures du royaume pourront se donner le luxe d'une machine à vapeur de la force de quatre chevaux, qui fera marcher deux cents métiers à la fois et filera la soie à si bas prix que les fabricants ne craindront plus la concurrence de leurs ouvriers.

Les Grecs construisent des navires à Syra, à Patras, à Galaxidi et au Pirée. Ces bâtiments sont généralement en sapin ; ils sont moins solides, moins bien chevillés et moins soignés que ceux que nous construisons en France ; mais ils tiennent bien la mer et coûtent deux tiers de moins que les nôtres.

Un navire de 100 tonneaux de jauge, portant 140 tonneaux de charge, coûte 17816 francs à Syra, et 46 000 francs à Marseille. Il suit de là que, par tonneau de charge, les navires grecs coûtent 120 francs, et les navires français 328.

Si les armateurs grecs payent 120 francs ce que les nôtres achètent 328, il est clair que le commerce de la Méditerranée appartient à la marine grecque.

VIII
Commerce.

Quand on parle du commerce de la Grèce, il ne peut être question que du commerce maritime. Dans un pays où les routes sont des sentiers, le seul commerce à terre est le colportage.

La Grèce ne communique avec le reste du monde que par mer. Elle touche à la Turquie par sa frontière septentrionale ; mais elle ne communique pas avec elle, car il n'y a pas une route qui aille de Grèce en Turquie.

La mer est donc le grand chemin qui joint la Grèce au monde entier. La mer la fait communiquer avec elle-même. J'ai dit plus haut : tous les Grecs sont marchands ; c'est-à-dire : tous les Grecs sont marins.

La marine grecque est aussi ancienne que le peuple grec. La première fois que la nation s'est fait connaître au monde, c'est lorsqu'elle est allée sur des vaisseaux piller la ville de Troie. Le véritable héros de la Grèce, ce n'est pas le fougueux Achille, qui ne savait qu'aimer, haïr, pleurer et combattre. Achille est un homme du continent, élevé loin de la mer ; Achille a l'âme droite ; Achille ne calcule pas ; Achille n'a rien gagné à la guerre de Troie, que la mort et l'immortalité ; Achille n'est Grec qu'à demi. On dirait, au contraire, que la Grèce s'est incarnée tout entière dans l'insulaire Ulysse, qui sait naviguer et mentir, qui spécule sur ses affections et sur ses malheurs ; qui, lorsqu'il échange ses armes avec un ami, fait en sorte de gagner au change ; qui, avant de tuer les prétendants, conseille à sa femme de leur demander de riches présents ; Ulysse le héros marin, marchand et fripon.

Si Ulysse ressuscitait aujourd'hui et qu'il se trouvât transporté au milieu des Athéniens aux belles cnémides devant le café de la Belle-Grèce, il leur dirait : « Je vous reconnais, vous êtes mes enfants. Vous aimez comme nous l'or fauve et l'argent étincelant ; comme nous, vous aimez le bien d'autrui : comme nous, vous avez des barques solidement bâties, qui glissent sur le dos de la mer : vous savez acheter, vendre et dérober. Comme nous, vous convoitez une grande ville située vers le soleil levant, au delà des mers profondes. Vous espérez, quand vous l'aurez prise, réduire les citoyens en esclavage, et vous asseoir, les bras croisés, dans les palais bien bâtis. Mais, croyez-moi, si vous ne voulez pas vous préparer des repentirs amers, attendez, comme nous, le moment favorable.

CHAPITRE III - AGRICULTURE, INDUSTRIE, COMMERCE

Attendez que Jupiter vous ait donné des chefs habiles et courageux, que Vulcain vous ait forgé des armes invincibles, et surtout que vous soyez deux contre un : car c'est là tout le secret de la guerre. »

On cite au bazar d'Athènes l'histoire d'un capitaine marchand qui aurait fait l'admiration d'Ulysse. Ce brave homme était né à Lisbonne ; il avait vendu sa cargaison, et de plus son navire. Ses matelots lui demandèrent : « Comment nous ramèneras-tu au pays ? Tu nous as promis de nous rendre au Pirée.

— Soyez tranquilles, répondit le capitaine, je me charge de tout. Vous serez bientôt en route. En attendant, voulez-vous faire un tour en mer ? J'ai vendu le navire, mais il me reste le canot. L'acquéreur m'a laissé un petit mât qui est encore bon, et une voile qui n'est pas trop déchirée. Je vous offre une promenade. »

Les matelots s'embarquèrent sans défiance. Il les conduisit, en flânant, à Gibraltar ; de Gibraltar il les transporta à Marseille, où il devait sans faute leur procurer un embarquement ; de Marseille il les mena voir Toulon ; de Toulon il les entraîna jusqu'à Gênes. Au bout de six mois, le canot entrait triomphant au Pirée.

Il y avait dans ce marin l'étoffe d'un diplomate. Il y a dans chaque Grec l'étoffe d'un marin.

Deux insulaires se rencontrent sur le port de Syra.

« Bonjour, frère ; que fais-tu ? (c'est-à-dire : Comment vas-tu ?)

— Bien ; merci. Que dit-on de nouveau ?

— Le Dimitri, le fils de Nicolas, est revenu de Marseille.

— A-t-il gagné beaucoup d'argent ?

— Vingt-trois mille six cents drachmes, à ce qu'on assure. C'est beaucoup d'argent.

— Il y a longtemps que je me dis : Il faut que j'aille à Marseille. Mais je n'ai pas de bateau.

— Si tu voulais, nous en ferions un à nous deux. N'as-tu pas du bois ?

— J'en ai bien peu.

— On en a toujours assez pour faire un bateau. J'ai de la toile à voiles, et mon cousin Jean a des cordages : nous nous mettrons ensemble.

Edmond About

— Qui est-ce qui commandera ?

— C'est Jean : il a déjà navigué.

— Il nous faudra un petit garçon pour nous aider.

— J'ai mon filleul Basile.

— Un enfant de huit ans ! Il est bien petit.

— On est toujours assez grand pour naviguer.

— Mais quel chargement prendrons-nous ?

— Notre voisin Petros a des vallonées : le *papas* a quelques tonnes de vin ; je connais un homme de Tinos qui a du coton ; nous passerons à Smyrne, si tu veux, pour charger de la soie.

Le bateau se construit tant bien que mal ; l'équipage se recrute dans une ou deux familles ; on prend chez les voisins et les amis toutes les marchandises qu'ils veulent vendre, on va à Marseille en passant par Smyrne ou même par Alexandrie ; on vend la cargaison ; on en prend une autre ; et, lorsqu'on revient à Syra, le navire est payé par le fret, et les associés se partagent encore quelques drachmes de bénéfice.

Ce mode de navigation *à la part* permet aux Grecs de réduire le prix du fret beaucoup plus que nos capitaines marchands ne pourraient le faire. J'ai dit que leurs navires coûtaient deux tiers de moins que les nôtres : il n'est donc pas surprenant que les patrons offrent un rabais de cinq ou six francs par tonneau.

La Grèce possédait, en 1838, 3269 navires de commerce. En 1840, elle en avait 4046, jaugeant 266 221 tonneaux. On évalue à 50 millions de drachmes le chiffre de ses frets en une année. Le marchand grec se glisse partout, ne néglige aucune affaire, ne dédaigne aucun expédient, et change de pavillon toutes les fois qu'il y trouve son intérêt. Aussi le cabotage de la Méditerranée appartient-il presque exclusivement à la Grèce. En 1846, le commerce maritime de Constantinople était réparti comme il suit :

Pavillon	grec..............	967 000	ton- neaux.
–	anglais et ionien....	505 000	–
–	russe..............	335 000	–
–	sarde..............	305 000	–

_	autrichien.........	284 000	_
_	français...........	70 000	_
_	napolitain.........	51 000	_

Ce petit royaume sans population et sans capitaux faisait avec la Turquie deux fois plus d'affaires que l'Angleterre et treize fois plus que la France. Le gouvernement, qui s'est avisé de rompre avec la Porte, entend assez mal les intérêts du pays.[1]

La marine grecque, que nous voyons prospère et brillante, le serait bien davantage si les Hellènes n'avaient contracté deux mauvaises habitudes : l'une s'appelle la piraterie, l'autre la baraterie.

Tous mes lecteurs connaissent, au moins de réputation, la piraterie. C'est une industrie qui a fait son temps. Dans dix ans, grâce à la marine à vapeur, les pirates seront aussi rares dans l'Archipel que les voleurs de grand chemin dans la Beauce.

La baraterie a plus d'avenir. Lorsqu'un capitaine grec a bien vendu sa cargaison et son navire, il déchire ses habits, suspend à son cou un petit tableau représentant un naufrage, et vient, ainsi paré, dire à son armateur : « Le navire a péri. Nous avions oublié, en nous embarquant, de mettre un sou dans le tronc qui est à la proue : saint Christodule ou saint Spiridion s'est vengé. J'espère que nous serons plus heureux une autre fois. » Cette spéculation s'appelle : *la baraterie.* il n'est pas facile de l'empêcher : car les capitaines sont de bons comédiens, les matelots d'excellents comparses, et « a beau mentir qui vient de loin. »

La Grèce n'a qu'un seul vapeur, *l'Othon* : il appartient au roi. De longtemps la marine marchande n'emploiera les bateaux à vapeur. Il est facile à sixbourgeois de Syra de construire et d'armer un navire à voiles ; mais ils n'ont pas encore appris à construire des machines et à fabriquer des chaudières.

Pour le transport des marchandises qui ne peuvent pas attendre, comme les cocons, les Grecs ont recours aux vapeurs du Lloyd et de nos Messageries impériales. Ils s'embarquent eux-mêmes sur les bateaux autrichiens ou sur les nôtres lorsqu'ils sont pressés,

---

1 La Grèce est rentrée en relations avec la Turquie. Cet accord durera aussi longtemps que nous occuperons Athènes. (*Note de la 2ᵉ édition.*)

ce qui arrive rarement. L'Orient ignore encore le prix du temps. Cependant j'ai vu quelquefois, en allant d'Athènes à Syra, le bateau encombré de Grecs. Ils prennent toujours les quatrièmes places, sans aucun respect humain. Les sénateurs, les députés, les hommes les plus considérables, s'établissent sur le pont avec leurs femmes, leurs bagages et leurs enfants. Chacun porte son lit avec soi. Une fois embarqués, ils étendent leurs couvertures et se couchent. Ils dorment, ils causent, ils mangent, ils se querellent d'un lit à l'autre, et le pont ressemble à un dortoir de collège en insurrection.

Les bateaux du Lloyd marchent généralement un peu mieux que les nôtres ; cependant je ne conseille à personne de les prendre. Le bâtiment, les chambres, les lits, la cuisine, tout est d'une propreté plus que douteuse. Les Grecs, qui ne se piquent pas de délicatesse, s'embarquent de préférence sur les bateaux du Lloyd, parce qu'ils coûtent un peu moins cher, et surtout parce que l'administration traite de *gré à gré*.

Le Lloyd, fondé par M. de Bruck au moment et à l'occasion de la guerre de l'indépendance, relie Athènes à Trieste, à Ancône, au royaume de Naples, aux îles Ioniennes, à Patras, à l'Isthme, à Syra, à Smyrne, à Constantinople et à la côte de Syrie.

Les Messageries impériales font communiquer la Grèce avec Marseille, Gênes, Livourne, Civita-Vecchia, Naples, Messine, Malte, Smyrne, Constantinople, la Syrie et l'Égypte. Un bateau qui stationne au Pirée fait un service régulier entre Athènes et les villes de Salonique, Chalcis, Syra, Nauplie, Hydra, Marathonisi et Calamata. Tous les bâtiments de la Compagnie sont solides et confortables ; les officiers bien élevés, polis avec les hommes, galants avec les dames. On trouve un médecin à bord de chaque bâtiment.

Le gouvernement de la Grèce ne fait rien pour le commerce maritime.

Il n'existe dans le royaume qu'un phare, situé sur un îlot en face de la ville de Syra. Les navigateurs en demandent trois ou quatre autres depuis vingt ans. Malgré leurs justes réclamations, malgré les naufrages qu'on signale tous les hivers, les ministères qui se sont succédé ont fait la sourde oreille. Le commerce ne doit rien au gouvernement, qui lui doit tout.

J'affirmerais même, sans crainte d'être accusé de paradoxe, que la marine grecque était plus florissante sous la domination turque qu'elle ne l'est aujourd'hui. Nous ne voyons plus dans les îles aucune de ces fortunes colossales que les Condouriotis et tant d'autres avaient amassées avant la guerre de l'indépendance. Le commerce trouvait, sous les Turcs, des facilités qui lui manquent aujourd'hui. Je veux citer un fait qui paraîtra incroyable à tous les peuples civilisés. L'île d'Eubée ou de Négrepont est tellement rapprochée du continent à la hauteur de Chalcis, qu'on a pu jeter un pont sur le détroit (l'Euripe) qui les sépare. Ce pont était mobile, au temps de la domination turque : il est fixe aujourd'hui. Les navires sont condamnés à faire un détour immense, et Chalcis, qui a été et qui devait être un entrepôt important, reste, faute d'un pont tournant, un médiocre village.

La Grèce possède un bon port : le Pirée ; deux rades excellentes à Salamine et à Milo. La rade de Syra est médiocre : elle n'est ni assez fermée ni assez profonde. Il y aurait peu de chose à faire pour la fermer : on ne fait rien. On trouverait à Délos un mouillage infiniment plus sûr : on n'y songe pas. On a laissé Délos se changer en désert et Syra devenir une grande ville.

C'est une chose curieuse que la fortune de Syra, qui est aujourd'hui l'île la plus commerçante de l'Archipel. Elle n'était rien qu'un rocher au commencement de la guerre de l'indépendance. Mais elle était catholique, et la France la protégeait. À l'abri de sa religion et de notre puissance, Syra, au lieu de souffrir de la guerre, en profita. Les persécutions exercées contre les Grecs lui envoyèrent des habitants ; la piraterie qu'elle exerçait impunément lui fit un capital ; elle confisqua pour les vendre les convois d'armes que nous adressions à la Grèce, et sur la misère du pays elle fonda sa richesse.

Le plus sérieux obstacle qui s'oppose aux progrès du commerce grec est le manque de capitaux. L'intérêt légal de l'argent est de 10 pour 100 pour les prêts ordinaires, et de 12 pour 100 pour les affaires de commerce ; mais il ne se fait pour ainsi dire que des prêts usuraires ; le gouvernement le sait, et ne peut pas s'y opposer. Réprimer l'usure, ce serait réprimer l'agriculture et le commerce.

Le ministre des finances déclarait à la chambre, en 1852, que la plupart des vignerons qui cultivent le raisin de Corinthe se ruinent par des emprunts à 15 et 20 pour 100.

Les laboureurs empruntent leurs semences à 30 pour 100 pour huit mois, ce qui fait 40 pour 100 par an. Le prêteur se paye lui-même sur la récolte, au moment du battage des grains.

Pour venir en aide à l'agriculture et au commerce, une banque nationale s'est établie en 1842. Comme toutes les fondations utiles, la Banque a été créée par les particuliers et par les étrangers, sous les yeux du gouvernement. Un particulier en a eu l'idée ; les capitaux particuliers sont accourus ; la France a avancé deux millions ; un Français, M. Lemaître, a tout organisé : le roi Othon n'a rien empêché.

Le capital de la Banque était primitivement fixé à 5 millions de drachmes ; mais l'article 4 des statuts portait qu'il pourrait être augmenté.

Le 31 décembre 1852, il s'élevait à 5 396 000 drachmes.

L'encaisse métallique était de 1 387 311 drachmes 98 l.

Les actions sont de 1000 drachmes ; mais en 1852 la Banque elle-même les émettait avec une prime de 150 drachmes.

Les opérations de la Banque sont :

L'escompte ;

Les payements en compte courant ;

Les prêts sur hypothèques ;

Les prêts sur gages.

L'administration centrale est à Athènes ; un comptoir a été établi à Syra en 1840, un autre à Patras, en 1846 ; on se promettait alors d'en fonder deux autres à Chalcis et à Nauplie, mais on n'en a pas eu besoin. Le comptoir de Patras est aujourd'hui aussi important que celui d'Athènes.

La Banque émet des billets de 10, de 25 et de 100 drachmes : ces papiers ont cours dans tout le royaume et sont acceptés sans difficulté.

Le chiffre des opérations de la Banque, qui s'élevait en 1847 à................	22 740 194 dr. 22 l.
n'était plus en 1851 que de....	19 376 000 dr. »

et en 1852 de................	19 317 000 dr. »

En 1852, les bénéfices ont été de 807 921 dr. 85 l.

Les actionnaires ont reçu un dividende de 85 drachmes qui, ajoutées à 4 drachmes de fonds de réserve, forment un total de 89 drachmes, ou 9 pour 100 environ du capital nominal.

La Banque ne versera pas un pareil dividende en 1855.[1]

On ne saurait contester les services immenses que la Banque nationale a rendus à la Grèce. Malgré l'élévation du taux de l'escompte et des intérêts, elle afacilité les transactions et fourni des ressources à l'agriculture. En même temps elle offrait aux capitaux un placement avantageux. Pourquoi donc n'a-t-elle pas fait plus de progrès en onze années ?

C'est que les Grecs sont convaincus que le destin de la Banque est attaché à la personne de son directeur, M. Stavros. Quoique toutes les affaires ne se fassent pas encore très-régulièrement ; quoique l'arriéré s'élève à plus de 500 000 drachmes ; quoique la Banque ait été trompée quelquefois par ses estimateurs sur la valeur des terrains hypothéqués ; quoique des faussaires aient contrefait un certain nombre de billets et réduit l'administration à en fabriquer d'autres, la confiance publique est acquise à la Banque, parce que l'on connaît le talent et la capacité de M. Stavros. Mais, après lui, le préjugé populaire prétend qu'il ne restera plus que des maladroits ou des fripons. « Si Stavros mourait demain, me disait un Grec, je ne confierais pas dix drachmes à son successeur.

—- Mais si l'État prenait en main l'administration de la Banque ?

— C'est autre chose. Je ne lui confierais pas dix lepta. »

Il faut que les Grecs soient marchands jusqu'au fond de l'âme pour que les misères de leur état et le spectacle de leur pays ne les aient point dégoûtés du commerce. Lorsqu'ils jettent les yeux sur la carte du monde, ils peuvent se dire : « Partout où s'étendent les mers, le commerce grec pénètre avec elles ; dans tous les ports que je vois, depuis Arkhangel jusqu'à Calcutta, l'on trouve des négociants grecs qui sont riches ou qui le deviennent. Constantinople, Odessa, Trieste, Marseille, voient fleurir le commerce grec. Les Rhalli ont fondé à Londres un des trois ou quatre grands comp-

---

[1] En 1854, elle a donne 7 1/2 pour 100.

toirs de l'univers, et cette famille de Grecs est plus riche à elle seule que tout notre royaume. Je ne découvre qu'un pays où il soit impossible aux Grecs de faire fortune : c'est la Grèce. Pourquoi ? »

CHAPITRE IV - LA FAMILLE

I

Famille bourgeoise. — Famille phanariote. — Famille de paysans. Famille de Pallicares.

J'ai vu souvent à Athènes une famille bourgeoise réunie pour le repas du soir. Je n'étais pas invité, je n'étais que spectateur. En passant devant une maison, j'apercevais de la lumière dans une de ces chambres souterraines qui servent ordinairement de salles à manger ; je m'approchais et je regardais. Si l'on eût deviné ma présence, on aurait fermé les volets : le Grec fait comme le sage, il cache sa vie. Je ne connais rien de mesquin et de pauvre comme l'aspect de ces repas, rien de froid comme ces réunions de famille. La gêne est partout, jusque dans les mouvements. Point d'expansion, point de gaieté : l'homme est maussade, la femme plaintive, les enfants criards.

Le foyer, ce centre naturel de la famille, dont les anciens faisaient une chose sacrée, manque dans la plupart des maisons. Les hypogées sont aussi chauds que des caves, et il est inutile d'y allumer du feu. Une lampe fumeuse éclaire le maigre repas, une servante malpropre tourne autour de la table. Peu ou point de linge, jamais d'argenterie ; les enfants boivent dans des tasses de cuivre. Le père se sert le premier, puis la mère ; les enfants mettent la main au plat, si bon leur semble. Le repas fini, et il ne dure jamais longtemps, le père va se promener, la mère couche les enfants, et s'assied en attendant son mari. Les caresses, dont les parents sont si prodigues chez nous, sont presque inconnues chez eux. Toute cette bourgeoisie est triste et souffrante. La difficulté de vivre, le manque du nécessaire, l'amour-propre éternellement froissé, et surtout l'incertitude de l'avenir, empêcheront longtemps encore la naissance de cette intimité sans laquelle nous ne concevons pas la famille.

Chez les Phanariotes, la famille est à peu près ce qu'elle est chez nous. La femme, en tout l'égale de son mari, remplit gracieusement ses devoirs de maîtresse de maison ; les enfants témoignent à leurs parents un respect affectueux ; la mère embrasse son fils le matin et le soir : on est assez riche pour s'aimer.

Edmond About

C'est chez les paysans qu'il faut voir et étudier la famille.

Un soir, à la fin de mai, après une longue course dans les montagnes de l'Arcadie, nos guides nous arrêtèrent au village de Cacolétri. La première maison qui se présenta devant nous nous attira par un charme irrésistible. Ce n'est pas qu'elle fût plus belle ou plus curieuse que les autres. Elle s'élevait, comme ses voisines, au milieu d'un petit massif d'arbres du Nord et du Midi, d'oliviers frileux et de poiriers robustes, de figuiers et de noyers. Elle était précédée, comme les autres, d'un modeste métier de bois où les filles du logis passent le jour à tisser du coton. Toutes ces chaumières sont construites sur le même plan, comme dans un phalanstère. Il est vrai que c'est le plan le plus simple de tous, celui que la nature semble avoir enseigné à tous les hommes : quatre murs et un toit, une porte basse où nous manquions rarement de nous heurter la tête, et deux étroites fenêtres fermées par des volets. De cheminée, point. La fumée s'enfuit par où elle peut. Aussi le toit est-il du plus beau noir, et, comme on ne le ramone jamais, la suie s'y suspend en stalactites. Le mobilier est uniforme. Quelques grosses urnes de terre : c'est le grenier ; on y renferme l'huile et le grain, quand on en a. Quelques troncs d'arbres creusés, quelques paniers d'osier ou de roseaux, revêtus de bouse de vache : ce sont les armoires. Quelques grossiers tapis de feutre : ce sont les lits ; quelquefois une outre pendue au mur : c'est la cave ; chez les plus riches, on trouve un coffre de bois : c'est là qu'on renferme les choses précieuses, qui ne le sont guère. L'argent est si rare dans ces campagnes que la dot des filles se paye en vêtements. Les habitants, comme aux premiers jours du monde, échangent directement des fruits contre du lait, du lait contre du coton. J'ai vu nos agoyates payer je ne sais quelle dépense avec des clous. On ouvrirait ce coffre qui enserre tous les trésors de la maison, on ytrouverait les mêmes richesses que chez le berger de La Fontaine :

> … Des lambeaux,
> L'habit d'un gardeur de troupeaux,
> Petit chapeau, jupon, panetière, houlette,
> Et, je pense, aussi sa musette.

La partie la plus intéressante du mobilier, c'est le berceau. Il est si humble, ce berceau du pauvre, il tient si peu de place, il rampe si près de terre, qu'on passe à côté sans l'apercevoir, et qu'on le voit sans deviner qu'un petit homme grandit là dedans. Quelques jours avant le mariage, le fiancé s'en va dans la forêt prochaine, choisit un arbre, met le feu au pied : l'arbre tombe. Alors le jeune homme coupe un morceau de tronc ou de quelque grosse branche ; il en ôte l'écorce, il le fend en deux par le milieu, abandonne une des moitiés, et creuse dans l'autre une petite place. C'est dans ce creux que tous ses enfants dormiront l'un après l'autre, et que la mère les bercera par un mouvement imperceptible du pied, en chantant quelque chanson, celle-ci peut-être :

> Nanna, nanna, mon cher fils,
> Mon cher petit Pallicare,
> Dors bien, mon cher enfant,
> Je te donnerai quelque chose de beau :
> Alexandrie pour ton sucre,
> Le Caire pour ton riz
> Et Constantinople
> Pour y régner trois ans ;
> Et puis trois villages,
> Et trois monastères;
> Les villes et les villages
>
> Pour t'y promener
> Et les trois monastères
> Pour y prier.[1]

Nanna ou *nanni* est, comme notre mot *dodo*, une de ces onoma-

---

1 J'ai dit que l'ambition fait le fond du caractère de tous les Grecs. N'est-ce pas un spectacle curieux que cette paysanne qui promet Constantinople à son marmot ?

Edmond About

topées que personne n'explique et que tout le monde comprend.

Sur le seuil de cette pauvre maison, nous avions aperçu des costumes éblouissants et une famille de statues.

C'était, au premier plan, une jeune femme grande et bien faite, et d'une majesté presque royale. Ses yeux bleus nous regardaient avec une curiosité tranquille, comme ces grands yeux vagues des statues qui contemplent depuis vingt siècles la vie tumultueuse des hommes. Son visage, de l'ovale le plus fin, avait la pâleur élégante du marbre. Deux longues boucles de cheveux, qui tombaient naturellement le long de ses joues, allongeaient encore son visage et lui donnaient quelque chose de rêveur. Sa taille, qui n'était point gênée dans un corset, laissait deviner sa souplesse élégante et sa chaste vigueur. Ses mains et ses pieds nus montraient des attaches délicates à faire envie à une duchesse ; on voyait dans tout son être une telle fleur de beauté qu'elle eût embelli la plus riche toilette, sans pouvoir être embellie. Son costume, merveilleusement assorti à sa personne, décelait une coquetterie pleine de goût : on trouve dans ces campagnes autant d'habillements différents qu'il y a de femmes ; rien n'est plus varié que la toilette des paysannes : elles choisissent à leur gré l'ajustement qui sied le mieux à leur beauté : chacune d'elles est un artiste dont le costume est un chef-d'œuvre.

La jeune femme avait jeté sur sa tête un grand foulard jaune et rouge dont la pointe retombait entre ses épaules. La longue chemise de coton qui descendait jusqu'à ses pieds était ornée d'un petit dessin rouge et noir qui courait autour du collet des manches comme l'attique d'un vase étrusque. Une veste courte à raies fines enfermait sa poitrine sans la serrer et s'agrafait au-dessous du sein ; une ceinture noire à gros plis se tordait mollement autour de sa taille ; un tablier et un gros surtout de laine blanche, sobrement brodé de couleurs voyantes, achevaient de la vêtir. Ses cheveux, ses mains, son cou étaient chargés de pièces de monnaie, d'anneaux, de colliers, de verroteries de toute espèce, et elle portait au-dessous du sein deux grosses plaques d'argent repoussé, semblables à deux petits boucliers. Luxe modeste, bijoux de mauvais argent qui se transmettent de la mère à la fille, et qui n'ont de valeur que par le souvenir qu'ils consacrent à la grâce étrange qu'ils ajoutent à la beauté. Cette femme, ainsi vêtue, surprenait les yeux par une splendeur singulière.

CHAPITRE IV - LA FAMILLE

Son mari pouvait avoir cinq ans de plus qu'elle, c'est-à-dire vingt-trois ou vingt-quatre ans. Il était très-grand, sans paraître long, et svelte sans maigreur. Ses traits, purement dessinés, avaient quelque chose d'enfantin, malgré la présence d'une moustache naissante, et ses longs cheveux noirs, qui tombaient en boucles sur ses épaules, complétaient la physionomie gracieusement ahurie d'un jeune paysan breton. Il portait la veste et la foustanelle, des sandales ou plutôt des mocassins sans talons, des guêtres de laine qui remplacent à peu près les bas ; une écharpe de coton, brodée par sa femme, tournait comme un turban autour de sa tête. Sa ceinture, étroitement serrée, était armée d'un poignard à manche de corne, arme inoffensive, et dont je garantirais l'innocence.

Le père et la mère de la jeune femme habitaient la maison, qui leur appartenait. Ils fournissaient à leur gendre le logement, c'est-à-dire un coin dans la cabane, et leur gendre travaillait pour eux. Le père était un vieillard encore vert, assez gai et très-actif : toute la maison semblait lui obéir avec joie ; mais il témoignait une certaine déférence à son gendre : il lui demanda conseil avant de nous recevoir chez lui. Le jeune homme répondit : « Que crains-tu ? Ils sont chrétiens comme nous, ils ne nous feront pas de mal. »

La vieille avait, comme presque toutes les femmes du pays, un embonpoint voisin de l'obésité. Elle semblait pleine de respect pour son mari et pour son gendre : la femme, en Orient, persiste à se croire inférieure à l'homme. Elle a, presque partout, une voix criarde et gémissante qui surprend au premier abord : ce pauvre sexe, opprimé depuis tant de siècles, ne parle que par lamentations.

Toute la famille, jusqu'aux petits enfants qui s'enfuyaient à notre approche, était d'une beauté remarquable, malgré la misère et la malpropreté. L'usage du peigne est inconnu dans ces parages, et ces beaux cheveux sont aussi incultes que des forêts vierges. Ces mains effilées et délicates ne voient le savon que lorsqu'elles vont laver le linge à la fontaine, et ces jolis ongles roses sont condamnés à un deuil éternel. L'eau du torrent voisin est trop froide pour qu'on y prenne des bains.

Le souper de ces pauvres statues nous navra le cœur. Ils étaient assis par terre et mangeaient avec leurs mains des herbes cuites à l'eau et un méchant pain de maïs. Un petit garçon de douze à treize ans se tenait à l'écart sans manger. Son père prenait dans le plat une poignée d'herbes et la passait à la mère, qui la transmettait à l'enfant, qui refusait de la prendre : il sentait les premiers frissons de la fièvre. La mère rendait la bouchée à son mari, qui la mangeait.

Après le repas, qui dura un quart d'heure, chacun se jeta tout habillé sur une vieille natte ou sur un haillon d'étoffe grossière. Les deux vieillards se placèrent auprès du feu ; les enfants venaient ensuite. La belle jeune femme s'enveloppa dans une couverture et s'étendit sur la terre nue ; son mari se roula dans un caban et se plaça entre la famille et nous. On nous avait laissé la partie la plus confortable de la maison, et nous étions sur un plancher, à quelques centimètres au-dessus du sol.

J'étais le voisin du jeune couple, et je songeais en m'endormant que cette terre battue avait été leur lit nuptial et qu'elle serait leur lit de mort, et que le bonheur et les peines de dix ou quinze personnes étaient renfermés pêle-mêle entre ces quatre murailles.

Le matin, tout le monde s'éveilla avant quatre heures ; on se frotta les yeux : c'est la toilette qu'ils font. Quand nous nous fûmes levés, il restait dans un coin une façon de paquet informe. « Tiens, dit Garnier, il y a quelque chose qui dort là-dessous. » Cette chose, c'étaient trois jeunes filles, dont la plus grande avait treize ou quatorze ans, de beaux cheveux blonds avec des yeux noirs, un teint de lait, un profil antique, un visage doux et sérieux. La plus petite, un enfant de six ans à peine, montrait une de ces figures de keepsake, comme Tony Johannot pouvait seul les peindre, comme la gravure anglaise sait seule les rendre.

Chez les riches Pallicares, la famille n'est pas sans une certaine grandeur.

Un jour, à Mistra, j'allais porter une lettre d'introduction à un jeune député de talent qui a reçu une instruction toute française, qui parle français, qui s'habille à l'européenne pour aller à la chambre, mais qui, dans sa province, observe soigneusement les vieux usages du pays. On me dit qu'il était sorti depuis le matin pour ne rentrer que le soir, et que je le trouverais sur la place publique.

Sa mère me reçut avec la dignité cordiale de Pénélope faisant les honneurs de son palais à un hôte d'Ulysse. Elle avait autour d'elle cinq ou six servantes auxquelles elle distribuait leur tâche. Sous le portique, une vingtaine de jeunes hommes, armés ou non armés, jouaient, causaient ou dormaient : c'étaient les amis ou les parents des maîtres de la maison. Je crus me trouver en pleine Odyssée, au milieu de cette vie héroïque dont Homère a fait une peinture si exacte qu'on peut la vérifier tous les jours.

II

Le mariage, acte purement religieux. — Les fiançailles. — Le divorce. — La mère de famille. — Discours d'une mère de famille à la reine. — Mortalité.

Les Grecs se marient jeunes. Le mariage est le sujet de conversation des jeunes gens de seize ans. Ils se marient un peu légèrement, et sans avenir assuré. Si l'on ne prenait une femme que lorsqu'on est sûr de la pouvoir nourrir, le pays se dépeuplerait.

Le mariage est un acte purement religieux. Les rédacteurs du Code civil reconnaissent avec douleur que le clergé sera toujours intraitable sur ce point. Tout ce que la raison a pu obtenir, c'est que les mariages seraient inscrits aux mairies. Mais le prêtre seul a droit de marier.

Les fiançailles, autre cérémonie religieuse, ont un caractère presque aussi sacré que le mariage. Dans certains cantons, à Missolonghi, par exemple, le fiancé jouit de tous les priviléges d'un mari. On attend, pour célébrer l'union, qu'elle promette ses premiers fruits. Si le futur, après avoir célébré consciencieusement les fiançailles, reculait devant le sacrement, son refus lui coûterait la vie. On raconte l'histoire d'un fiancé qui s'enfuit la veille du mariage sur un bâtiment portugais. Il périt à Lisbonne d'un coup de couteau.

S'il est difficile de rompre un mariage qui n'est pas fait, rien n'est plus aisé que de le défaire lorsqu'il est fait. Les papas, je l'ai dit, ne sont point incorruptibles, et, pour peu qu'on sache les prendre, ils découvrent dans l'union la plus régulière cinq ou six vices de forme qui entraînent la nullité du mariage. Eussiez-vous vécu quarante ans avec votre femme, ils se feront un devoir de déclarer que vous avez été marié par erreur, et que cette personne ne vous est rien. Mais il en coûte bon, comme dit Panurge.

S'il vous plaît d'avoir été marié, mais qu'il vous déplaise de l'être encore, le divorce luit pour tout le monde. On voit telle personne dans Athènes qui a divorcé trois fois, et qui peut inviter ses trois maris à sa table sans que le public y trouve rien à redire.

Hâtons-nous de remarquer que le divorce est un luxe que les petites gens ne se permettent presque jamais. Les campagnes sont peuplées de ménages exemplaires. Toutes les villageoises deviennent grosses dans les derniers jours du printemps ; elles portent bravement leur fardeau jusqu'à la fin de l'hiver, et elles accouchent unanimement en mars ou en avril. On dirait que les amours des hommes sont soumis à des lois aussi précises que celles des animaux. Ces honnêtes créatures vivent sans passion et sans coquetterie. Une fois mariée, la paysanne la plus élégante ne s'inquiète plus de plaire même à son mari : elle met tout son plaisir et toute sa gloire à élever le plus grand nombre d'enfants qu'il se pourra. Elle se trouve assez belle le dimanche si elle peut aller à la promenade, précédée de son mari, suivie de cinq ou six marmots. Elle ne prend aucun soin pour cacher ou pour soutenir le sein formidable qui a abreuvé toute cette petite famille. Elle s'avance d'un pas majestueux, le ventre en avant, comme une oie. Ainsi le dit la chanson : « Abaissez-vous, montagnes, afin que je voie Athina, Athina mes amours, qui marche comme une oie ! »

La mère de famille a une pitié profonde pour les femmes qui ont le malheur d'être stériles. Lorsque nous voyagions, les hommes nous demandaient tous si nous étions mariés, les femmes si nos mères avaient beaucoup d'enfants. On raconte que, dans le temps où le roi Othon parcourait le pays avec la jeune reine pour la montrer à son peuple, la femme d'un dimarque (ou maire), venue pour complimenter sa souveraine, lui frappa sans façon sur le ventre, en disant : « Eh bien ? y a-t-il un héritier là dedans ? » La reine dut regretter en ce moment l'étiquette des cours d'Allemagne.

L'émulation des mères de famille devrait avoir doublé en vingt ans la population du royaume ; mais la fièvre y a mis bon ordre. En été, les enfants meurent comme des mouches. Ceux qui vivent ont le plus souvent les jambes maigres et le ventre ballonné jusqu'à l'âge de treize ou quatorze ans. Les parents sauvent ce qu'ils peuvent, et ne s'inquiètent pas beaucoup de pleurer le reste : ils savent que jusqu'à treize ans la vie de leurs enfants est provisoire. Je demandais un jour à un haut fonctionnaire combien il avait eu d'enfants. Il compta sur ses doigts et me répondit : « Onze ou douze, je ne sais ; il m'en reste sept. »

Sous la domination turque, la mère, lorsqu'elle savait écrire, tenait le registre de l'état civil de sa famille. Elle prenait note du jour de la naissance de chacun de ses enfants. Malheureusement, toutes les mères n'étaient pas lettrées ; puis les papiers s'envolent, malgré le proverbe qui assure que les écrits restent. Aussi une bonne partie du peuple grec ignore-t-elle son âge. Toutes les fois qu'on demande à notre bon Pétros quel âge il a, il répond imperturbablement : « Ma mère l'avait mis par écrit, mais elle a perdu le papier. » Cette ignorance heureuse permet aux gens de se rajeunir impunément. Lorsque Pétros allait prendre des passeports pour ses jeunes maîtres et pour lui, il nous donnait trente-cinq ans à l'un, quarante à l'autre, et se réservait soigneusement le bel âge de vingt-cinq ans.

Aujourd'hui les naissances devraient être inscrites aux églises et aux mairies ; mais l'inscription à l'église fait foi, et les maires professent un mépris souverain pour les écritures.

III

Les mariages d'argent. — La chasse aux étrangers. — Histoire d'un corset.

Si les mariages se contractent un peu légèrement dans les campagnes, il n'en est pas toujours de même à la ville. Le séjour d'Athènes habitue les esprits à la spéculation : on y a plus de besoins, on vise à s'y procurer plus de ressources. Un jeune homme cherche non-seulement une femme, mais une dot. Malheureusement les dots sont plus rares que les femmes. Une fille qui a six mille francs en argent et l'habitude de porter des plumes n'est pas un mauvais parti.

Aussi les jeunes gens qui ont un peu d'ambition vont-ils chercher femme à l'étranger.

Edmond About

Ils ne vont ni en France, ni en Angleterre, ni en Allemagne, quoiqu'il y ait certains précédents qui les y autorisent : ils s'adressent de préférence aux Grecs de Valachie et de Moldavie. On trouve, dans ces deux principautés, un assez grand nombre de familles riches encombrées de filles, et les jeunes gens y sont rares. Les Grecs d'Athènes y sont les bienvenus. Ils font briller aux yeux de ces demoiselles le titre de prince qu'ils se sont décerné ; ils parlent de la cour du roi Othon et de ses splendeurs, des honneurs qui les y attendent, de l'avenir brillant qu'ils prépareront à leurs enfants ; ils emploient ce qu'ils ont d'éloquence à faire valoir ce qu'ils ont de mérite, et ils gagnent à ce jeu dix ou quinze mille francs de rente.

Je ne veux point médire de la société de Jassy et de Bukharest, mais je suis forcé d'avouer que toutes les équipées un peu mémorables qui se sont faites à Athènes étaient l'œuvre des dames valaques et moldaves. Elles apportent une dot, mais elles prennent du plaisir pour leur argent.

Dans le principe, ces beaux mariages n'étaient pas à la portée de tout le monde, il n'y en avait que pour les Phanariotes. Mais tous les Grecs ont l'amour du gain et la langue dorée : on voit jusqu'à des Spartiates qui vont quérir une dote en Valachie. Ô Lycurgue !

De leur côté, les filles de Grèce mettent toute leur ambition à épouser un étranger. Ce n'est pas que les étrangers soient plus séduisants que les indigènes. Je crois avoir déjà dit que la population mâle est fort belle.

Ce n'est pas parce que les Français ou les Anglais causent plus agréablement que les Grecs. N'espérez pas être aimé ou recherché pour votre esprit ; ce que vous en pourriez avoir n'a point de prise sur elles.

La vraie raison, la triste raison, c'est qu'à leurs yeux tous les étrangers sont riches.

Vainement vous essayeriez de leur persuader que vous n'avez rien. Si un officier leur jure qu'il ne possède au soleil que sa solde et rien de plus, elles lui répondront avec un sourire plein de charmes : « Bel étranger, que tu plaisantes agréablement ! » C'est M. de Chateaubriand qui nous a fait cette réputation de richesse. Toute fille qui épouse un Français est convaincue qu'elle épouse M. de Chateaubriand. Anglais, Français, voyageurs de toutes nations, sans excepter les Allemands, les moins prodigues de tous les voyageurs, tout est riche, tout est opulent, tout est confondu sous la dénomination fastueuse de milord.

Je n'ai pas eu l'occasion d'étudier à Athènes cette guerre d'embuscade que les jeunes filles livrent aux étrangers ; mais je l'ai observée à loisir chez les Grecques de Smyrne.

Voici d'ailleurs une conversation que j'ai entendue en Grèce et écrite une heure après. J'en garantis l'exactitude, sinon la véracité. Un jeune Français, qui allait s'embarquer pour un petit voyage dans les îles, prenait congé d'un de ses compatriotes, établi depuis quelques années à Athènes.

« Pour Dieu ! disait le vétéran au novice, avant d'entrer dans une maison, informe-toi si elle contient des filles à marier.

— Et pourquoi ?

— Tu le demandes, malheureux ! Tu ne sais donc pas ce que c'est que la chasse aux maris, telle qu'on la pratique depuis Gênes jusqu'à Smyrne, en Italie, en Grèce, en Asie, sur toute la Méditerranée ? Tu n'as jamais entendu dire de quelle façon l'homme, gibier très-rare dans tous ces pays, est traqué par la femme ; quelle battue générale on fait contre lui ; comme il est guetté par les mères, amorcé par les filles, couché en joue par les pères et par les frères ? Écoute. J'ai passé quelques jours dans une des îles de l'Archipel, chez un brave homme assez considéré, bien placé, dans un poste officiel, et l'un des premiers de son île. Il y avait une fille dans la maison, jeune, jolie et armée de cet œil asiatique qui vous perce l'âme. Dès le premier jour, je crus voir qu'elle me regardait avec une bienveillance marquée. Pour m'assurer si je ne me trompe pas, je saisis le premier moment favorable pour lui appliquer un robuste baiser. Elle me le rend sans hésiter, en fille désintéressée et qui ne veut rien garder à autrui. D'occasions en occasions, de baisers en baisers, nous commencions à nous entendre fort bien, quoiqu'elle ne sût pas un mot de français, et que l'amour, ce grand maître en tous arts, n'eût pas songé à m'apprendre le grec. Plus d'une fois même, il me sembla qu'elle me montrait du regard la porte de la chambre, qui donnait sur le salon.

— Oh !

— Ne te scandalise pas ; elle ne songeait point à mal ; et d'ailleurs

Edmond About

ses parents n'étaient pas loin. Je remarquai à temps que toute la famille protégeait la liberté de nos amours. Le père ne paraissait pas ; deux grands drôles de frères s'éclipsaient soigneusement ; la mère vigilante ne veillait qu'aux soins du ménage. Je flairais tout un régiment d'oncles et de cousins, invisibles et présents. Un jour je jetai un coup d'œil à la dérobée dans cette chambre virginale : elle n'avait qu'une issue, et les fenêtres étaient grillées comme celle d'une souricière. Tu comprends que j'eus soins de ne m'y point aventurer. En désespoir de cause, sais-tu ce que fit la famille ?

— Elle te fit violence ?

— À peu près. Un jour, après déjeuner, en présence de tout le monde, la candide enfant s'évanouit, et prit soin de tomber dans mes bras. Là-dessus, tout le monde s'enfuit, père, mère, frères et servantes.

— En te laissant la fille sur les bras ?

— Dans les bras.

— Et c'est toi qui l'as délacée ?

— Avec tous les égards que je me devais à moi-même, et en homme qui tient à rester garçon. Quinze jours après, on m'a raconté l'histoire d'un autrevoyageur qui s'était oublié dans la même maison, en délaçant le même corset, et qui s'en était repenti. Quoiqu'il n'eût aucune vocation pour le mariage, on l'avait conduit, le couteau sous la gorge, devant le prêtre, et, ce qui est plus grave, devant le consul.

— Quoi ! il l'avait épousée ? elle te recherchait donc en secondes noces ?

— Mon pauvre ami, tu ne sais pas encore ce qui se cache d'astuce au fond d'un père de famille. La fille au corset avait une sœur aînée, légèrement épileptique, et beaucoup trop laide pour conquérir elle-même son mari. C'est elle qu'on fit épouser au coupable, pour le punir d'avoir délacé l'autre. On espérait que la plus jeune, avec sa beauté et ses petits talents, trouverait bien à se marier une seconde fois. Médite, mon ami, cette trop véridique histoire, et puisse mon expérience te préserver de semblable malencontre. Souviens-toi qu'un mariage contracté à l'étranger devant le consul est valable en France aux yeux de la loi ; qu'aux yeux de la religion catholique, tout mariage est bon, fût-il célébré par un prêtre grec ; n'oublie pas que tu es dans le pays des dots microscopiques, et qu'une fille de trente mille francs est une héritière ; que l'éducation est encore plus rare que la fortune ; que l'économie est une vertu inconnue aux filles, et qu'une mère a fait son devoir lorsqu'elle a dressé ses enfants à la chasse au mari. Je te dirai un autre jour par quelles amorces on leur apprend à séduire l'homme, combien elles lui accordent de leur personne pour faire désirer le peu qu'elles réservent, par quelles complaisances elles se l'attachent, par quelles consolations elles lui font prendre patience, sous les yeux de leurs parents ; et, quand je t'aurai tout dit, tu devineras quelle ample moisson de prospérités on attire sur sa tête en épousant une fille élevée à Smyrne, à Syra, ou même dans la chaste ville d'Athènes. Cependant Athènes est le pays où tu cours le moins de risques, et les vertus rouées y sont plus rares que dans les autres villes.

— Parce qu'il y a moins de filles à marier ?

— Parbleu ! »

IV

Souvenirs des temps héroïques : les mariages pendant la guerre de l'indépendance. — Un ministre du roi Othon a payé sa femme. — Une fiancée dans une caisse.

Les Philhellènes qui ont survécu à la guerre de l'indépendance m'ont raconté quelquefois, après dîner, les mariages qui se faisaient dans l'âge héroïque de la Grèce moderne. « Tout est bien changé ! disent-ils avec un soupir tout militaire. C'était le temps des aventures. »

En ce temps-là, les femmes étaient rares ; on se les arrachait, on se les disputait le fer à la main ; on les tirait au sort ; on les vendait ; quelquefois on les partageait à l'amiable. À la prise d'une ville on renouvela plus d'une fois l'histoire de Briséis, qui, après avoir vu son fiancé et ses trois frères tomber sous les coups d'Achille, se consola en entendant Patrocle qui lui disait : « Ne pleure pas, Achille te prendra pour femme. » Au sac de je ne sais quelle bourgade de la Morée, de Corinthe, si je ne me trompe, un jeune Pallicare acheta pour cent piastres turques une des femmes qui faisaient partie du butin. Il vécut longtemps avec elle ; puis il l'épousa quand il eut le temps ; puis il devint ministre du roi Othon. Sa femme, qui n'est plus jeune, comme on peut le croire, s'est toujours bien conduite. Pour cent cinquante francs environ (au taux où était la piastre en ce temps-là), le Pallicare avait acheté, sans le savoir, une somme incalculable de vertus domestiques.

On me montrait un jour au théâtre un autre habitant d'Athènes qui a fait son bonheur, je veux dire son mariage, d'une façon plus originale encore. L'héroïne de l'histoire est née à Constantinople, il y a… sait-on jamais combien il y a de temps qu'une femme est née ? Mais il y a bien quarante ans, sans rien exagérer. Un Anglais, habitant Athènes, M. X…, était épris d'une jeune Arménienne de Constantinople, qui avait une sœur. Les deux sœurs étaient gentilles et en âge de se marier : c'était l'aînée qu'il aimait. Impossible de la demander en mariage : les lois turques défendaient à une Arménienne d'épouser un Franc. Restait une autre ressource, un peu plus violente ; mais, lorsqu'un Anglais a le temps d'être amoureux, il ne l'est pas à demi. M. X… résolut d'enlever celle qu'il aimait, et elle ne s'en défendit point. À Constantinople, les enlèvements ne se font pas en chaise de poste, faute de chaises de poste et de routes carrossables. Il fut convenu que la demoiselle s'emballerait elle-même dans une boîte de cèdre aussi confortable que possible, et percée de petits trous ; qu'on la chargerait sur un navire, en payant un fret convenable, et qu'une fois rendu à Athènes, sans avaries, cet aimable ballot prendrait le nom de Mme X…. Le bateau était en partance, la caisse était prête ; on y avait ménagé des compartiments pour les provisions de voyage, tant biscuits que confitures. Mais, au moment de s'encaisser, la jeune fille hésita. Sa sœur, bonne pièce, lui prodiguait les encouragements ; mais rien n'y faisait. « Allons, ma sœur, soyez homme, disait-elle : quatre jours sont bientôt passés, et dans quatre jours vous serez à Athènes, si le vent est bon. Vous n'aurez pas vos aises, d'accord ; mais les a-t-on jamais, dans cette vie ? On peut bien se serrer un peu pour gagner un mari : témoin les corsets. »

La sœur aînée se mettait dans la boîte, et sortait au plus vite. Elle poussait des cris de paon chaque fois que le couvercle faisait mine de s'abattre. Enfin elle s'écria qu'elle aimerait mieux rester fille et coiffer sainte Catherine d'Arménie que de voyager dans une boîte.

« Mais songez-y, disait la cadette : voilà une belle caisse de cèdre qui sera perdue.

— Nous y mettrons nos chapeaux, répondait l'aînée.

— Et ce pauvre M. X… qui vous attend, n'avez-vous point pitié de lui ? Pour ma part, je suis tout attristée.

— Hé, petite sœur, dit l'aînée, si ce voyage vous tient tant au cœur, que ne le faites-vous vous-même ?

— J'y songeais, répliqua l'enfant.

— Vous ! vous iriez épouser M. X… ?

— Pourquoi non ?

— Mais les convenances, ma sœur ?

— Mais vous, ma sœur, songez-vous donc aux convenances ? Est-ce bien cela qui vous arrête ? Il me semble que vous ne craignez qu'une chose, c'est de prendre de faux plis. Je suis plus brave que vous.

— À votre aise, dit l'aînée, et bon voyage. »

Les préparatifs étaient faits ; la cadette embrassa sa sœur, entra dans la boîte, fut déposée soigneusement sur le pont, et arriva toute brillante à Athènes, comme une poupée qu'on apporte de Nuremberg.

Qui fut surpris ? Ce fut M. X….

M. X… était un de ces Anglais méthodiques qui se disent : « Je gagne dix mille francs par an ; en 1830, j'aurai deux cent mille francs ; en janvier 1832, je me marierai ; en 1833, j'aurai un garçon ; en 1834, j'aurai une fille ; en 1835, je me retirerai des affaires. » On était à la fin de janvier 1832 (je ne garantis pas les dates), l'habit de noces était commandé, M. X… n'avait pas d'autre femme sous la main ; attendre davantage, c'était déranger tous ses plans ; les deux sœurs se ressemblaient un peu, avec cette différence qu'il aimait une blonde et qu'il épousait une brune : il épousa. Mme X… ne s'est jamais fait enlever depuis son mariage.

V

Chapitre des coups de canif et des coups de couteau.

La sainteté du nœud conjugal est assez respectée en Grèce. La raison en est fort simple.

L'amour est un luxe, surtout l'amour illégitime. Le grand Balzac (celui qui vient de mourir) n'a-t-il pas fait le bilan des passions extralégales, et montré que l'adultère le plus économique coûte au moins quinze cents francs par an ? À ce prix, il y a bien peu de Grecs qui aient le moyen d'être criminels.

On en trouve aussi peu qui en aient le loisir. Les hommes sont sur la place du village, occupés à régler les destins de l'Europe ; les femmes sont aux champs, avec une pioche dans la main et un enfant sur le dos.

La mère de famille, cette grosse femme qui produit des enfants comme un arbre porte des fruits, ne songe pas à l'amour et n'y fait pas songer les hommes.

Les femmes vivent généralement loin de l'autre sexe. Les réunions sont rares. Dans les bals de village, les femmes dansent ensemble, les hommes ensemble.

D'ailleurs, les Grecques, comme les Italiennes et toutes les femmes des pays chauds, sont armées d'une incroyable indifférence. Les chaleurs débilitantes de l'été énervent les vices eux-mêmes. Dans ces climats privilégiés, la vertu est aussi facile que la sobriété.

Ajoutez que la vie privée est percée à jour : il n'y a véritablement qu'une ville dans le royaume, et Athènes est aussi petite ville que Carpentras ou Castelnaudry. Si l'épicier Thémistocle ou le barbier Périclès essuyait quelque malheur domestique, toute la ville le saurait le lendemain, et les petits garçons lui crieraient *kérata*, c'est-à-dire Sganarelle.

Dans les campagnes, la surveillance que tous exercent sur chacun est cent fois plus facile que chez nous, puisqu'il n'y a pour ainsi dire ni forêt, ni bois, ni bocage.

Les Grecs sont horriblement jaloux, car ils sont très vaniteux. Le mot *kérata*, dont on abuse à propos de tout, et que les enfants de trois ans se jettent les uns aux autres, est une injure très-vivement sentie lorsqu'elle a un sens véritable. Il y a quelques années, un homme du peuple se promenait un dimanche, à la musique, avec la femme d'un autre. Le mari vint droit à lui, le frappa en pleine poitrine d'un coup de couteau, et l'étendit mort sur la place. Personne n'inquiéta le meurtrier, qui put s'en retourner tranquillement chez lui. Les uns disaient : « C'est le mari ; » les autres en examinant le coup, s'écriaient : « Bien touché ! »

La haute société a, comme partout, des mœurs à part. La chronique scandaleuse d'Athènes est assez riche pour défrayer un petit Brantôme. Mais ces intrigues ont un caractère particulier : l'amour n'y entre pour presque rien. Tout roule sur la vanité ou sur l'intérêt.

Lorsque lady Montague passa à Vienne, on prit soin de la mettre au courant des belles manières, et de l'informer que toutes les dames de la cour faisaient choix d'un amant, pour obéir à la mode. L'usage voulait de plus que cet amant, pour montrer sa magnificence et sa tendresse, servît à la dame de ses pensées une petite pension, proportionnée à sa fortune.

Je ne dis pas que cette mode se soit transportée jusqu'à la cour de Grèce ; tant s'en faut. On assure cependant que la plupart des femmes qui manquent à leurs devoirs trouvent fort juste d'être récompensées de leur faute, attendu que la vertu leur est naturelle, et que toute peine est digne de loyer.

Les femmes sont beaucoup plus jalouses qu'en Turquie. La femme du ministre de la guerre apprit l'an dernier que son mari la trompait. Elle se rendit chez Mme ***, à l'heure de la sieste, trouva les portes ouvertes, les domestiques endormis et son mari en faute. Elle entra dans une grande colère, et arracha le bonnet rouge de sa rivale, qui la mordit au sang. L'Excellence prise en défaut se mit en devoir de battre sa femme ; sa femme ouvrit la fenêtre et appela la garde. L'affaire fut assoupie le lendemain, quand toute la ville la sut. Le mari offensé était dans le Magne, occupé, par ordre du ministre, à la poursuite du moine Christophoros. Il apprit tout et ne fit point de scandale. Il aurait pu faire condamner un grand de la terre ; il préféra s'en faire aimer.

Les mœurs du peuple, je le répète, sont plus pures, et le pauvre ne suit pas l'exemple du riche. Cependant on trouve au bazar d'Athènes tout un petit monde grouillant, qui vit à la grâce de Dieu, un peu d'aumônes, un peu de *larcins furtivement faits*. Ce sont les enfants trouvés. L'assistance publique les met en nourrice jusqu'au moment où ils peuvent se tenir sur leurs jambes ; alors on leur dit de marcher tout seuls. Rien ne les empêche d'arriver aux honneurs, s'ils réussissent à vivre. Les Grecs n'ont point contre les bâtards le préjugé absurde de nos paysans et de certains bourgeois. Le fameux Karaïskakis était bâtard, comme Romulus, et fils d'une religieuse.

VI
L'esprit de famille.

Il y a fort peu de Grecs qui aient un nom de famille. Le nom de baptême leur suffit. Mais comme on compte dans le royaume trente mille Basile, autant d'Athanase, autant de Pierre, autant de Georges, autant de Nicolas, sans parler des Aristide et des Thémistocle, chacun ajoute à son nom ou un sobriquet, ou le nom de son père. On s'appelle Pierre, fils de Nicolas, ou Nicolas fils de Jean, ou Pierre l'Albanais, ou Pierre de Nauplie, ou Basile le Noir, ou Georges le Court. Les Mavromichalis, la plus grande famille du Magne, devraient s'appeler en français Noir Michel.

La variété infinie de ces noms qui se forment arbitrairement empêchera longtemps la naissance de ce que nous appelons l'orgueil du nom. Une famille très-nombreuse peut se composer de cent noms divers et n'avoir aucun lieu apparent ; mais elle n'en sera pas moins étroitement unie. Les devoirs de parenté sont plus stricts chez les Grecs que chez nous. En voici deux preuves que je prends au hasard, au plus haut et au plus bas de la société.

M. Rhalli, président de l'Aréopage, ancien ministre, un des hommes les plus considérables de l'État, avait placé un de ses cousins comme domestique dans une maison de ma connaissance. Il venait de temps en temps dire au maître du logis : « Êtes-vous content de mon cousin ? Si vous avez à vous en plaindre, envoyez-le-moi, je lui laverai la tête. » Je ne connais que deux pays où un tel trait soit vraisemblable : la Grèce et la Turquie. Il dénote à la fois un vif sentiment de l'égalité et un profond respect des liens de la famille.

Notre cuisinier était un pauvre diable qui gagnait six cents francs par an, ni logé, ni nourri. Il avait pris à sa charge la veuve de son frère et ses cinq enfants. Une telle action serait admirée chez nous ; elle n'était pas même remarquée à Athènes. Un homme remplit un devoir strict lorsqu'il adopte la veuve d'un parent.

Le droit d'aînesse, ce principe destructif de la famille et de la société, qui n'est bon tout au plus qu'à immobiliser la propriété dans les mêmes mains, sera toujours inconnu en Grèce. Ceux qui croient à l'égalité des hommes croient à plus forte raison à l'égalité des frères.

On sait qu'en Russie la sœur n'est pas l'égale des frères. Les filles n'héritent que d'un quatorzième de la fortune paternelle. Les lois grecques ne consacreront jamais une aussi barbare iniquité.

L'égalité est si bien entrée dans les mœurs, que les fils sont presque tous les égaux de leur père. Ils ont pour lui du respect et de la déférence : ils n'obéissent point. On sait que, dans l'antiquité, il en était de même. Le père de famille était pour son fils un ami plus sage et plus respectable que les autres ; il n'était pas, comme à Rome, un maître et un bourreau. Dans l'*Odyssée*, Télémaque ne tremble jamais devant Ulysse.

Rome avait des lois contre le parricide ; Solon refusa d'en faire. Ces lois, la honte d'une société, sont aussi inutiles aujourd'hui que lorsque les Athéniens votaient les lois de Solon.[1]

La mère de famille commande à ses filles et obéit à ses fils : elle est femme. Télémaque disait à Pénélope : « Rentre dans ta chambre, ma mère ; retourne à ton ouvrage, à ta toile et à tes fuseaux, distribue la tâche à tes servantes : c'est à nous de parler ; les discours sont réservés aux hommes, et surtout à moi qui suis le maître ici. »

Résumons en quelques mots ces observations sur la famille.

Les mariages sont contractés et rompus librement ; la femme n'est ni esclave ni renfermée ; les unions sont fécondes, ce qui est le but principal, sinon unique, du mariage ; les frères sont égaux entre eux et à leur père ; les parents se prêtent secours et assistance, quelle que soit la différence de leur condition ; le mari et la femme elle-même se montrent jaloux de leurs droits, et défendent énergiquement la sainteté du mariage.

La liberté fut toujours la passion dominante du peuple grec ; l'amour de l'égalité est le fond même de son caractère ; la jalousie est une conséquence du sentiment que tous les hommes ont de leur droit ; la chasteté féconde des mariages est le fruit du climat.

[1] Rayons ceci de nos papiers. On m'écrit d'Athènes qu'un Grec du Pirée vient d'assassiner sa mère. (*Note de la 2ᵉ édition.*)

Tous ces traits caractéristiques appartiennent au peuple et au pays.

Les sentiments d'humilité et de crainte qu'on remarque chez les femmes sont une suite de leur ignorance. La froideur et la gêne entre parents, les mariages avec des peuples étrangers et corrompus, la rouerie des filles, les calculs méprisables de leurs parents, la vénalité de certaines femmes, l'abandon d'un grand nombre d'enfants sur la voie publique, la mortalité qui dépeuple les familles, sont des conséquences directes ou lointaines de la pauvreté.

En un mot, tout ce qu'il y a de bon dans la famille est propre au peuple grec ; le mauvais est accidentel.

Le peuple grec est malade ; mais il n'est point incurable.

CHAPITRE V - LE GOUVERNEMENT ET L'ADMINISTRATION

I

Le gouvernement. — Analyse de la charte. — Le roi l'a donnée malgré lui. — Les ministres et les fonctionnaires. — Les chambres. — Un député dont l'élection a coûté quatorze hommes. — Le sénat. — Le corps judiciaire : tous les magistrats sont amovibles. — Puissance du roi. — Sentiments du peuple. — Le roi est étranger et hétérodoxe. — Il n'y a pas d'héritier présomptif.

La Grèce est de nom une monarchie constitutionnelle.

Le roi a juré le 30 mars 1844 une charte votée par l'assemblée nationale.

La charte garantit aux citoyens l'égalité devant la loi, la liberté individuelle, la liberté de la presse, l'abolition de la confiscation, l'instruction primaire et supérieure gratuites, et la liberté religieuse.

En fait, la presse est libre, l'instruction est donnée gratuitement à tous les degrés ; mais l'égalité devant la loi est une chimère, la liberté individuelle est violée, la confiscation est remplacée par la spoliation, la canaille a brûlé impunément la maison d'un juif, et les tribunaux ont emprisonné un homme qui avait émis dans sa maison une opinion hétérodoxe.

« La puissance législative s'exerce collectivement par le roi, la chambre et le sénat. La personne du roi est sacrée, les ministres sont responsables ; le roi jouit de tous les droits accordés aux monarques constitutionnels. Les députés sont élus parmi les hommes âgés de plus de trente ans qui possèdent une propriété quelconque ou une profession indépendante. Ils sont nommés pour trois ans, et reçoivent 250 drachmes par mois durant la session. Le corps électoral se compose de tous les hommes âgés de vingt-cinq ans qui possèdent une propriété ou exercent une profession indépendante dans la province où ils ont leur domicile politique. Il suit de là que tous les électeurs de trente ans sont éligibles.

« Les sénateurs sont nommés à vie par le roi : ils doivent avoir quarante ans ; ils reçoivent 500 drachmes par mois, même en dehors des sessions. »

En fait, le pouvoir du roi n'est tempéré que par la diplomatie. Tout ministre est prêt à tout faire pour garder son portefeuille. Ces hommes pauvres, ambitieux, sans principes, élevés à une triste école de politique, n'aspirent qu'à gagner le plus longtemps possible 800 drachmes par mois. Ils savent que leur position est précaire, qu'aucun ministère n'a duré, et que les nouvellistes du café de la Belle-Grèce annoncent tous les matins la formation d'un nouveau cabinet. Ils ne songent donc qu'à se maintenir en place et à tirer le meilleur parti de leur passage aux affaires. Chacun d'eux, en arrivant au pouvoir, prend soin de s'entourer de ses créatures. Il le fait par prudence et par devoir : par prudence, pour n'être pas trahi par ses subalternes, par devoir, pour récompenser le dévouement de ceux qui l'ont servi. Un ministre qui ne ferait pas place nette dans son département et qui ne remplacerait pas tous les hommes capables par des hommes dévoués, passeraient pour un sot et un ingrat. Il perdrait l'amitié de ses clients et serait la risée de ses ennemis. Il suit de là que tout le personnel de l'administration se renouvelle à chaque nouveau ministère : qu'il ne se forme jamais d'employés capables dans les bureaux ; que les employés de tout rang, n'ayant aucun avenir assuré, font main basse sur ce qui se trouve à leur portée ; que l'État n'a point de vieux serviteurs, et qu'il n'existe dans le royaume qu'un seul fonctionnaire civil qui ait pu acquérir des droits à la retraite. La conséquence plus éloignée, mais non moins nécessaire d'un pareil ordre de choses, c'est que le roi ne trouve jamais aucune résistance ni dans ses ministres, ni dans les autres fonctionnaires. Tous se sentent ou coupables, ou du moins incapables ; ils savent que leur fortune tient à un fil, et que, lors même qu'ils auraient plus de talent que d'honnêteté, la mauvaise humeur du roi ou la mauvaise digestion de la reine pourrait les précipiter : l'expérience leur a appris que la seule vertu prisée à la cour était l'obéissance ; ils obéissent.

Le roi tient dans sa main les sénateurs et les députés aussi bien que les préfets et les ministres.

Ni les gouvernements qui ont doté la Grèce d'une monarchie absolue n'ont assez sérieusement considéré le caractère du peuple et l'état du pays, ni les révolutionnaires qui ont arraché au roi la constitution de 1844 n'ont tenu compte de l'ignorance et de la barbarie de la nation. Si l'on a jamais pu dire qu'un pays n'était pas mûr pour la liberté, c'est en parlant de la Grèce. Non que les esprits soient fermés aux idées politiques, tant s'en faut. Tous les Grecs, sans exception, sont aptes à discuter les affaires publiques, tous en parlent, sinon savamment, au moins sciemment ; tous prennent un intérêt passionné aux moindres débats des assemblées. Je dis plus : tous connaissent à fond les hommes d'État qui se querellent sur les intérêts publics, et, si le scrutin de liste peut être appliqué dans un pays, c'est en Grèce. Mais ils manquent des deux premières vertus du citoyen : la probité et la modération. Tous les électeurs, sans exception, sont à vendre, et, si le roi voulait faire élire une assemblée de sourds-muets, il l'obtiendrait en y mettant le prix. Ajoutez que les passions politiques ne reculent jamais devant l'assassinat, et vous comprendrez pourquoi un jour d'élection ressemble tantôt à un jour de marché, tantôt à un jour de bataille. J'ai entendu un député qui disait : « Mon élection nous a coûté quatorze hommes. » Il ne comptait pas dans ce nombre les hommes que son concurrent avait dépensés.

Le gouvernement dispose du budget pour les élections qui s'achètent, et de l'armée pour les élections qui s'enlèvent.

Les chambres assemblées, si on n'a pas une majorité toute faite, rien n'est plus aisé que de la faire. Un homme qui touche 250 drachmes par mois, et qui est forcé d'héberger ses électeurs, ne sera jamais un homme indépendant.

Le sénat, riche de 6000 drachmes par an et inamovible, a deux garanties d'indépendance ; mais n'en abuse point. Dans un État où tous les hommes, sans exception, aspirent aux emplois publics, on tient les sénateurs par leurs clients et par leurs familles.

En tous pays, le corps judiciaire, gardien naturel des lois, peut et doit défendre le bon droit contre les caprices du gouvernement. C'est un rôle qu'il a joué non-seulement dans les monarchies constitutionnelles, mais dans les pays de pouvoir absolu. Frédéric II, qui n'était pas un roi constitutionnel, reconnaissait cependant qu'il y avait des juges à Berlin. Le roi Othon n'a jamais permis qu'il y eût des juges à Athènes, car il n'y souffre pas de magistrats inamovibles. La charte consacrait le principe de l'inamovibilité de la magistrature assise, mais le roi, depuis qu'il s'est laissé arracher une constitution, n'est occupé que du soin de la reprendre.

Il est donc maître absolu dans son royaume. Ce n'est pas à dire que tous les cœurs soient à lui. Othon fût-il le meilleur et le plus intelligent des rois, son peuple ne lui pardonnerait jamais sa religion ni son origine. Bavarois et catholique, il sera toujours pour les Grecs orthodoxes un étranger mal baptisé. Enfin, comment le peuple s'attacherait-il à un prince qui n'a pas d'héritier présomptif ? Le principal argument des partisans de la monarchie, c'est que lamonarchie est un gouvernement stable, et que la transmission régulière du pouvoir dans une même famille prévient les révolutions et assure la paix publique. Voilà pourquoi, à l'instant même où un souverain expire, on se hâte de crier au peuple : « Le roi est mort ! vive le roi ! » C'est pour le même motif que tous les souverains, lorsqu'ils n'ont pas d'enfant, désignent leur héritier à l'avance, afin que les sujets soient convaincus qu'ils ne manqueront jamais de maîtres, et que le pouvoir tombera sans secousse dans des mains préparées à le recevoir.

La Grèce ignore encore à qui elle obéira après la mort du roi Othon. On lui avait d'abord promis le prince Luitpold, troisième fils du roi Louis De Bavière ; mais il est dit que le nouveau souverain doit être de la religion orthodoxe, et le prince Luitpold aime mieux être catholique que roi. Le quatrième fils du roi Louis, le prince Adalbert, consent à embrasser la religion grecque ; son frère Luitpold lui cède ses droits, la conférence de Londres a autorisé la substitution : mais le prince Adalbert, qui craint où la survenance d'un héritier direct ou une révolution qui renverse le trône de Grèce, ne veut pas changer de religion avant de changer d'état, et refuse d'abjurer sa foi avant de tenir sa couronne.

Si le malheur du peuple grec veut qu'il passe d'un Bavarois à un autre, le prince Adalbert débarquera au Pirée en étranger et en inconnu, et la nation recommencera sur nouveaux frais à faire connaissance avec un nouveau roi.

II

Divisions administratives. — Le fonctionnaire grec. — Les passagers de *l'Othon* et de *l'Amélie*. — Histoire d'un jeune employé du ministère des affaires étrangères, qui avait peur de l'eau comme Panurge, et d'un préfet de police qui aima mieux revecoir un coup de pied que de payer quarante-cinq francs.

Le royaume est divisé en dix monarchies ou préfectures, et en quarante-neuf éparchies ou sous-préfectures. Un seul sous-préfet peut administrer à la fois deux éparchies.

Les éparchies se subdivisent en dimarchies ou cantons. Les communes rurales sont administrées par des fonctionnaires municipaux qui portent le nom de parèdres, c'est-à-dire adjoints du dimarque. Tous les fonctionnaires municipaux sont nommés par le roi ; tous sont rétribués. Il a été impossible jusqu'à ce jour de créer des fonctions gratuites. Rien pour rien, est la devise de l'administration. Cependant tous les fonctionnaires montrent le plus grand empressement à se faire nourrir, loger et surtout transporter pour rien. Au dernier voyage du roi, plus de cent personnes avaient demandé et obtenu la faveur de faire route avec lui jusqu'à Trieste. Le petit vapeur *l'Othon* était encombré de fonctionnaires : les uns couchaient sur le pont, les autres perchaient sur les mâts. Dans l'hiver de 1852-53, la corvette *l'Amélie* a péri en vue du Pirée. Elle était surchargée de fonctionnaires, de femmes de fonctionnaires, d'enfants de fonctionnaires : peu s'en est fallu que le royaume ne perdît dans ce naufrage un quart du personnel de l'administration. On l'aurait aisément remplacé :

Il est assez de cette marchandise.

Les employés grecs trouvent aussi naturel de faire leurs affaires aux dépens de notre gouvernement qu'aux dépens du leur. La France s'est toujours montrée si généreuse ! Tel ministre plénipotentiaire n'hésitait pas à chauffer un bateau à vapeur pour transporter un député soi-disant dévoué à la France. Aujourd'hui ces abus ont disparu, et, lorsque nos bateaux à vapeur transportent un agent du gouvernement, c'est à la prière du roi et pour affaire pressante. Tandis qu'on discutait à la conférence de Londres la question de succession, le roi eut besoin d'envoyer à Trieste un employé du ministère des affaires étrangères. On choisit un jeune homme d'une grande famille phanariote, et M. le ministre de France permit qu'il se rendît à destination sur un de nos bateaux à hélice, bon marcheur et bien commandé, *le Chaptal*. *Le Chaptal* était entré dans l'Adriatique lorsqu'il survint un gros temps. Le diplomate grec fut pris d'une terreur que l'on ne peut comparer qu'à celle de Panurge. « *Holos ! Holos ! Je naye ! vrai Dieu, envoie-moi quelque dauphin pour me sauver en terre comme un beau petit Arion ! Bebebebous, bebe, bous, bous !* Commandant, débarquez-moi, je vous en supplie, où vous voudrez, pourvu que ce soit à terre. — *Fi ! qu'il est laid le pleurard !* répondait le commandant Poultier, homme aussi hardi, aventureux etdélibéré que frère Jean Des Entommeures. Et vos dépêches, diplomate de peu de cœur ? — Au diable les dépêches, commandant, mon bon ami. *Soyons hors de ce danger, je vous en prie.* Je sais ce qu'elles contiennent, mes maudites dépêches. Des sottises, mon cher commandant, de pures sottises. Est-ce que vous croyez à la diplomatie, vous ? *Bouboubouboubous !* je prends tout sur moi ; relâchez ici où là. N'est-ce pas la côte d'Illyrie que je vois à notre droite ? Que l'on doit y être à l'aise ! Commandant, êtesvous père ? Songez à ma famille en pleurs ? *Hélas ! cette vague enfondrera notre nauf ! Bebebebous, je meurs, je naye, mes amis. Je pardonne à tout le monde. — Magna, gna, gna,* dit frère Jean. — Commandant, je vous somme de me mettre à terre. Vous répondez de mes jours. La Grèce vous en demandera compte. Souvenez-vous que je m'appelle S... — Souvenez-vous-en vous-même, mon petit ami, » répliqua le commandant.

Il était une fois un ministre de France qui s'appelait M. Sabatier, et un préfet de police d'Athènes qui s'appelait D.... M. Sabatier, l'homme intrépide, ne craignait rien au monde, pas même d'être volé au jeu par les Grecs. Il les surveillait si bien et avec des yeux si fiers, que les pauvres gens avaient les mains paralysées. C'est ainsi que le ministre de France gagna au préfet de police d'Athènes deux cents drachmes, ou cent quatre-vingt francs, sur parole. S'il avait été moins attentif au jeu, peut-être les aurait-il perdues au lieu de les gagner. Mais l'argent d'un Grec est plus difficile à saisir que les oreilles d'un lièvre. Le préfet de police pensa qu'il était assez malheureux d'avoir perdu son argent, et il s'épargna le chagrin de le débourser. Il vint plus rarement à la légation, et choisit pour ses promenades les chemins où M. Sabatier ne passait pas. Cependant, comme le créancier et le débiteur n'étaient pas des montagnes, ils finirent par se rencontrer.

« Mon cher D…, dit familièrement M. Sabatier, si vous ne me payez pas deux cents drachmes, je vous donnerai du pied vous savez où.

— Monsieur le ministre, ne prenez pas cette peine ; j'aurai l'honneur de vous porter l'argent. »

Un mois après, deuxième rencontre : « Préfet, mon bel ami, dit le ministre, vous savez où je vous donnerai du pied si vous ne me payez pas deux cents drachmes. »

Quelques semaines plus tard, le ministre et le préfet se rencontrèrent au milieu de quinze ou vingt personnes : « Préfet très-illustre, dit M. Sabatier, c'est aujourd'hui que vous recevrez ce dont nous sommes convenus, si vous ne me payez deux cents drachmes.

— Mon cher monsieur le ministre, je vous jure que je suis sans un sou. Peut-être ai-je sur moi un billet de cinquante drachmes : seriez-vous assez clément pour l'accepter en à-compte ?

— C'est deux cents drachmes à donner, préfet très-précieux, ou un coup de pied à recevoir.

— Mon cher monsieur le ministre, j'aimerais mieux ne rien recevoir et ne rien donner, si vous vouliez bien le permettre. Mais je me rappelle que j'ai mis dans cette poche un billet de cent drachmes, et justement le voici. Cent cinquante drachmes, monsieur le ministre ! Ne me ferez-vous pas grâce du reste ? »

M. Sabatier prit l'argent et donna le coup de pied. « Tiens, dit-il, nous sommes quittes.

— Ce Monsieur Sabatier ! dit le préfet, il a toujours le mot pour rire ! »

III

La capitale transportée d'Astros à Égine, d'Égine à Nauplie, de Nauplie à Athènes. — Ce que deviennent les capitales mises au rebut. — Le gouvernement aurait dû s'établir à Corinthe ou au moins au Pirée. — Influence de l'archéologie. — Fureur de bâtir. — Aspect d'Athènes. — Le bazar. — L'horloge de lord Elgin. — La ville neuve. — Les monuments modernes. — Les ministères. — Avenir d'Athènes.

Edmond About

Pendant la guerre de l'indépendance, l'assemblée qui proclama la liberté et qui gouverna le pays siégeait dans la petite ville d'Astros, au sud de Nauplie.

Le comte Capo d'Istria, nommé président de la république au commencement de l'année 1828, établit le siége du gouvernement dans le village d'Égine. La population mobile et remuante qui recherche les emplois publics s'y porta en masse ; on y construisit force maisons, et le village devint une ville.

En juin 1829, Capo d'Istria transporta la capitale à Nauplie. Égine fut laissée, les maisons qu'on y avait bâties tombèrent en ruine, la ville redevint village ; l'activité et la vie s'enfuirent avec le gouvernement. Il n'y a dans le royaume ni assez d'hommes ni assez de capitaux pour que deux villes en même temps soient peuplées et florissantes. Le port d'Égine est entouré de ruines qui datent de vingt-cinq ans. La maison de Capo d'Istria n'est plus habitable. Y entre qui veut ; la porte est enfoncée ; les fenêtres n'ont plus de vitres ; une grosse vigne, qui grimpait autrefois le long du mur, rampe à terre au milieu de la cour.

Les insulaires d'Égine, pour se fixer au bord de la mer et peupler la ville de Capo d'Istria, avaient abandonné l'ancien chef-lieu situé sur une montagne. Il y a donc, dans une île de trois lieues de long, deux villes ruinées, dont l'une est complètement déserte, et l'autre compte un habitant par deux maisons.

Nauplie grandit à son tour : la foule s'y porte, les rues se tracent, les maisons s'élèvent. Au mois de décembre 1834, le gouvernement se transporte à Athènes, et c'en est fait de Nauplie.

C'est le roi Othon, ou plutôt c'est son père, qui a voulu qu'Athènes devînt la capitale du royaume. On a fait là un choix plus archéologique que politique. La capitale eût été beaucoup mieux placée à l'isthme de Corinthe, au centre du royaume, entre l'Orient et l'Occident, à cheval sur deux mers. Elle eût été plus près de Trieste, de Marseille et de Londres, sans être plus loin d'Alexandrie et de Constantinople. Les bâtiments perdent deux jours à doubler le Péloponèse. La plaine de Corinthe est d'ailleurs plus fertile que celle d'Athènes, le climat y est plus doux, l'air plus sain, l'eau plus abondante. Mais le roi s'imaginait sans doute qu'il deviendrait un grand général dans le pays de Miltiade, un grand marin dans la patrie de Thémistocle, un profond politique dans la ville de Périclès. Corinthe pouvait devenir en peu de temps une ville de commerce et l'un des principaux marchés de l'Orient. Elle a deux ports qui suffisent à la marine marchande : les bateaux du Lloyd abordent tous les jours à Loutraki et à Calamaki. Athènes n'est pas sur le grand chemin du commerce, et les navires se détournent de leur route lorsqu'ils sont forcés d'y relâcher. Mais Athènes s'appelle Athènes.

Lorsque le roi vint s'y établir avec toute l'administration centrale du royaume, la capitale n'était qu'un village en ruine entouré d'une plaine aride. On bâtit à la hâte une maison qui servit de palais ; la cour s'installa comme elle put dans les baraques voisines ; les employés campèrent.

Si, à ce moment du moins, on avait consulté le sens commun, on eût placé Athènes au Pirée. La capitale d'un peuple de marins doit être un port de mer, et, puisque tout était à faire, il n'en eût pas coûté plus cher pour créer une ville ici plutôt que là. Le Pirée d'ailleurs est beaucoup moins malsain que l'emplacement qu'on a choisi. Mais la santé publique, aussi bien que l'intérêt du commerce, dut céder à l'archéologie. Si le roi avait pu coucher dans le lit de Sophocle, il se serait cru capable d'écrire des tragédies.

Athènes s'agrandit rapidement, comme avaient fait Égine et Nauplie. Les Grecs sont très-entreprenants, et toujours prêts à bâtir. L'affluence des gens sans domicile qui occupaient et sollicitaient des places éleva si haut le prix des loyers, que les constructeurs de maisons firent de beaux bénéfices. Ce n'était pas une mauvaise opération que d'emprunter à douze pour cent pour bâtir : la maison rendait dix-huit ou vingt et le propriétaire y trouvait son compte. Aujourd'hui encore, tout Grec qui est à la tête d'une somme de dix mille drachmes se hâte de construire une maison de cinquante mille, qui est chargée d'hypothèques avant d'être couverte d'ardoises. Les neuf dixièmes des maisons d'Athènes sont dans le même cas, et cependant la fureur de bâtir ne s'est pas ralentie.

Les maçons grecs ne sont pas maladroits, la pierre est à vil prix, l'Hymette fournit un marbre qui vaut mieux que la pierre et qui ne coûte pas plus cher ; le plâtre, qui est détestable pour la sculpture, est excellent pour la bâtisse ; le bois seul est cher : j'ai dit pourquoi.

Edmond About

Les petites gens savent au besoin bâtir sans pierre des maisons qui suffisent à les loger. On pétrit de la terre délayée, on la verse dans des moules, on la fait sécher au soleil, et l'on fabrique ainsi des briques crues qui peuvent durer quatre ou cinq mille ans. Un bon nombre des monuments que l'on retrouve à Ninive n'étaient pas bâtis autrement.

La ville moderne occupe une partie de l'emplacement de la ville d'Adrien. La ville de Thésée, la vieille Athènes, s'étendait entre l'Acropole et les ports : on peut mesurer sur la roche nue l'emplacement des maisonnettes du temps de Périclès, et suivre les rues en casse-cou qui ont gardé les ornières antiques où se cahotait le char d'Alcibiade. Les maisons romaines n'ont pas laissé de traces : le terrain est tellement exhaussé par les débris de toute espèce qu'il faut fouiller jusqu'à deux ou trois mètres pour retrouver le sol antique.

Le village turc qui se groupait jadis au bas de l'Acropole n'a pas disparu. Il forme tout un quartier de la ville. Ce sont des ruelles étroites, des cabanes à hauteur d'appui, des cours où les poulets, les enfants et les cochons grouillent pêle-mêle entre un tas de fumier et un tas de fagots. L'immense majorité de la population de ce quartier est composée d'Albanais.

Le bazar est à la même place que sous la domination turque. On y voit encore l'horloge que lord Elgin donna à la ville pour la consoler de tout ce qu'il lui prenait. C'est ainsi que les navigateurs du bon temps achetaient des lingots d'or contre des colliers de verre et des montres de trois sous.

Le bazar d'Athènes, non plus qu'aucun des bazars de l'Orient, ne ressemble au bazar Bonne-Nouvelle. C'est tout simplement le quartier marchand de la ville. Les Orientaux, qui aiment la paix et le silence, ont soin de reléguer le commerce dans un coin séparé. Les marchands eux-mêmes n'habitent pas auprès de leurs boutiques. Ils y viennent le matin et s'en retournent le soir. Pendant le jour les boutiques sont ouvertes, et l'on trouve au bazar tout ce qu'on peut désirer, de la viande, du papier à lettre, des concombres et des gants jaunes.

La ville est coupée en croix par deux grandes rues, la rue d'Éole et la rue d'Hermès. La rue d'Hermès est la continuation de la route du Pirée ; elle aboutit au palais du roi. C'est une ligne droite, interrompue en deux endroits par une église et par un palmier.

La rue d'Éole est perpendiculaire à la rue d'Hermès. Elle commence au pied de l'Acropole et se continue par une route d'un kilomètre de long qui mène au Patissia. Ces deux rues sont bordées de magasins et de cafés. Les négociants européens ne daignent pas se confiner dans les ruelles du bazar, et quelques marchands grecs ont voulu comme eux se mettre sur le passage des chalands et épargner aux étrangers la peine de les chercher. À l'intersection des deux rues est le café de la Belle-Grèce, rendez-vous de toute la population mâle de la ville.

Dans le triangle formé par le palais, la rue d'Hermès et la partie de la rue d'Éole qui se dirige vers Patissia, s'étend la *Néapolis*, ou ville neuve. Ce quartier s'agrandit et s'embellit tous les jours. On y rencontre à chaque pas de jolies maisons entourées de jardins et coquettement décorées de pilastres ou de colonnes. Les rues ne sont ni très-régulièrement tracées, ni très-soigneusement nivelées, et un grand fossé, véritable cloaque à ciel ouvert, traverse ce beau quartier dans toute sa longueur. Mais ces maisonnettes un peu prétentieuses forment un petit panorama assez gai. Elles ont ordinairement trois étages, dont un sous terre. L'hypogée est, comme les caves de nos pays, frais en été, chaud en hiver. On s'y retire en hiver comme en été pour prendre le repas. Les appartements de réception sont au rez-de-chaussée, les chambres à coucher au premier ; le toit vient ensuite. Les légations de France,[1] de Bavière, d'Angleterre et de Russie, et l'École française, sont dans la ville neuve. Les deux monuments modernes de la ville, le Palais et l'Université, sont dans la ville neuve. L'hôpital civil et l'hôpital des aveugles y sont aussi ; c'est dans la ville neuve que le ministre de France a posé, l'an dernier, la première pierre d'une église catholique. La population se porte de ce côté, comme à Paris vers les Champs-Élysées. En février 1852, j'ai trouvé l'École française environnée de terrains incultes : je l'ai laissée entourée de maisons.

La ville d'Athènes n'est pas encombrée de monuments modernes, et de tout ce qui s'est fait depuis vingt ans, la façade de l'Université est le seul ouvrage réussi. Il reste d'ailleurs beaucoup à faire. Les ministères et les tribunaux sont établis, l'un au-dessus d'une

1 M. Mercier, ministre de France en Grèce, vient d'installer la légation dans la maison bâtie par Janthe, à gauche de la route de Patissia.

boutique, l'autre au premier étage d'une gargote, l'autre dans une maison borgne d'une rue mal habitée. On voit la justice trôner dans des galetas dont un porteur d'eau ne se contenterait pas. Les ministres se logent à leurs frais, où bon leur semble, à l'auberge, s'ils y trouvent de l'économie. Ils ne s'inquiètent pas d'une remise ou d'une écurie : le ministre des affaires étrangères est le seul à qui l'État paye un fiacre pour aller voir les ambassadeurs.

Athènes est une ville de vingt mille âmes et de deux mille maisons. C'est la présence du gouvernement qui a fait élever toutes ces constructions et qui tient tant de monde assemblé sur un même point. Cette capitale accidentelle n'a point de racines dans le sol. Elle ne communique point par des routes avec le reste du pays ; elle n'envoie pas au reste de la Grèce les produits de son industrie. Les populations, qui n'ont rien à attendre du gouvernement, ne tournent pas les yeux avec espérance vers Athènes. La ville n'a pas de banlieue ; les rares villages qui l'environnent ne se soucient point de son existence ; la plaine est en grande partie inculte, et les laboureurs qui en défrichent quelque chose sont les mêmes malheureux qui y cherchaient leur vie avant l'arrivée du roi Othon. En un mot, rien ne retiendrait plus à Athènes cette population de vingt mille personnes, si le gouvernement se transportait à Corinthe, et l'on verrait bientôt Athènes aussi déserte et aussi ruinée qu'Égine et que Nauplie.

IV

La justice : point de justice. — Intégrité des juges. — Leur patriotisme. — La justice a des façons un peu vives. Leftéri en prison. — Un procès en justice de paix. — Les prisons. — La peine de mort. — Tragédie abominable.

La Grèce possède un conseil d'État, une cour des comptes, un aréopage ou cour de cassation, deux cours d'appel, dix tribunaux de première instance, trois tribunaux de commerce, cent vingt justices de paix, des cours d'assises, un jury, des avocats, des notaires, des huissiers, et point d'avoués. Cependant il n'y a point de justice en Grèce.

Elle possède un Code civil provisoire emprunté au droit romain, au Code Napoléon et à la législation allemande ; un Code de commerce calqué sur le nôtre ; un Code pénal très-complet, très-méthodique et très-doux ; un Code de procédure civile comprenant onze cents articles ; un Code de procédurecriminelle qui offre toutes les garanties désirables à la justice et à l'accusé. Cependant il n'y a pas de justice en Grèce.

Les juges ne sont ni inamovibles ni incorruptibles. Êtes-vous protégé par la cour ou par un homme puissant : votre affaire est bonne. Avez-vous quelques milliers de drachmes à dépenser : elle est excellente. Il y a deux juges de paix à Athènes. « Quel est le plus honnête des deux ? demandais-je à un magistrat d'un ordre supérieur.

— Ni l'un ni l'autre, » me répondit-il.

Les juges sont d'un patriotisme effréné. J'ai entendu un magistrat dire, en parlant de la duchesse de Plaisance : « Ses héritiers n'hériteront pas du bien qu'elle possède ici.

— Quoi ! tant d'argent qui lui est dû…

— Nos tribunaux ne donneront jamais gain de cause à un étranger.

— Mais elle a d'excellentes hypothèques.

— Oh ! les hypothèques, c'est notre fort. »

En effet, placez une somme sur la première hypothèque : demain l'emprunteur se fabrique un faux contrat de mariage qui vous enlève des mains le gage que vous croyiez tenir.

La justice a des façons un peu brutales avec le pauvre monde. Un matin, Leftéri nous arrive tout hors de lui. « Qu'as-tu donc, mon pauvre Leftéri ?

— Effendi, je sors de prison.

— Qu'avais-tu fait ?

— Rien. Je donnais l'orge à mes chevaux lorsqu'on est venu me prendre au collet sans me dire pourquoi. Quand j'ai été sous les verrous, on m'a dit : « Donne trente-six drachmes et tu sortiras. »

— Tu devais donc trente-six drachmes ?

— Je ne devais pas un lepton ; mais la douane a prétendu que j'avais fait entrer des chevaux turcs. J'ai eu beau dire que tous mes chevaux avaient été achetés à Athènes ; on m'a répondu que je m'expliquerais quand j'aurais payé trente-six drachmes. »

Ce pauvre garçon qu'on emprisonnait sans jugement ne devait pas la somme réclamée. Nous le savions mieux que personne, puisqu'il avait fait le voyage de Turquie avec trois d'entre nous. Cependant il lui fut impossible de se faire restituer son argent.

J'ai assisté comme témoin à un petit procès en justice de paix. Un manant, demi-cabaretier, demi-soldat, avait insulté des Français sur la route de Patissia. Le greffier du juge paix, faisant l'office de ministère public, requit toute la sévérité du tribunal, je veux dire du juge, contre l'accusé. Toute son argumentation se réduisait à ceci : « Considérez, monsieur le juge, que la plainte a été déposée par M. le ministre de France ! La France… » etc. L'accusé, qui était d'ailleurs parfaitement coupable, ne savait que répondre à ces raisons. Un gamin de vingt ans qui se trouvait dans l'auditoire lui cria : « Veux-tu que je plaide ta cause ?

— Non, tu m'ennuies.

— Je te ferai acquitter.

— Eh bien ! Je te nomme mon avocat. »

Le jeune drôle s'avance, et, prenant tout le public à partie, il s'écrie à haute voix : « Que vient-on nous parler de la France et des Français ? Ne sommes-nous pas des Hellènes ? Oui, nous sommes Hellènes, ô mes frères, et un Hellène est toujours innocent ! (Marques d'approbation.) D'ailleurs, l'acte d'accusation a menti. J'étais présent, moi, le jour où cette victime résignée, ce doux soldat, ce timide aubergiste a été insulté, frappé, blessé par une horde de barbares venus du Nord ! » Là-dessus, l'avocat s'improvise témoin, et, sans même prêter serment, entasse mensonge sur mensonge. Le public, composé de dix ou douze vauriens, fait chorus avec lui : on était dans la première émotion des affaires d'Orient, et le doux soldat, qui avait bel et bien gagné un mois de prison, en fut quitte pour vingt-quatre heures. Encore ne voudrais-je point jurer qu'il les a faites. Les témoins ne déposent pas volontiers contre les criminels, les gendarmes ne les mènent pas très-scrupuleusement en prison, et les geôliers laissent de temps en temps la porte ouverte. Le sage fait provision d'amis.

Il n'y a dans tout le royaume qu'une prison munie d'un bon verrou. C'est le pénitencier du château de Nauplie. Partout ailleurs, les détenus ont un pied dans la cage et l'autre dans la rue. Le gouvernement grec ferait bien d'aller étudier les prisons de Corfou.

La plus horrible de toutes les peines infligées par la justice est en tout pays la plus facile à appliquer. On s'échappe de la prison et des galères, on ne s'échappe pas de la tombe, et un homme est bientôt mort.

Il n'en est pas ainsi dans le royaume de la Grèce ; et l'application de la peine de mort y a été impossible jusqu'en 1847.

Le gouvernement chercha un bourreau dans le pays : il n'en trouva point. Il en fit venir deux ou trois du dehors : il les vit massacrer par le peuple. Il s'avisa de prendre les soldats pour exécuteurs : le sénat ne le permit pas. Enfin, on a trouvé un homme assez affamé pour prêter sa main aux tristes œuvres de la justice humaine. Ce malheureux vit seul, loin d'Athènes, dans une forteresse où il est gardé par des soldats. On l'amène clandestinement en bateau la veille de l'exécution ; on le ramène en toute hâte dès qu'il a fait son coup : avant, pendant et après l'exercice de ses fonctions, les soldats l'entourent pour protéger sa vie.

Lorsque le ministère de la justice fut assez heureux pour trouver un bourreau, il y avait dans les prisons trente ou quarante condamnés à mort qui attendait patiemment leur tour. On liquida comme on put cet arriéré.

La guillotine se dresse à quelques pas d'Athènes, à l'entrée de la grotte des Nymphes. L'échafaud est à hauteur d'homme, et l'horreur du spectacle s'en accroît. Il semble aux regardants qu'ils n'auraient qu'à étendre la main pour arrêter le couteau, et ils se sentent complices du sang répandu. Mais ce qui ajoute le plus à l'intérêt de cette tragédie légale, c'est que le patient défend sa vie. La loi ordonne qu'il marche librement au supplice et que ses mains ne soient pas enchaînées. Or, la plupart des condamnés, brigands de leur état, sont des hommes vigoureux qui ne manquent jamais d'engager une lutte avec le bourreau. Une exécution commence par un duel où la justice a toujours le dessus, car elle est armée d'un long poignard.

Lorsque le condamné a reçu huit ou dix blessures et perdu toutes ses forces avec tout son sang, il marche librement au supplice, et sa tête tombe.

Le peuple retourne à la ville en se demandant comment il pourrait bien faire pour assassiner le bourreau. C'est la moralité de cette tragédie.

V

Armée et marine. — Effectif de l'armée. — L'armée utile et l'armée inutile. — Application ingénieuse de la conscription. — L'école des Évelpides et l'avenir des jeunes officiers. — Matériel de la marine. — Personnel. — Deux matelots par officier.

L'armée grecque, qui a été réorganisée en 1843, se compose :

1° De deux bataillons d'infanterie de ligne de huit compagnies chacun, ces deux bataillons formant un effectif de 50 officiers, 227 sous-officiers et 2000 soldats ;

2° De deux bataillons d'infanterie légère de six compagnies chacun, ces deux bataillons comprenant un effectif de 36 officiers, 138 sous-officiers et 1526 soldats ;

3° D'une division de cavalerie de deux compagnies, ayant un effectif de 12 officiers, 30 sous-officiers et 140 cavaliers ;

4° De trois compagnies d'artillerie d'un effectif de 21 officiers, 40 sous-officiers et 250 soldats, y compris le train ;

5° D'une compagnie d'ouvriers d'artillerie ayant un effectif de 5 officiers, 20 sous-officiers, 103 ouvriers ;

6° D'un corps de gendarmerie d'un effectif de 50 officiers, 152 brigadiers et 1250 gendarmes, dont 150 à cheval ;

7° De huit bataillons de la garde des frontières, chaque bataillon ayant quatre compagnies, ces huit bataillons comprenant un effectif de 149 officiers, 272 sous-officiers et 1536 soldats ;

8° D'un corps de la phalange dans lequel on a inscrit les anciens officiers des troupes irrégulières qui avaient été reconnus avoir droit à une récompense. La phalange s'est composée autrefois de 900 officiers ; on l'a réduite à 350 ; elle est remontée à 440.[1]

1 Note de M. Guérin, consul de France à Syra. — M. Guérin, après avoir pris part à l'expédition du maréchal Maison, est resté quelques années au service du gouvernement grec, et a contribué puissamment à l'organisation de l'armée.

L'effectif de l'armée grecque, en y comprenant l'administration centrale, les arsenaux, la commission d'habillements, les hôpitaux militaires, les officiers et les soldats en retraite ou en disponibilité, se compose de 8500 hommes, dont 1071 officiers. Les officiers formeraient à eux seuls une petite armée. Les généraux, qui sont au nombre de 70, composeraient un fort détachement.

Les deux seuls corps qui aient rendu des services au pays sont la gendarmerie et les gardes de la frontière. Ces irréguliers sont comme une seconde gendarmerie établie dans les provinces les plus exposées au brigandage. Ils sont de tous les soldats, ceux qui coûtent le moins à l'État. On leur donne 42 drachmes par mois et le pain. Ils se nourrissent, s'arment et s'habillent eux-mêmes ; ils couchent à la belle étoile, enveloppés dans un gros manteau. Lorsque les affaires du service en appellent quelques-uns à Athènes, ils sont vraiment curieux à voir avec leurs haillons pittoresques, leur foustanelle terreuse et leurs armes de fantaisie.

C'est en 1836 que les progrès du brigandage et les révoltes de l'Acarnanie décidèrent le gouvernement à rassembler un corps d'irréguliers. La plupart des soldats qui s'y enrôlèrent avaient fait partie des anciennes bandes ; on leur donna pour officiers leurs anciens chefs. Ces sacripants pacifièrent l'Acarnanie et réprimèrent le brigandage ; la Grèce leur doit cent fois plus qu'à l'armée régulière, qui coûte plus cher.[1]

Les gardes-frontière, ainsi que les gendarmes sont tous des enrôlés volontaires. Ils s'engagent pour deux ans.

La gendarmerie coûte à l'État environ.............	750 000 dr. par an.
Le corps des gardes-frontière, environ.............	850 000
Total.......	1 600 000

---

1 J'ai parlé trop tôt. En 1854, les irréguliers ont envahi irrégulièrement le territoire de la Turquie ; ils ont volé, tué, et commis des légèretés impardonnables. Voltaire l'a bien dit : On a du goût pour son premier métier. Le général Kalergi, premier ministre et principal adversaire du roi Othon, a licencié les irréguliers et s'occupe à refondre l'armée. Il serait plus simple de refondre le royaume. (*Note de la 2ᵉ édition.*)

Edmond About

Un million six cent mille drachmes suffisent à payer le logement, la solde, l'armement et l'entretien des 3500 hommes et des 150 chevaux qui composent l'armée utile et sérieuse du royaume.

Les soldats réguliers, qui servent surtout à la parade, se sont recrutés par des engagements jusqu'en 1838. Depuis cette époque, ils sont désignés par la conscription ; mais la conscription n'est pas une opération facile dans un pays dépourvu d'état civil.

Le contingent annuel est fixé à 1200 hommes ; la durée du service est limitée à quatre ans. Le gouvernement fait savoir à chaque commune qu'elle doit fournir tant de soldats par année, et l'administration municipale se charge de les trouver.

Or la Grèce est divisée en une multitude de royautés de clocher, et chaque commune vit dans la dépendance d'un ou deux individus plus riches ou plus puissants que les autres. Si l'équité ne règne pas dans Athènes, elle ne s'est pas réfugiée dans les campagnes. Il arrive donc que ni les chefs de village, ni leurs amis, ni leurs clients ne sont assujettis à la conscription, et que les pauvres diables qu'on force de tirer au sort ne manquent jamais de tomber. S'ils tirent par maladresse un bon numéro, on les fait recommencer jusqu'à ce qu'ils en rencontrent un mauvais. Tel individu a tiré au sort jusqu'à sept fois.

Au reste, les malheureux qu'on enrôle ainsi contre leur vouloir et contre le droit ne sont pas menacés de devenir officiers. Les cadres de l'armée sont encombrés, et l'école militaire des Évelpides, qui est une sorte de compromis entre la Flèche et Saint-Cyr, jette tous les ans sur le pavé une douzaine d'adjudants sous-officiers sans avenir. On leur donne 75 drachmes par mois, en attendant mieux. Quelques-uns attendent sept années une commission de sous-lieutenant.

La marine n'est pas moins encombrée que l'armée de terre ; je veux dire encombrée d'officiers, car le matériel n'est pas gênant.

La flotte grecque était considérable après la guerre de l'indépendance ; Capo d'Istria voulut forcer les commandants à remettre leurs navires aux officiers russes : les commandants aimèrent mieux les faire sauter.

Depuis cette époque, le nombre des bâtiments de guerre va toujours en décroissant. En 1842, la Grèce possédait 34 petits bâtiments ; elle n'en avait plus que 14 en 1851 ; aujourd'hui, la flotte se compose de 1 corvette, 3 goëlettes, 3 cutters, 1 canonnière, 1 balaou, 1 garde-côte et 1 aviso à vapeur ; en tout 11 navires, dont le seul sérieux est la corvette *le Ludovic*.

Il est trop évident qu'une pareille flotte ne peut ni protéger la Grèce contre les puissances étrangères, ni défendre la sécurité publique contre les pirates. Elle est précisément aussi utile que l'armée régulière, qui ne fait peur ni aux brigands ni aux étrangers.

Cette futilité coûte au peuple grec 1 150 000 drachmes dans les années ordinaires.

Le personnel de la marine se compose de 1150 hommes qui ne naviguent pas.

Sur ces 1150 hommes, on compte 450 officiers. C'est un peu plus de deux hommes par officier.

VI

L'instruction. — Gratuité de l'enseignement. — Penchant de tous les Grecs pour les professions libérales. — L'étudiant domestique. — Littérature. — Beaux-arts. — Un mot sur les antiquités. — M. Pittakis. — Conduite du gouvernement.

On compte dans le royaume de Grèce une grande université, une école militaire, une école polytechnique, une école normale, une école d'agriculture, un séminaire, sept lycées, un immense institut pour l'éducation des filles, cent soixante-dix-neuf écoles helléniques et trois cent soixante-neuf écoles communales ; mais il est bon de s'entendre sur le sens de chaque mot.

Nous avons déjà parlé de l'école d'agriculture et de ses sept élèves. L'école polytechnique est tout simplement une école d'arts et métiers où les sculpteurs apprennent à mouler, et les peintres à barbouiller des enseignes. L'école normale forme des instituteurs primaires ; nous parlerons bientôt du savoir que les papas ont amassé au séminaire ; et les adjudants sous-officiers qui sortent de l'école des Évelpides ne sont ni des savants ni des héros.

Les écoles helléniques sont celles où l'on apprend un peu de grec ancien ; les écoles communales ou romaïques, celles où l'on reçoit strictement l'instruction élémentaire. Le nombre de ces écoles n'a rien d'exagéré : nos départements les plus pauvres et les moins peuplés en ont davantage.

Les sept lycées sont bien au-dessous de nos collèges communaux, et l'université d'Athènes, avec ses trente-deux professeurs, n'est pas une Sorbonne. Athènes possède un observatoire, une bibliothèque, une collection d'instruments de physique, un musée d'histoire naturelle, un musée anatomique, un musée d'anatomie pathologique. Tout cela se réduit à quelques instruments en mauvais état, quelques échantillons en désordre et quelques lézards empaillés. Elle possédait une collection de médailles, mais le conservateur l'a emportée en Allemagne.

L'enseignement de l'université d'Athènes est réparti en quatre facultés, de théologie, de philosophie, de droit et de médecine.

La faculté de philosophie comprend treize cours :

Littérature grecque générale ;

Explication et analyse des prosateurs et des poëtes grecs ;

Rhétorique et philologie ;

Philosophie ;

Astronomie mathématique ;

Histoire naturelle ;

Histoire ancienne et antiquités grecques ;

Histoire moderne et du moyen âge ; statistique ;

Archéologie et histoire de l'art ;

Physique ;

Chimie générale ;

Langues orientales.

On voit que les Grecs appellent philosophie, comme au temps de Thalès, l'ensemble des connaissances humaines. La faculté de philosophie remplace à elle seule une faculté des lettres et une faculté des sciences.

Je pense qu'il est inutile de faire remarquer le peu de place qu'ils accordent aux sciences. Un cours d'astronomie et de mathématiques, un cours d'histoire naturelle, un cours de physique et un cours de chimie générale ne peuvent donner aux écoliers que des notions superficielles. Mais j'ai dit que les Grecs n'ont aucun goût pour les sciences de pure spéculation, qu'ils n'acquièrent avidement que les connaissances utiles, et qu'ils n'étudient avec plaisir que lorsqu'ils apprennent en même temps une science et un métier.

Notez aussi l'omission des langues et des littératures de l'Occident. Les Grecs s'imaginent que leurs ancêtres savaient tout, et ils se trompent.

Les cours de la faculté de philosophie sont beaucoup moins fréquentés que les autres. C'est qu'ils n'aboutissent à aucune carrière lucrative.

Dans les premières années qui ont suivi la fondation de l'université, toute la jeunesse étudiait le droit. Quand les tribunaux ont été envahis, on s'est rejeté sur la médecine. Aujourd'hui le royaume possède une armée de juges et d'avocats et une armée de médecins, sans parler d'une armée d'officiers.

La seule chose que j'admire dans l'instruction publique en Grèce, c'est qu'elle est gratuite à tous les degrés, depuis les écoles de villages jusqu'aux cours de l'université.

Mais cette gratuité a ses dangers : elle favorise outre mesure le penchant qui entraîne la jeunesse vers les professions libérales.

Ce qui n'est pas moins remarquable, c'est l'application soutenue des écoliers. Les enfants de tout âge poursuivent leurs études avec un acharnement infatigable. Ces jeunes esprits, sérieux dès l'enfance et initiés de bonne heure aux difficultés de la vie, ne perdent jamais de vue le diplôme qui sera leur gagne-pain.

J'ai vu, dans un petit village, une quinzaine d'enfants accroupis au soleil, le livre à la main, devant la porte de l'école. En France, il serait impossible de faire une classe en plein air : l'attention des écoliers se répartirait par moitiés égales entre les gens qui passent et les hirondelles qui volent ; le professeur aurait le reste. Ces studieux bambins nous virent défiler, nous et nos bagages, et un événement aussi rare, dans un pays perdu, leur fit à peine lever la tête.

On trouve à Athènes toutes les espèces d'étudiants, excepté l'étudiant qui n'étudie pas.

L'écolier mendiant n'y est pas rare ; l'écolier domestique est le plus nombreux de tous. Petros a fait venir, il y a deux ans, un sien neveu, natif de Léondari en Arcadie ; il l'a fait admettre dans la maison comme apprenti domestique, et au collège comme apprenti savant. Si le gamin est intelligent, et il le sera sans doute, car son oncle ne lui a pas dérobé sa part, il entrera dans cinq ou six ans chez un Phanariote comme valet de chambre, et à l'université comme étudiant en médecine. Au bout de deux ou trois ans d'étude dans l'une et l'autreprofession, il ira un beau matin trouver son maître et lui dira, tout en époussetant les meubles :

« Monsieur est content de mon service ?

— Oui, mon Basile.

— Monsieur n'a jamais eu à se plaindre de moi ?

— Non.

— Monsieur ne m'a trouvé ni bête ni coquin ?

— Non.

— Alors puis-je espérer que monsieur voudra bien me permettre de lui continuer mes soins ?…

— Sans doute.

— En qualité de médecin. J'ai passé ma thèse hier avec quelque succès. »

Voilà pourquoi l'on ne trouve plus de garçons de charrue.

Cette ambition furieuse dont tous les Grecs sont possédés n'est pas une passion misérable. Elle ne fait pas le bonheur du peuple, mais elle l'élève au-dessus de nations plus riches et plus heureuses. L'homme ne vit pas seulement de pain. Un Grec qui n'a rien à mettre sous la dent déjeune d'une discussion politique ou d'un article de journal.

Athènes possédait en 1852 dix-neuf imprimeries contenant quarante presses, huit fonderies, dix presses lithographiques ; Syra, cinq imprimeries et une fonderie ; Tripolitza, Nauplie, Patras et Chalcis avaient aussi des imprimeries. Il se publiait en Grèce vingt-deux journaux et quatre recueils périodiques ; ces quatre recueils, ainsi que quinze journaux sur vingt-deux, paraissaient à Athènes ; les autres se publiaient à Syra, à Tripolitza, à Nauplie, à Patras et à Chalcis.

Les journaux sont à peu près toute la littérature du pays. Les quelques livres qui ont été imprimés en grec moderne sont des traductions du français : c'est *Télémaque, Paul et Virginie, Atala, Picciola,* etc. La littérature originale se compose de quelques tragédies enflées, de quelques odes emphatiques et de quelques histoires de la guerre de l'indépendance. Je ne parle pas des livres de théologie.

Les chants populaires publiés par M. Fauriel ont donné à croire à quelques lecteurs que tous les Grecs étaient inspirés, et que la poésie coulait à pleins bords dans ce beau pays. Mais il ne faut pas oublier qu'un bon nombre de ces chants soi-disant populaires ont été recueillis sur les albums des demoiselles de Smyrne. Plus d'un a été pensé en français et écrit en grec par un jeune *raya* qui avait fait ses classes. Les seuls chants originaux étaient les chants clephtiques, et la source en est tarie. La Grèce, telle qu'on la voit aujourd'hui, est un pays de prose.

Si le peuple n'est pas poëte, il est encore moins artiste. Tous les Grecs sans exception chantent faux et du nez ; ils n'ont ni le sentiment de la couleur, ni le sentiment de la forme ; ils ne sont ni peintres, ni architectes, ni statuaires. On peut avoir de l'esprit pour un million sans être artiste pour un sou.

Les voyageurs sont dûment avertis qu'ils ne trouveront pas dans le royaume une œuvre d'art signée d'un nom moderne, excepté, peut-être, quelques bâtisses agréables de M. Caftandji-Oglou.

Quant aux chefs-d'œuvre de l'antiquité, ils n'y sont pas innombrables. Toutes les peintures ont disparu, comme on peut le deviner ; les sculptures sont parties pour Rome au temps des Césars, pour Venise au temps de Morosini, pour l'Allemagne au temps de Gropius, pour l'Angleterre au temps de lord Elgin, pour la Russie au temps d'Orloff et sous la présidence de Capo d'Istria. On ne saura jamais tout ce que les Russes ont enlevé ou détruit dans l'Archipel à l'époque où ils s'en étaient rendus maîtres, et les archéologues athéniens parlent encore avec douleur des libéralités diplomatiques du président.

Ce qui reste à la Grèce de tous les ouvrages de ses sculpteurs, c'est la frise occidentale du Parthénon, les cinq cariatides du temple d'Érechthée, et des fragments : fragments de chefs-d'œuvre entassés avec des débris d'ouvrages médiocres.

Edmond About

Mais, si le statuaire a peu de chose à étudier en Grèce, l'architecte y trouve un monde. L'Acropole, c'est-à-dire la forteresse de la vieille Athènes, est encore un nid de chefs-d'œuvre. Quoi que vous ayez entendu dire à la louange du Parthénon, croyez-moi sur parole, on ne vous en a pas assez dit ; et l'immensité de l'édifice, la simplicité grandiose du plan, la beauté des matériaux, et, avant tout peut-être, la délicatesse fabuleuse de l'exécution, a de quoi surprendre l'œil le mieux averti et l'enthousiasme le mieux préparé.

Il n'entre pas dans le plan de ce livre de dépeindre les monuments de l'ancienne Athènes ; on en trouvera la description et l'histoire dans les ouvrages spéciaux, et surtout dans les deux volumes de M. Beulé, qui sont le dernier mot sur l'Acropole. J'aime mieux dire avec quel soin le peuple et le gouvernement conservent les antiquités.

Le gouvernement ne laisse rien perdre. Le soin des antiquités d'Athènes est confié au digne M. Pittakis, correspondant de l'Institut de France, et le plus honnête savant de son pays. M. Pittakis est né au pied de l'Acropole. Dès sa naissance, il aima d'instinct les monuments de sa patrie : enfant, il se glissait à l'Acropole et déchiffrait les inscriptions, sans tenir compte des sentinelles turques et des coups de pied qu'il recevait par derrière. Jeune homme, il fut de tous les combats et de tous les assauts ; le premier au feu, le premier sur la brèche, le premier dans l'Acropole, pour voir si l'on n'avait point brisé quelque colonne ou écorné quelque fronton. Vieillard, il se repose en courant d'un temple à l'autre et en protégeant comme un jaloux l'Acropole, ses amours.

Un poste d'invalides, antique et solennelle garnison, défend l'Acropole contre les mains dévorantes de ces touristes collectionneurs qui voyagent avec un marteau dans leur poche, et qui plaindraient l'argent qu'ils ont dépensé s'ils ne rapportaient pas le nez d'une statue pour l'ornement de leur château.

Le gouvernement interdit sévèrement le commerce et l'exportation des antiquités. Voilà tous les services qu'il rend à l'archéologie.

Les statues ou les fragments que l'on découvre sont entassés soit aux Propylées, sous la voûte du ciel, soit au temple de Thésée, sous un méchant toit. La ville n'a pas de musée. On conserve dans une petite mosquée, grande comme la main, les moulages de tous les marbres de lord Elgin. C'est l'Angleterre qui les a envoyés. Elle offrait l'an dernier de donner à la Grèce les plâtres de toutes les statues du musée britannique, à la condition qu'on bâtirait un musée. Le gouvernement se souvint qu'une souscription avait été ouverte à cet effet, il y a quelque quinze ans, et qu'on avait recueilli 30 000 drachmes, ou environ. On s'informa des commissaires, on en trouva quelques-uns, on découvrit même un peu d'argent ; mais les intérêts de la somme avaient disparu, entraînant dans leur fuite une bonne moitié du capital.

M. Typaldos, conservateur et fondateur de la bibliothèque d'Athènes, dont l'éloquence persuasive a quêté dans l'Europe soixante-dix mille volumes, fut reçu avec distinction à la cour du roi de Naples, et l'on promit, comme au temps des fées, de lui accorder le premier vœu qu'il exprimerait. Il demanda, pour la ville d'Athènes, un moulage du taureau Farnèse. Ce groupe énorme est caché dans un coin de la ville, je ne sais où. Qui sait s'il sera jamais déballé?[1]

Il existe sur plusieurs points du territoire grec des tumulus où l'on serait sûr de trouver des antiquités. L'administration n'y fait point de fouilles. Plus d'une fois des particuliers ou même des gouvernements ont offert d'entreprendre les travaux, moyennant une part raisonnable dans les profits : toutes les offres ont été repoussées.

Le soubassement des Propylées tombe en ruine. M. Wise, ministre d'Angleterre en Grèce, a proposé de le faire réparer aux frais de son pays, si l'on voulait permettre que cette restauration fût signée du nom de l'Angleterre. Les Grecs ont refusé. Les Propylées s'écrouleront s'il le faut ; mais la vanité grecque ne sera pas humiliée.[2]

Le commerce des objets d'art est interdit : ce n'est pas à dire que le gouvernement les achète. Il se contente de les confisquer. Le bel Antonio avait acheté des vases antiques pour 1500 drachmes : on lui a pris ses vases, mais sans lui rendre son argent. Qu'arrive-t-il ? Les courtiers se livrent à un commerce clandestin et cachent sous leur manteau toute leur marchandise. Si quelque marbre est

1 Ce groupe est en Grèce depuis quelques années. Il y a quelques mois que le roi de Naples a reçu les remercîments du gouvernement grec. (*Note de la 2ᵉ édition.*)

2 Le gouvernement s'est piqué d'honneur : il vient de consolider le soubassement des Propylées. (*Note de la 2ᵉ édition.*)

trop grand ou trop pesant pour être transporté en cachette, ils le mettent en morceaux, et l'on *débite* une statue comme un mouton, pour la vendre.

Le petit peuple d'Italie témoigne un respect religieux pour les œuvres d'art qui font la richesse du pays. Le petit peuple de Grèce ne respecte rien. J'ai vu les bergers casser soigneusement les débris du temple de Phigalie, par curiosité pure, et pour voir si c'était du marbre ou de la pierre. Les chasseurs athéniens passent rarement auprès des rochers de Cologne sans décharger leur fusil sur la stèle de marbre qui couvre le tombeau d'Ottfried Müller. M. David d'Angers a donné à la ville de Missolonghi une admirable figure de jeune fille accroupie qui déchiffre au milieu des grandes herbes le nom presque effacé de Botzaris. Le vieux maître passait l'an dernier près de Missolonghi avant de revenir en France. Il ne put pas résister au désir de revoir une œuvre qu'il avait tendrement caressée. La population de Missolonghi vint au-devant du grand artiste qu'un hasard inespéré lui envoyait ; le dimarque et les principaux habitants de la ville lui adressèrent une grande lettre verbeuse. Mais la jeune vierge de marbre est mutilée par les coups de fusil.

CHAPITRE VI - LA RELIGION

I

Constitution de l'Église de Grèce. — Son indépendance.
— Histoire du *Tomos*. — Intrigue de la Russie. — Le moine
Christophoros. — Loi organique sur le saint synode. — Loi sur
l'épiscopat. — Le clergé subalterne : ses ressources. — Le papas
d'Isari.

On sait que l'Église schismatique d'Orient est divisée en quatre
grands patriarcats, dont le siége est à Constantinople, à Jérusalem,
à Antioche et à Alexandrie.

Lorsque la Grèce était une province turque, les Grecs relevaient
naturellement du patriarcat de Constantinople. La guerre de l'indépendance affranchit de fait la petite Église du royaume de Grèce.
Depuis 1833, elle ne dépend que d'elle-même.

La constitution de 1844 consacra le fait et l'érigea en principe.

Cependant l'indépendance de l'Église de Grèce n'était pas recon-
nue officiellement par le patriarche de Constantinople, et il importait que la question fût réglée d'un commun accord par un acte
solennel.

L'empereur de Russie ne voulait pas que la Grèce se séparât du
patriarcat de Constantinople. Le patriarche lui est dévoué comme
à un champion passionné et violent, sinon désintéressé. Le saint
synode est un instrument dont il se sert pour agir sur les peuples.
Il devinait que la Grèce, en se détachant de la métropole, échappait
à sa protection et à son action.

Les partisans de la Russie prétendaient que la Grèce ne pouvait
sans schisme se séparer de l'Église de Constantinople. Cependant
la Russie, qui en est complètement indépendante, ne passe pas en
Grèce pour schismatique.

Les partisans de la Russie soutenaient que l'Église de Grèce ne
pouvait légitimement secouer le joug spirituel du saint synode
pour se soumettre à un pouvoir temporel. « Cependant, leur ré-
pondait-on, vous voyez qu'en Russie le spirituel est le très-humble
valet du temporel. »

Edmond About

Les Grecs patriotes et jaloux de l'indépendance politique et religieuse de leur pays disaient :

« Qu'avons-nous besoin de traiter avec le saint synode ? N'est-ce pas un principe de notre religion que tous les évêques étaient primitivement égaux et indépendants les uns des autres ? Si l'évêque de Constantinople a pris le premier rang, c'est parce que les empereurs le lui ont donné. De tout temps le droit de restreindre ou d'étendre les juridictions épiscopales et de décréter l'indépendance ou la subordination des Églises a appartenu au pouvoir temporel ; ainsi pensaient nos anciens conciles. Or la nation grecque, en conquérant sa liberté, a succédé aux droits des empereurs d'Orient. Elle peut donc décréter l'indépendance de son Église. »

Cette théorie était développée avec beaucoup de chaleur, d'esprit et d'érudition par M. Pharmakidis, ancien secrétaire du saint synode, l'homme le plus capable et le plus libéral du clergé grec. Au nom de la liberté, il demandait que l'Église fût soumise exclusivement au gouvernement du roi, sans dépendre d'aucune autorité étrangère.

Le roi céda plus qu'il n'aurait fallu à l'influence de la Russie. Le résultat d'une longue négociation entre le gouvernement grec et le patriarche de Constantinople fut une bulle ou *Tomos*, signée du patriarche et du synode. Le Tomos prétendait *que le droit de séparer ou de réunir les provinces ecclésiastiques, de les soumettre à d'autres ou de les déclarer indépendantes avait appartenu de tout temps aux synodes œcuméniques.* Il accordait donc aux Grecs, à titre de faveur, une séparation qu'ils pouvaient réclamer comme un droit.

Encore ne l'accordait-il pas sans restriction.

« Mais, disait-il, pour que l'unité canonique… etc., soit observée, le saint synode de l'Église de Grèce doit…, doit… ; etc. S'il survient quelque affaire ecclésiastique…, il sera bon que le saint synode de Grèce en réfère au patriarche œcuménique et à son sacré collège. »

Ainsi, le patriarche et le synode de Constantinople accordaient conditionnellement à la Grèce ce qu'elle avait le droit de prendre sans condition.

Le Tomos ne contenta ni les amis de l'indépendance ni les partisans de la Russie. Le clergé fut partagé aussi bien que le peuple.

L'*Anti-Tomos* de M. Pharmakidis excita l'enthousiasme des uns et la fureur des autres : on prêcha pour et contre dans les églises, et l'on tira quelques coups de fusil dans lescampagnes à propos de *Tomos* et d'*Anti-Tomos*.

On attendait avec une impatience fiévreuse la discussion des deux lois organiques destinées à appliquer les principes contenus dans le Tomos. L'une devait régler les fonctions du saint synode national, et l'autre organiser l'épiscopat. Le roi fit un voyage en Allemagne pour rétablir sa santé et pour gagner du temps.

Ce fut seulement au mois de juin 1852, deux ans après la signature du*Tomos*, que la loi sur le synode arriva devant les chambres. Le parti russe crut le moment opportun pour redoubler ses efforts. Le projet de loi disait : l'autorité suprême ecclésiastique réside dans le saint synode, *sous la souveraineté du roi*. On fit entendre au peuple qu'il serait de la dernière imprudence de placer l'Église de Grèce sous la souveraineté d'un prince catholique. La Russie, qui n'est pas scrupuleuse sur le choix des moyens, suscita même un moine fanatique qui monta en chaire et déclara brutalement aux Grecs qu'ils avaient un roi schismatique, une reine hérétique et un gouvernement damné. Ce chaleureux prédicateur s'appelait Christophe Papoulakis. Il trouva, l'or russe aidant, des admirateurs passionnés et armés. Le gouvernement voulut l'arrêter : il se réfugia dans le Magne. Toutes les forces du royaume furent occupées pendant un mois à sa poursuite ; toutes les forces du royaume ne servirent de rien. Il fut livré par un de ses amis, à qui la police avait promis une pension viagère. Le traître était un papas.

La Russie, vaincue dans le Magne, prit sa revanche à la chambre des députés. Elle fit si bien que la commission chargée d'examiner le projet de loi supprima cette parenthèse malsonnante : *sous la souveraineté du roi*. Le cabinet était partagé, le ministre des cultes, M. Vlachos, appartenait au parti russe ; ce fut lui qui présenta et fit voter le projet modifié.

L'article 1er porte que l'Église orthodoxe[1] indépendante de la Grèce, étant membre d'une seule Église universelle et apostolique de la foi orthodoxe, se compose de tous les habitants du royaume

---

1 On demandait à un homme d'esprit : « Mais enfin, qu'est-ce que l'orthodoxie ? qu'est-ce que l'hétérodoxie ? » Il répondit : « L'orthodoxie, c'est ma *doxie*, à moi ; l'hétérodoxie, c'est la *doxie* des autres. »

croyant au Christ, confessant le symbole sacré de la foi et professant tout ce que professe la sainte Église orthodoxe orientale du Christ, ayant pour chef et fondateur notre Seigneur et Dieu Jésus-Christ. Elle est gouvernée spirituellement par des prélats canoniques, elle conserve dans leur intégrité, comme toutes les autres Églises orthodoxes du Christ, les saints canons apostoliques, et synodiques, ainsi que les saintes traditions.

En vertu de l'article 2, l'autorité supérieure ecclésiastique du royaume réside dans un synode permanent portant le nom de saint synode de l'Église de la Grèce, siégeant invariablement dans la capitale du royaume.

Ce synode se compose de cinq membres, ayant voix délibérative, pris parmi les prélats occupant un siége dans le royaume, et dont l'un est président et les quatre autres conseillers. La présidence appartient de droit au métropolitain de la capitale. Les conseillers doivent retourner chaque année dans leurs provinces, à moins que le gouvernement ne retienne quelqu'un d'entre eux : il ne peut en retenir plus de deux.

La session annuelle du synode commence au 23 septembre de chaque année. Avant d'entrer en fonction, les membres du synode prêtent serment par l'allocution suivante :

« Majesté, sur le caractère sacré dont nous sommes revêtus, nous certifions que, toujours fidèles à Votre Majesté notre roi et notre maître, soumis à la constitution et aux lois du pays, nous ne cesserons d'appliquer tous nos efforts à accomplir, Dieu aidant, nos devoirs dans l'administration de l'Église, observant intacts, comme toutes les autres Églises orthodoxes du Christ, les saints canons apostoliques et synodiques, ainsi que les saintes traditions. Comme témoin de ce serment, nous invoquons le Tout-Puissant. Qu'il veuille accorder à Votre Majesté de longs jours avec une parfaite santé, maintenir votre royaume inébranlable, la rendre prospère, *l'agrandir* et la fortifier aux siècles des siècles. »

Le roi nomme auprès du saint synode un commissaire royal qui prête serment avant d'entrer en charge. La surveillance de tout ce qui se passe dans le royaume étant inhérente au pouvoir suprême du roi, en qui réside la souveraineté de l'État, le devoir du commissaire royal est d'assister, sans voix délibérative, à toutes les séances du saint synode, de contre-signer toutes les copies des décisions et des actes synodiques relatifs à ses attributions soit intérieures soit extérieures. Toute décision prise ou tout acte du saint synode accompli en l'absence du commissaire du roi, ou ne portant pas son seing, est nul.

Les attributions du saint synode sont ou intérieures ou extérieures. Dans les premières, son action est tout à fait indépendante du pouvoir civil. En ce qui se rapporte aux actes qui se lient aux droits ou aux intérêts publics des citoyens, le saint synode agit de concert avec le gouvernement.

Les attributions intérieures de l'Église embrassent l'enseignement pur et fidèle des dogmes, les formes du culte divin suivant les formules imposées antérieurement à l'Église, l'exécution des devoirs tracés à chaque ordre du clergé, l'enseignement religieux du peuple, sauf toute atteinte portée à la constitution et aux lois de l'État, la discipline ecclésiastique, l'examen et l'ordination de ceux qui se destinent au sacerdoce, les consécrations des temples, les livres dogmatiques et le règlement de l'Église orthodoxe institué à cet effet. Le saint synode surveille le maintien rigoureux des dogmes divins professés par l'Église orthodoxe d'Orient. Chaque fois qu'il est positivement informé que qui que ce soit cherche à troubler l'Église du royaume par des prédications, des enseignements ou des écrits hétérodoxes, au moyen du prosélytisme ou de toute autre manière, le saint synode demande à l'autorité civile la répression du mal, et, avec son autorisation, il adresse au peuple des conseils paternels pour détourner le préjudice que la religion pourrait éprouver de semblables tentatives. Il surveille, en outre, le contenu des ouvrages à l'usage de la jeunesse et du clergé, introduits de l'étranger ou publiés en Grèce, ainsi que les brochures, les tableaux ou autres représentations traitant de sujets religieux. Chaque fois qu'il est instruit que de telles publications renferment quoi que ce soit d'opposé ou de préjudiciable aux dogmes divins, aux mystères sacrés, aux canons de l'Église, à l'enseignement religieux, aux fêtes et aux cérémonies reconnues par l'Église orthodoxe d'Orient, il réclame le concours du gouvernement pour arrêter l'emploi de ces livres dans les écoles. Il dénonce à l'autorité civile l'auteur ou l'éditeur apparent, l'imprimeur, le libraire ou le débitant, afin qu'on leur fasse l'application des lois civiles s'ils sont laïques ; s'ils font partie du clergé, ils sont réprimandés par l'autorité ecclésiastique, qui les dénonce au gouvernement pour qu'il les fasse punir conformément aux dispositions des lois civiles. Parmi les attributions intérieures du synode, il importe de mentionner particulièrement celle en vertu de laquelle il est investi du droit de « veiller à ce que les ecclésiastiques ne s'immiscent pas dans les affaires politiques. » la précaution était nécessaire. Est-elle utile ? Je n'en crois rien.

« Les principales attributions extérieures du saint synode sont : le soin d'ordonner les cérémonies dans la célébration des fêtes religieuses, en tant qu'elles ne seraient pas contraires aux formes admises par l'Église ; les règlements sur les établissements d'instruction, de prévoyance et de correction destinés au clergé ; les fêtes religieuses extraordinaires, surtout lorsqu'elles doivent avoir lieu dans des jours ouvrables et en dehors du temple.

« Les autres dispositions les plus importantes de la loi organique du culte concernent l'excommunication des laïques, qui doit toujours être précédée de l'approbation du gouvernement, la part faite dans le mariage aux autorités ecclésiastiques à côté des autorités civiles, le rôle de l'évêque dans les questions de divorce, rôle conciliateur, qui n'empêche point toutefois l'effet de la sentence de dissolution prononcée par les tribunaux civils. C'est sur la transmission de la copie de cette sentence par le procureur du roi, que l'évêque, de son côté, prononce la dissolution du mariage.[1] »

C'est une chose curieuse que cette double intervention du pouvoir religieux et du pouvoir civil dans le mariage et dans le divorce. On est marié par le papas ; le pouvoir civil n'a rien à y voir : il ne peut que sanctionner l'union en réglant de son mieux les intérêts et les droits divers qu'elle fait naître. On est démarié par le tribunal, et l'autorité religieuse est forcée de délier, sur l'ordre des juges, ce qu'elle avait lié de sa propre autorité.

On ne dira pas que le roi de Grèce n'a jamais songé aux conquêtes : il force le saint synode à prier pour l'agrandissement de son royaume.

On remarquera que, dans la liste des attributions de l'Église, il n'est pas question de l'enseignement de la morale. Le catholicisme

---

1 *Annuaire des Deux-Mondes, 1852-1853.*

grec est une religion pétrifiée qui n'a plus rien de vivant. Les seuls devoirs qu'elle prescrive aux hommes sont les signes de croix faits de certaine manière et en certain nombre, les génuflexions à telle place, l'adoration mathématiquement réglée de certaines images stéréotypées et pour ainsi dire géométriques, la récitation de certaines formules interminables qui sont devenues une lettre morte, l'observation de certains carêmes, le chômage d'une multitude de fêtes qui dévorent la moitié de l'année, et enfin l'obligation de nourrir les prêtres et d'enrichir les églises par des aumônes perpétuelles.

Après la loi qui organisait le saint synode, on vota la loi de l'épiscopat.

Le royaume est divisé en vingt-quatre siéges épiscopaux, dont l'un est occupé par un archevêque métropolitain, président du saint synode ; dix autres sont occupés par des archevêques siégeant au chef-lieu des neuf autres départements et à Corinthe ; les treize derniers sont de simples évêchés.

Si l'armée est encombrée d'officiers, l'Église ne lui en redoit guère : elle est encombrée de prélats. Vingt-quatre évêques pour neuf cent cinquante mille âmes, c'est beaucoup.

Les évêques sont nommés par le roi sur la présentation de trois candidats choisis par le saint synode dans le clergé du royaume. Ils prêtent deux serments, dont l'un est purement religieux et l'autre purement politique.

Le roi ne peut destituer un évêque que s'il a commis un délit entraînant l'interdiction. Il ne peut le déplacer qu'après l'avis du saint synode et en se conformant aux canons. L'empereur de Russie a les coudées plus franches dans ses États.

Le métropolitain reçoit 6000 drachmes par an ; chacun des dix archevêques, 5000 ; chaque évêque, 4000. Ils perçoivent, en outre, un droit pour les permissions de mariage et de divorce, et pour les émissions de lettres de blâme anonymes. On connaît l'usage et la portée de ces sortes de mandements. Lorsqu'un vol a été commis, le propriétaire dépossédé, au lieu de poser des affiches qui ne seraient pas lues ou de faire tambouriner un avis qui n'émouvrait personne, s'adresse directement à l'évêque et le prie, en payant, de réclamer l'objet volé. Le prélat, pour l'amour de la justice et pour une modique somme d'argent, envoie à toutes les paroisses de son diocèse une circulaire foudroyante où il fait pleuvoir les anathèmes sur l'auteur anonyme du délit. Si l'évêque sait gronder, le coupable restitue. Un paysan fripon et superstitieux ne craint pas d'offenser Dieu ; mais il a peur des menaces de son évêque. Je connais un fusil qui est revenu à son maître par la voix sacrée.

Le clergé inférieur n'est point salarié par l'État. Il perçoit certaines redevances sur les récoltes, et surtout il vit de l'autel : il marie, il baptise, il enterre, *il exorcise*, moyennant finance ; il confesse les gens à domicile pour une légère rétribution. Le métier de prêtre ou de papas est assez lucratif, sans être trop pénible, et la plupart des prêtres grecs élèvent confortablement leur petite famille. Si l'autel ne rend pas assez, si la récolte d'aumônes est mauvaise, le papas trouve d'autres ressources dans l'agriculture ou le commerce. Il laboure un champ, il ouvre une boutique, il tient un cabaret. Je logeais à Égine avecGarnier chez un anagnoste, ou *lecteur*. Ce brave homme paraissait assez content de son état. Je lui demandai un jour s'il ne chercherait pas à s'élever à la dignité de papas. « Non, me dit-il ; je ne gagnerais pas beaucoup plus, et j'aurais trop à faire. Ma vigne me rend tant, mon église tant ; j'ai tant d'heures de travail par semaine ; il me reste assez de loisir pour boire un coup avec mes voisins lorsqu'il m'en prend envie ou pour faire danser mon petit Basile sur mes genoux : pourquoi veux-tu que j'aie de l'ambition ? » Le gouvernement entretient cinq missionnaires chargés de répandre la parole divine dans les campagnes ; il paye dans la capitale deux professeurs de musique sacrée, qui forment la jeunesse à l'art mélodieux de chanter du nez. L'État paye la pension de vingt boursiers au séminaire fondé par l'hétérochthone M. Rhizaris.

Un matin que nous nous étions arrêtés pour déjeuner dans une cabane du village d'Isari, la foule vint, comme à l'ordinaire, se presser autour de nous et se mirer dans nos assiettes. Le plus remarquable de tous nos visiteurs était un sapeur robuste et trapu, qu'à sa longue barbe et à son bonnet noir je reconnus pour le papas du village. Il vint sans façon s'accroupir à mon côté ; il m'adressa la parole, et, lorsqu'il vit que je lui répondais, il poussa des cris d'admiration :

Du grec ! Il sait du grec ! du grec ! quelle douceur !

Dans son naïf enthousiasme, il me jura du premier bond une

amitié éternelle. Comme on n'a pas de secret pour ses amis, il se mit à me conter ses affaires, l'âge de sa femme et de son cheval, le nombre de ses moutons et de ses enfants, mêlant tout, brouillant tout et parlant de tout à la fois.

« Et toi, me dit-il, quel âge as-tu ? Tu es bien jeune pour courir le monde. Quel âge ont tes amis ? Comment ! celui-là n'a que trente ans, et il porte déjà des lunettes ! Pourquoi ne parle-t-il pas le grec ? J'espère que ce n'est pas par mépris. Êtes-vous riches ? Vos parents sont-ils marchands ou militaires ? Avez-vous des frères et des sœurs ? De quel pays êtes-vous ! Français ! ah ! vraiment ! J'ai entendu parler de ce peuple-là. Mais, dis-moi, votre pays est-il au bord de la mer ? Est-il grand ? Avez-vous des fleuves comme les nôtres ? Cultivez-vous les mûriers, avez-vous des moutons, *exercez-vous quelque genre d'industrie ?* »

Je me disais en moi-même : « Si le papas remplit en même temps les fonctions de maître d'école, les enfants du village seront instruits ! »

Leftéri, moins patient que moi, l'interrompit avec cette familiarité grecque, qui prend sa source dans un vif sentiment de l'égalité : « Papas, tu es un curieux et un bavard ; tu nous ennuies. » Le brave homme se hâta de me prendre à témoin qu'il ne m'ennuyait pas. À mesure qu'il me parlait, j'écrivais notre conversation. Il saisit mon papier, s'arma d'une énorme paire de lunettes, et le regarda gravement dans tous les sens. « Ah ! tu sais écrire ! Saurais-tu aussi l'orthographe, par hasard ?

— À peu près, révérend.

— La politesse m'ordonne de te croire : on dit cependant que c'est une science bien ardue. »

En effet, l'orthographe est sérieusement difficile en Grèce, où le même son peut s'écrire de cinq ou six manières différentes.

« Avez-vous un roi, en France ? continua l'interrogant papas.

— Nous n'en avons pas en ce moment. »

Un villageois avança timidement que le pays était sans doute administré par des capitaines. « Ignorant ! dit le prêtre ; puisque c'est un grand pays, il doit être gouverné par des généraux. »

Le clergé des campagnes sera capable d'instruire le peuple lorsqu'il sera allé lui-même à l'école.

II

Les moines. — Les monastères en pays turc. — Un monastère à deux fins dans la ville de Janina. — Le gouvernement
grec a fermé quelques couvents. — Il aurait dû les fermer tous.
— Ignorance, paresse et turbulence des moines. — Leur hospitalité. — Une journée au monastère de Loukou. — Pensées et
sentiments de l'hégoumène sur la profession du moine. — Le
Mégaspiléon. — Les bibliothèques des couvents.

Le clergé grec était plus nombreux sous les Turcs qu'il ne l'est aujourd'hui. Les Turcs sont un des peuples les plus tolérants de la
terre. Dans l'île de Chypre, sous la domination turque, on compte
aujourd'hui plus de 1700 moines ou papas sur une population
grecque de 70 000 âmes ; et il n'y a pas dix ans que ces 1700 individus, tous riches ou bien rentés, sont obligés de payer l'impôt.

Il existe à Jannina un couvent de femmes qui renferme 200 personnes. Il ne les renferme pas si étroitement qu'elles ne puissent
aller tous les jours en ville pour garder les malades, faire les ménages, et surtout exercer un commerce que les canons de l'Église
n'ont jamais recommandé. Les pachas de Janina, pour mettre fin
à un scandale dont les Turcs sont choqués, ont voulu plus d'une
fois balayer cette maison qui abusait de leur tolérance ; mais la
population grecque, et surtout le clergé, a poussé de tels cris que le
couvent n'a pu être ni fermé ni réformé.

Le gouvernement du royaume de Grèce a trouvé le pays infes-
té des moines. Il a fermé beaucoup de couvents ; il aurait dû les
fermer tous. La terre manque de bras, la population n'augmente
point, et le célibat de ces moines est aussi nuisible au pays que la
fièvre ou la peste.

Encore si les couvents étaient des ateliers ou des écoles ! Mais le
plus beau privilège des moines grecs est de ne rien apprendre et
de ne rien faire. Ces asiles d'ignorance et de fainéantise ne retentissent que de discussions oiseuses, de cancans politiques, d'intrigues antinationales et de louanges de l'empereur de Russie.

Au demeurant, les moines grecs sont d'assez bons vivants. Ils ne manquent de rien ; et la félicité porte les hommes à la bienveillance.

J'ai passé une fort agréable journée au monastère de Loukou, près d'Astros ; grâce à l'hospitalité babillarde de l'hégoumène ou supérieur. À notre arrivée, il était occupé à se faire baiser les mains par trois ou quatre rustiques des environs ; il se déroba à leurs hommages pour accourir au-devant de nous et nous dire que nous étions les bienvenus.

C'était un homme de quarante-cinq ans environ, vert, vigoureux, de belle barbe et de belle taille. Il nous offrit, au débotté, du tabac de sa récolte dans des chiboucks de sa façon. Puis, tandis que Garnier et Curzon ébauchaient une aquarelle de son église, il me fit les honneurs du jardin et de la maison. La maison était délabrée, et le jardin en bon état. « Voici nos ruches, me dit-il ; nous recueillons un miel dont tu me diras des nouvelles. Le miel de l'Hymette a le parfum du thym, le miel de Carysto sent la rose ; le nôtre le goût prononcé de la fleur d'oranger.

— Je suppose, lui dis-je, que le miel de vos abeilles ne fait pas tout votre revenu.

— Non ; nous avons deux moulins, quelques champs de blé, deux charrues : les paysans font marcher tout cela. Nos oliviers forment le plus clair de notre bien. Dans les bonnes années, nous vendons jusqu'à 10 000 oques d'huile (12 500 kilogrammes). Nous avons ici près quelques troupeaux : nos bergers vivent sous la tente. »

Pendant que nous visitions ensemble quelques ruines romaines voisines du couvent, les chiens des bergers vinrent à nous avec une intention marquée de tâter de notre peau. L'hégoumène, nonobstant sa dignité, ramassa des pierres et défendit son hôte.

Au bout d'un quart d'heure de conversation, il aborda la politique, et nous en eûmes pour longtemps. Il était abonné au *Siècle*, journal du parti russe, qui se publie à Athènes et qui, pendant dix ans, a semé l'intolérance en Grèce et la révolte en Turquie. Je n'eus pas de peine à voir que mon révérend ami était dévoué corps et âme à Nicolas, et qu'il se souciait du roi Othon comme de l'empereur de la Chine.

Quand la politique fut épuisée, je l'amenai insensiblement à me parler des travaux et des peines de son état.

« Nous avons, me dit-il, peu de chose à faire. Quand les offices sont terminés, que nous avons chanté tout ce qui est prescrit par les canons et fait tous les signes de croix ordonnés par l'Église, notre tâche est finie. J'ai un bon coffre, comme tu vois, et je chante fort bien deux heures de suite sans me fatiguer. Quant aux signes de croix, qui sont un exercice un peu plus pénible, je ne suis pas manchot, Dieu merci. Mon estomac s'est accoutumé aux jeûnes de rigueur, et d'ailleurs je me dédommage les autres jours. »

Ce brave homme parlait de son église comme un marchand de sa boutique, et de ses prières comme un maçon de sa truelle. La cloche de l'église sonna : l'office du soir allait commencer : je conduisis mon hôte à ses affaires, et il travailla de son état pendant que notre souper s'apprêtait.

À peine étions-nous à table que tout le couvent entra tumultueusement, hégoumène en tête. Nous avions devant nous un public de quinze moines et moinillons qui voulaient voir comment les Francs prennent leur nourriture. Le plus jeune des apprentis avait un petit air éveillé qui nous rappelait Peblo. Tout ce peuple importun et serviable nous accablait de présents. Ils nous prodiguèrent le miel de leurs abeilles, le lait de leurs chèvres, les olives de leurs vergers, le fromage frais et salé de leurs brebis, un vin résiné que Garnier apprécia, et deux ou trois espèces de vin muscat *en bouteille*. Le tout était de leur cru. L'hégoumène refusa de partager notre dîner : il avait mangé avec son petit monde ; mais il nous fit raison, et la soirée se passa gaiement.

« Et quels sont tes plaisirs ? » lui demandai-je, comme Athalie au jeune Éliacin.

Il m'insinua qu'il jouissait avant tout du plaisir le plus pur que Dieu ait donné à l'homme, qui est de ne rien faire. Il ajouta que je n'avais qu'à regarder mon verre et mon assiette pour voir deux autres sources où il puisait de temps en temps quelque satisfaction. Il finit par déclarer qu'il avait fait son deuil des plaisirs que sa condition lui défend, mais qu'il avait autour du couvent quelques lieues de forêts et de montagnes où il pouvait chasser, courir et dompter son corps par la fatigue. « Viens me voir l'an prochain, me dit-il, au printemps ou à l'automne, quand tu seras de loisir.

Nous chasserons ensemble, nous viderons quelques-unes de ces bouteilles, et tu verras, mon enfant, que le métier de moine est un métier de roi !

— Amen ! » dit l'assistance ; et l'on alla se coucher.

Les moinillons s'étaient privés pour nous de leur chambre, de leur lit et même de leurs draps. Les pauvres petits diables passèrent la nuit sous un hangar, à la pâle lueur des étoiles.

Le lendemain, avant le jour, Leftéri vint nous éveiller. Les chevaux étaient prêts. Nous voulions attendre que l'office du matin fût fini pour prendre congé de l'hégoumène ; mais il sortit de l'église sans respect pour les canons, et tout le couvent planta là ses prières pour venir nous dire adieu.

L'hospitalité qu'on trouve dans les couvents est gratuite. Seulement il est de bon goût de donner cent sous aux moinillons, qui ne les refusent jamais, et de déposer une offrande dans le tronc de l'église : on a soin de vous le montrer.

Dans certains monastères, comme au Mégaspiléon, l'affluence des parasites est si grande que les moines ne donnent à leurs hôtes que le gîte, le pain et le vin. Ils vendent le reste.

Ce Mégaspiléon est le plus grand des couvents de la Grèce. On y compte environ deux cents moines de tout âge, qui couchent dans des chenils et mangent sur le pouce. La vogue de la maison est fondée sur une image de la Vierge, sculptée, dit-on, par saint Luc.

Le monastère, appliqué sur un énorme rocher creux, ressemble, par sa construction et par sa couleur, aux boutiques des marchands de macarons qu'on voit dans les foires. Il est construit en bois blanc. Chaque année, un artiste du cru élève quelque nouveau pavillon au-dessus de tous les autres, et un peintre de la maison le barbouille en rouge vif ou en bleu de perruquier.

La chambre du roi, où l'on nous avait logés pour nous faire honneur, est le chef-d'œuvre du genre. La décoration en est saugrenue sans être disgracieuse ; la vue est admirable. Nous dormîmes sur un large divan qui fait le tour de la salle. Les *bons vieillards*, c'est ainsi que les Grecs appellent les moines de tout âge, ne pêchent point par excès de propreté : on est mangé tout vif dans la chambre du roi.

Les monastères du royaume possèdent quelques livres de messe. J'en ai assez dit sur leurs bibliothèques.

III

Les églises. — Tous les Grecs pratiquent leur religion, et n'en vivent pas mieux. — Caractère du catholicisme byzantin. — Les fêtes. — Le carnaval. — Le carême. — Péchés que le carême fait commettre. — La nuit de Pâques. — Les coups de fusil. — Les enfants de Mistra.

Y a-t-il en Grèce plus d'églises que de maisons ? Y a-t-il plus de maisons que d'églises ? C'est un point que je voudrais voir éclairci.

Y a-t-il dans l'année plus de jours ouvrables que de jours de fêtes ? Il est permis d'en douter.

On compte dans Athènes et dans les environs plus de trois cents églises, dont cinq ou six sont à peu près habitables. Les autres sont des cahutes dont les bergers ne veulent pas. Elles ont quatre murs et un toit quelquefois. On trouve dans un coin une lampe éteinte, et l'on distingue quelquefois sur le mur un bras de saint Michel ou une cuisse du cheval de saint Georges. Le mobilier du temple se compose de quelques pierres en tas, de quelques morceaux de bois, des filets d'un pêcheur, si l'on est au bord de la mer, ou de la carcasse d'une brebis égarée qui est venue mourir à l'abri.

Cependant aucune de ces églises n'est positivement abandonnée. Elles ont leur jour dans l'année. On allume une fois au moins cette petite lampe de verre, on brûle un peu d'encens ; on chante quelques prières, et cinq ou six personnes se serrent autour du papas dans cette étroite enceinte.

Dans l'opinion de tous les Grecs, c'est une œuvre pie d'élever ces baraques ; c'est un sacrilège de les détruire. Voilà pourquoi ces monuments de misère et d'ignorance restent tous debout.

Chaque église est divisée en deux compartiments. Le chœur est séparé de la nef par un mur percé d'une ou de trois ouvertures : le prêtre tantôt se montre, tantôt se cache aux fidèles.

Tous les Grecs sans exception croient à leur religion et vont à l'église.

La Grèce ne contient ni philosophes ni libres penseurs, ni esprits forts. J'entends par esprits forts ces fanfarons qui rejettent une religion sans la connaître, et affichent un scepticisme où la méditation n'a point de part.

En Grèce, il est de bon goût d'aller à l'église tous les dimanches, de prendre de l'eau bénite, de faire des signes de croix, de jeûner les quatre carêmes et de porter un cierge allumé à Pâques.

« Où allez-vous ? dit un homme du monde à un dandy.

— Je vais prier le papa de venir me confesser demain. »

L'homme du monde ne sourit pas.

Il n'y a donc chez les Grecs ni respect humain ni hypocrisie : chacun observe la religion parce qu'il y croit, et personne ne craint de paraître ridicule en remplissant ses devoirs.

Le peuple en est-il plus moral ? aucunement. La religion schismatique grecque est une lettre morte elle ne commande point des vertus, mais des grimaces ; elle abonde en exigences minutieuses et en prescriptions vexatoires ; elle excelle à macérer le corps sans profit pour l'esprit ; elle fatigue le bras sans fortifier le cœur ; elle incline le corps vers la terre sans élever l'âme vers le ciel : cette religion, fille du Bas-Empire, participe de l'imbécillité byzantine.

J'ai vu deux fois en Grèce le grand carême et la solennité de Pâques. J'ai donc pu observer la religion dans ses rigueurs et dans ses fêtes. Un heureux hasard m'a permis de faire cette étude une fois à la ville et l'autre à la campagne ; mais les citadins et les paysans se ressemblent beaucoup dans le plaisir et dans la mortification.

Le carnaval se célèbre dans Athènes comme à Privas, à Mortagne et dans toutes les petites villes du monde. Les masques qui circulent par la ville sont laids et malpropres. Ils recherchent les déguisements antiques, les casques de carton et les boucliers de papier peint : les rues sont peuplées de héros d'Homère. Le plus grand plaisir des masques est de prendre une longue ligne à pêcher et d'attacher une gimblette au bout du fil. Tous les enfants accourent dans l'espoir de mordre au gâteau ; mais le gâteau reçoit cent coups de bec et cinquante coups de langue avant d'être entamé : le pêcheur le retire vivement dès qu'il le voit en danger. Il est défendu, comme vous pouvez le croire, d'y mettre les mains, et toute tentative de ce genre est sévèrement réprimée. Ce qui ajoute à la bouffonnerie de ce divertissement, c'est que le pêcheur a soin de se placer au bord d'un ruisseau, et que tout poisson maladroit est bientôt un poisson dans l'eau.

Il est un autre jeu dont l'origine semble très-ancienne et dont le sens est encore inconnu. On plante au milieu d'une rue une grande perche bariolée, du sommet de laquelle pendent des fils au nombre de dix ou douze. Chaque masque en prend un à la main, et tous ensemble tournent autour du poteau, pêle-mêle et dans tous les sens, en ayant soin de ne point embrouiller les fils.[1]

Le carnaval, comme toutes les autres fêtes, est assez morne. Si les Grecs s'amusent beaucoup, c'est en dedans. Leur gaieté n'est ni riante ni sémillante.

Le carême commence dès le lundi, et le mardi gras est un jour maigre. Le lundi, tout le peuple d'Athènes se réunit autour des colonnes du temple de Jupiter, pour commencer en commun les mortifications de quarante jours. Il s'y fait une grande consommation d'ail, d'oignon et de toutes sortes de légumes crus. On chante beaucoup, et du nez ; on boit un peu, on ne danse pas mal. Après cette cérémonie religieuse, chacun rentre chez soi.

Je ne sais rien de plus propre à aigrir le sang que le carême des Grecs. Non-seulement ils se privent de viande, mais ils s'interdisent le beurre, les œufs, le sucre, et souvent le poisson. Ils ne mangent que du pain, du caviar, et des herbes assaisonnées d'un peu d'huile. Aussi le carême met les esprits en feu et fait bouillonner toutes les passions politiques et religieuses.

On doit croire que si les Grecs s'astreignent à un régime si sévère, ce n'est pas seulement pour le plaisir de manger des olives pourries ; c'est surtout pour gagner le ciel. Mais il y a gros à parier que le carême envoie plus d'hommes en enfer qu'en paradis, tant il leur fait commettre de péchés d'envie. Je n'ai jamais vu un Grec manger ses olives sans l'entendre dire : « Mais mangerai-je de la viande le jour de Pâques ! »

Durant la semaine sainte, qu'ils appellent la grande semaine, ce désir de viande, qui n'est ni refréné ni satisfait, s'exalte jusqu'à la frénésie. Le *grand jeudi*, le *grand vendredi*, le *grand samedi* s'écoulent

---

1 Ce jeu n'est pas la propriété exclusive des Grecs, on le retrouve en Espagne. (*Note de la 2ᵉ édition.*)

avec une lenteur désespérante. Notre hôte l'anagnoste, dans l'île d'Égine, me répétait tous les jours en prenant son repas : « Tu verras comme je boirai du vin le jour *de la brillante !* comme je danserai ! comme je me soûlerai ! comme je tomberai plat comme porc, le ventre à terre ! » Cet homme était naturellement sobre, et, sans le carême, il ne se serait peut-être jamais enivré.

C'est par ces pieuses pensées que le peuple et le clergé abrègent la longueur du carême. Ils croient faire assez pour leur salut en s'interdisant les viandes défendues, et ils s'imaginent que la soumission de l'estomac les dispense de celle du cœur.

Le samedi de Pâques, à minuit, le carême finit, la fête commence. Toutes les églises sont gorgées de monde. Dans la plus grande de ces masures, on élève un trône pour le roi et la reine. Sur la place voisine, on dresse pour eux une estrade jonchée de fleurs, où ils s'arrêtent un instant avant d'entrer. C'est là que le clergé va les recevoir et leur annoncer la résurrection. À minuit sonnant, le canon tonne, la musique éclate, toute la ville s'embrasse, les feux de Bengale s'enflamment, et chacun allume un cierge qu'il tient à la main. À ce moment la cour entre dans l'église. Le roi catholique et la reine protestante portent des cierges énormes ; les ministres et tous les hauts fonctionnaires en ont d'un peu moins gros, le menu du peuple se contente de cierges d'un sou. Les cérémonies durent deux heures et plus, au milieu d'une chaleur étouffante ; tout le monde est debout : j'ai vu un jeune homme de vingt ans s'évanouir de fatigue et de chaleur. Les femmes, perchées dans des galeries hautes, font pleuvoir la cire de leurs bougies sur la tête des hommes.

Les prières terminées, chacun court chez soi manger l'agneau. On n'attend pas jusqu'au lendemain. Plus d'un affamé apporte à l'église un petit morceau de viande ; qu'il dévore au dernier coup de minuit.

Le peuple grec aime le bruit, et les coups de fusil sont indispensables à son bonheur. Il pense, comme l'Arabe, qu'il n'est pas de belle fête sans poudre. Les fêtes de Pâques retentissent d'un feu de file perpétuel. Mais, comme le peuple a l'habitude de s'entretuer dans l'excès de sa joie, que le Pallicare oublie toujours une balle dans son fusil, et qu'il a souvent l'adresse de tuer son enne-

mi par maladresse, la police s'est mis en tête d'empêcher les fusil-
lades de Pâques, au moins dans la capitale. En 1852, les magistrats
d'Athènes avaient pris de telles précautions qu'ils répondaient de la
tranquillité publique. Aussi nous fut-il impossible de fermer l'œil
pendant deux nuits. On ne tirait plus les coups de fusil dans les
rues, mais on les tirait par les fenêtres, dans les cours, et au besoin
dans les cheminées.

Il y a trois ou quatre ans, les jeunes Maniotes de Mistra, à l'occasion des fêtes de Pâques, empruntèrent les fusils de leurs pères, et
se séparèrent en trois camps représentant le parti russe, le parti
français et le parti anglais. Peu s'en fallut qu'ils n'en vinssent aux
coups sous les yeux de leurs parents heureux et glorieux. Mais,
au moment d'engager l'action, les Français et les Anglais s'unirent
contre les Russes, et le combat fut terminé sans coup férir.

Le mardi de Pâques, tout le peuple se rassemble autour du temple
de Thésée. C'est la seconde fête des Colonnes, et la réplique de celle
qui commence le carême.

C'est dans ces deux fêtes qu'on peut embrasser d'un seul coup
d'œil les types, les costumes et les mœurs du peuple grec. Rien n'y
manque, ni les montagnards du Parnès, ni le roi qui se promène à
cheval avec sa cour.

IV
Un enterrement grec.

Le lendemain de mon arrivée à Athènes, je marchais au hasard
dans les rues pour faire connaissance avec la ville. J'entendis à
quelque cent pas une musique horriblement monotone ; j'y courus, et je vis un enterrement qui passait.

En tête du cortége marchaient trois ou quatre bambins brandis-
sant qui une croix, qui une image au bout d'un bâton. Un homme
portait le couvercle du cercueil, recouvert de papier noir et semé de
croix blanches. Un peu plus loin s'avançait la musique. Les papas
venaient derrière les musiciens, et les relayaient de temps en temps
par quelques airs de plain-chant sur un ton grave et mélancolique.

Le cercueil était porté à bras. La morte était enveloppée d'une robe bleue, toute jonchée de narcisses et de fleurs odorantes. Son visage découvert avait une expression de sérénité qui ressemblait au sommeil. Pour écarter soigneusement l'horreur qui s'attache à la vue de la mort, on avait ravivé avec un peu de carmin la couleur éteinte de ses lèvres.

Derrière le cercueil marchaient trois grands jeunes gens à la figure maladive, dont l'un ne tardera pas à suivre sa mère. Ils allaient séparément, soutenus chacun par deux amis. Ils ne portaient pas d'autre deuil qu'un crêpe noir sur leur bonnet rouge. Presque tous ceux qui formaient le cortége étaient en veste de couleur, en foustanelle blanche et en guêtres rouges ou bleues. Tous les visages avaient un air de gravité recueillie qu'on ne voit pas souvent dans nos enterrements : il est vrai que le cortége se composait en grande partie des parents de la morte. J'ai dit que les familles grecques sont nombreuses et compliquées.

On entra dans l'église. Le cercueil fut placé au milieu de la nef, près du saint des saints et de cette partie du temple où les prêtres seuls ont droit de pénétrer. Les assistants restaient debout : il n'y a pas de chaises dans les églises.

Une vieille femme distribua des cierges à tout le monde. Vingt ou trente gamins qui jouaient dans la rue s'empressèrent d'en venir prendre, et assistèrent à la cérémonie avec une gravité qui honorerait des sénateurs.

Les *papas*, avec leurs longs cheveux et leur barbe flottante, psalmodiaient les prières des morts. Je m'étais promis d'examiner si ces hommes, qui n'ont pas renoncé aux affections de famille, s'acquittaient de leur ministère avec plus d'émotion que ceux qui n'ont plus d'autre famille que Dieu. Il me sembla au contraire qu'ils remplissaient cette triste tâche en hommes qui sont pressés de finir et de retourner à leur ménage. Les oraisons étaient chantées en langue vulgaire, et cependant, soit que le chant rendît les paroles inintelligibles, soit que le peuple ait perdu l'habitude de chercher le sens de ses prières, les auditeurs ne semblaient écouter que leurs propres pensées.

Quand l'office des morts fut terminé, chacun des parents et des amis s'approcha de la morte et lui baisa les mains et la figure. On donne ainsi un caractère religieux et solennel à la dernière marque d'affection que reçoivent les morts. Il est difficile de voir sans une profonde émotion des fils venant devant l'autel donner un dernier baiser à leur mère.

Le convoi s'achemina lentement vers le cimetière. Sur sa route les hommes et les femmes s'arrêtaient, et se couvraient de signes de croix avec cette prodigalité machinale que j'ai déjà signalée. L'enterrement traversa l'Ilissus en s'éclaboussant un peu : le pont n'était pas encore bâti. Un tel passage exciteraiten France quelques éclats de rire : la cérémonie ne perdit rien de sa gravité.

Le coin du cimetière habité par les pauvres est d'un aspect assez original. On ne plante pas sur chaque tombe une croix de bois. On se contente d'enfoncer en terre, en les croisant un peu, les deux bâtons qui ont servi à porter le cercueil. Sur la plus grande de ces deux branches, les parents du mort viennent planter une cruche dont ils brisent le fond. Cette sorte d'offrande est d'une haute antiquité.

Je n'ai pas remarqué que le corps fût mis en erre avec beaucoup plus de ménagements que dans nos cimetières civilisés. Ce sont les mêmes cris : « Pousse ! tire ! à toi ! à moi ! enfonce les pieds ! attention à la tête ! enfin ! l'y voilà ! » Cérémonial grossier, et bien propre à dégoûter les gens de mourir en pays civilisé. Heureux celui qui meurt d'un coup de flèche chez les sauvages ! Il est mangé par ses amis avec respect, ou du moins avec reconnaissance.

On procéda ensuite à une autre cérémonie plus repoussante. On dépouilla la morte de tous les ornements dont on l'avait revêtue. La robe de mérinos bleu qu'on avait fait voir en passant à toute la ville lui fut ôtée ; on la laissa dans une méchante robe noire. On reprit l'oreiller brodé qu'elle avait sous la tête, et on le remplaça par un sac plein de terre. On commença même à lui ôter de mauvais gants blancs qu'elle avait aux mains ; mais un des fils, qui souffrait sans doute comme moi de voir ainsi manier ce corps roidi, fit signe de les laisser. Il ne resta dans le cercueil que quelques fleurs et une pomme, légère provision pour un si grand voyage.

Chacun des amis s'empressa de jeter une pincée de terre dans la tombe, et courut à dix pas plus loin, dans un endroit abrité du vent, où l'on alluma des cigarettes. Les bedeaux, les enfants de chœur et quelques amis vidèrent une grande bouteille de vin qu'on avait apportée, puis ils prirent le chemin de la maison mortuaire pour y souper.

Je m'en revins tout doucement au logis, précédé des enfants de chœur, qui se donnaient des coups de croix dans le dos et lançaient des pierres dans les images de saint Georges et de saint Michel.

V

Superstition et intolérance.

Devant la maison que nous habitions à Corinthe logeait une pauvre femme et son fils unique. L'enfant était chétif et bossu.

Un Valaque passa, qui menait un ours en laisse. Il promenait sa bête dans tout le pays, amassant des poignées de lepta. Notre malheureuse voisine vint trouver cet homme et lui donna de l'argent pour qu'il fît marcher son ours sur le corps de l'enfant. Elle acheta ensuite quelques poils qu'elle choisit elle-même sur le dos de la bête. Elle espérait en faire un talisman pour redresser la taille de son fils.

Les Grecs de la campagne croient à la sorcellerie. Pour eux, un médecin est un sorcier autorisé par le gouvernement ; une ordonnance est un recueil deparoles magiques. Ils ne la portent pas chez le pharmacien, mais ils la font tremper dans l'eau bouillante et ils avalent l'infusion.

Il reste un peu de paganisme au fond des esprits. On voit, dans un sale quartier d'Athènes, une colonne, dernier débris d'un temple d'Esculape. Ceux qui souhaitent la guérison d'un malade prennent un de ses cheveux ou un fil de sa jarretière, attachent une boule de cire à chaque extrémité, et viennent l'appliquer à cette colonne.

Les Grecs les moins scrupuleux en matière de probité observent très-strictement les préceptes de l'Église et obéissent aveuglément à leurs papas. Lorsqu'une mère vend sa fille à un riche, elle stipule toujours qu'on donnera tant pour la fille, tant pour les parents, tant pour l'Église. J'ai eu l'honneur de dîner avec un assassin, et le malheur de le scandaliser. Nous étions à Égine, et nous mangions un agneau à la pallicare, en plein champ et en plein carême. Un Grec que nous ne connaissions pas vint s'asseoir auprès de nous, mangea notre pain et nos figues, but notre vin, et se retira, indigné de notre conduite, lorsqu'il fut bien repu. J'appris le lendemain que ce convive boudeur avait la mort d'un homme sur la conscience, et que la justice le cherchait prudemment, de manière à ne jamais le trouver. Il se croyait meilleur chrétien que nous.

Les Grecs ont exigé que la constitution de 1844 proclamât une religion d'État. Le chef de l'État ne professe pas la religion de l'État ; mais il faut, bon gré mal gré, qu'il lui rende cinq ou six fois par an un hommage public.

Les autres catholiques romains sont tolérés comme le roi. Ils ont trois évêques et un archevêque dans les Cyclades, à Naxos, à Tinos, à Santorin et à Syra. Mais je ne réponds pas que, si le souverain était Grec ou Russe, la religion hétérodoxe échapperait aux persécutions.

Les juifs sont très-rares dans le royaume, et la violence de la populace d'Athènes n'est pas faite pour les attirer. Aux îles Ioniennes, sous la protection de l'Angleterre, la race juive vit et prospère. On remarque que, dans l'île de Corfou, les décès l'emportent sur les naissances chez les Grecs, et les naissances sur les décès chez les juifs : si bien qu'il est facile de prévoir qu'au bout d'un certain nombre d'années, l'île ne sera peuplée que de juifs.

La race juive a chez nous plus d'honnêteté, de courage, d'intelligence et de beauté que chez les peuples de l'Orient.

L'intolérance naturelle à la canaille grecque est journellement excitée par les prédications de la Russie. Lorsque le gouvernement traduisit devant les tribunaux M. King, pasteur protestant, accusé de prosélytisme, le *Siècle* invita formellement tous les citoyens orthodoxes à se rendre à l'audience pour encourager les juges à la sévérité et leur interdire une lâche complaisance.

J'avais cru d'abord que ce fanatisme brutal était le privilège des ignorants et des gueux : je me trompais.

Dans les premiers jours de l'été de 1852, je fis une visite à M.***, professeur de droit à l'université d'Athènes. Je le trouvai dans le feu de la composition, en manches de chemise : il répliquait à l'*Anti-Tomos* de M. Pharmakidis. À coup sûr, Démosthène était moins ardent et moins échevelé lorsqu'il préparait ses harangues contre Philippe.

« Comprenez-vous, me dit ce violent jurisconsulte, la faiblesse de notre gouvernement ? Laisser paraître un pareil livre ! Vous verrez que l'auteur ne sera pas même châtié ! Ah ! si nous étions en Russie ! on vous empoignerait mon Pharmakidis, on l'enfermerait dans une bonne petite chambre bien chaude en été, bien froide en hiver, on lui ferait une bonne petite saignée tous les deux jours, on lui donnerait une bonne petite poignée de riz tous les matins pour sa nourriture, et, au bout de trois mois de ce régime, on lui dirait : « Mon ami, vous avez été malade, nous vous avons soigné, vous voilà guéri ; allez en paix et prenez garde aux rechutes. »

CHAPITRE VII - LES FINANCES

I

Observations générales sur la situation financière de la Grèce.
— La Grèce vit en pleine banqueroute depuis sa naissance. —
Les impôts sont payés en nature. — Les contribuables ne payent
point l'État, qui ne paye point ses créanciers. — Budget d'exercice et budget de gestion. — Les ressources du pays ne se sont
pas accrues en vingt années.

Le régime financier de la Grèce est tellement extraordinaire et
ressemble si peu au nôtre, que je crois nécessaire, avant d'entrer
dans les détails du budget, de placer ici quelques observations générales.

La Grèce est le seul exemple connu d'un pays vivant en pleine
banqueroute depuis le jour de sa naissance. Si la France et l'Angleterre se trouvait seulement une année dans cette situation, on
verrait des catastrophes terribles : la Grèce a vécu plus de vingt ans
en paix avec la banqueroute.

Tous les budgets, depuis le premier jusqu'au dernier, sont en déficit.

Lorsque, dans un pays civilisé, le budget des recettes ne suffit pas
à couvrir le budget des dépenses, on y pourvoit au moyen d'un emprunt fait à l'intérieur. C'est un moyen que le gouvernement grec
n'a jamais tenté, et qu'il aurait tenté sans succès.

Il a fallu que les puissances protectrices de la Grèce garantissent
sa solvabilité pour qu'elle négociât un emprunt à l'extérieur.

Les ressources fournies par cet emprunt ont été gaspillées par le
gouvernement sans aucun fruit pour le pays ; et, une fois l'argent
dépensé, il a fallu que les garants, par pure bienveillance, en ser-
vissent les intérêts : la Grèce ne pouvait point les payer.

Aujourd'hui, elle renonce à l'espérance de s'acquitter jamais. Dans
le cas où les trois puissances protectrices continueraient indéfini-
ment à payer pour elle, la Grèce ne s'en trouverait pas beaucoup
mieux. Ses dépenses ne seraient pas encore couvertes par ses ressources.

La Grèce est le seul pays civilisé où les impôts soient payés en nature. L'argent est si rare dans les campagnes qu'il a fallu descendre à ce mode de perception. Le gouvernement a essayé d'abord d'affermer l'impôt ; mais les fermiers, après s'être témérairement engagés, manquaient à leurs engagements, et l'État, qui est sans force, n'avait aucun moyen de les contraindre.

Depuis que l'État s'est chargé lui-même de percevoir l'impôt, les frais de perception sont plus considérables, et les revenus sont à peine augmentés. Les contribuables font ce que faisaient les fermiers : ils ne payent pas.

Les riches propriétaires, qui sont en même temps des personnages influents, trouvent moyen de frustrer l'État, soit en achetant, soit en intimidant les employés. Les employés, mal payés, sans avenir assuré, sûrs d'être destitués au premier changement de ministère, ne prennent point, comme chez nous, les intérêts de l'État. Ils ne songent qu'à se faire des amis, à ménager les puissances et à gagner de l'argent.

Quant aux petits propriétaires, qui doivent payer pour les grands, ils sont protégés contre les saisies, soit par un ami puissant, soit par leur propre misère.

La loi n'est jamais, en Grèce, cette personne intraitable que nous connaissons. Les employés écoutent les contribuables. Lorsqu'on se tutoie et qu'on s'appelle *frères*, on trouve toujours moyen de s'entendre. Tous les Grecs se connaissent beaucoup et s'aiment un peu : ils ne connaissent guère cet être abstrait qu'on appelle l'État, et ils ne l'aiment point. Enfin, le percepteur est prudent : il sait qu'il ne faut exaspérer personne, qu'il a de mauvais passages à traverser pour retourner chez lui, et qu'un accident est bientôt arrivé.

Les contribuables nomades, les bergers, les bûcherons, les charbonniers, les pêcheurs, se font un plaisir et presque un point d'honneur de ne point payer d'impôt. Ces braves gens se souviennent qu'ils ont été Pallicares : ils pensent, comme du temps des Turcs, que leur ennemi c'est leur maître, et que le plus beau droit de l'homme est de garder son argent.

C'est pourquoi les ministres des finances, jusqu'en 1846, faisaient deux budgets des recettes : l'un, *le budget d'exercice*, indiquait les sommes que legouvernement devrait recevoir dans l'année, les droits qui lui seraient acquis ; l'autre, *le budget de gestion*, indiquait ce qu'il espérait recevoir. Et, comme les ministres des finances sont sujets à se tromper à l'avantage de l'État dans le calcul des ressources probables qui seront réalisées, il aurait fallu faire un troisième budget, indiquant les sommes que le gouvernement était sûr de percevoir.

Par exemple, en 1845, pour le produit des oliviers du domaine public, affermés régulièrement aux particuliers, le ministre inscrivait au budget d'exercice une somme de 441 800 drachmes. Il espérait (budget de gestion) que sur cette somme, l'État serait assez heureux pour percevoir 61 500 drachmes. Mais cette espérance était au moins présomptueuse, car l'année précédente, l'État n'avait perçu, pour cet article ni 441 800 drachmes, ni 61 500 drachmes, mais 4457 drachmes 31 centimes, c'est-à-dire environ un pour cent sur ce qui lui était dû.

En 1846, le ministre des finances ne rédigea point de budget de gestion, et l'habitude s'en est perdue.

L'État ne veut pas prévoir en principe qu'il ne sera pas payé de ce qui lui est dû. Mais, quoique les budgets suivants soient plus réguliers dans la forme, l'État continue à solliciter vainement ses débiteurs récalcitrants ou insolvables.

Une dernière observation qui m'est suggérée par l'examen des différents budgets de 1833 à 1853, c'est que les ressources de l'État ne se sont pas accrues sensiblement dans ces vingt années.

De 1833 à 1843, la recette moyenne de chaque année a été de 12 582 968 drachmes 9 lepta. La dépense moyenne a été de 13 875 212 dr. 39 lepta. Le déficit annuel de 1 292 244 dr. 30 l.

En 1846, les recettes espérées se montaient à la somme de 14 515 500 dr.

Le budget de 1847 était le même que celui de 1846, sauf une augmentation espérée de 360 725 dr. 79 l. sur les recettes.

Depuis cette époque, les revenus de l'État ont subi une diminution considérable :

En 1850, par l'affaire Pacifico et le blocus du Pirée, qui arrêta le commerce maritime des Grecs pendant toute une campagne, tandis qu'un hiver extraordinairement rigoureux tuait des troupeaux entiers, faisait périr un grand nombre d'oliviers et d'arbres à fruits, réduisait des deux tiers l'exportation de l'huile, et des neuf dixièmes la récolte des citrons et des oranges ;

En 1851, par la disette de céréales, qui condamna la Grèce à importer des blés pour 12 millions de drachmes au lieu de 2 millions, et fit sortir du pays une grande quantité de numéraire ;

En 1852, par la maladie de la vigne, qui détruisit les deux tiers de la récolte du raisin de Corinthe, et enleva au trésor un de ses principaux revenus ;

En 1853, par la disette dont nous souffrons encore, et dont les Grecs, épuisés par quatre années déplorables, souffrent plus cruellement que nous.

II

Recettes. — L'impôt direct ou la dîme. — L'usufruit, impôt qui ne peut exister qu'en Grèce. — Les douanes. — Un ministre qui espère que ses agents l'ont trompé. — Un gouvernement qui se ruine en battant monnaie. — Pourquoi la Grèce ne frappe que des sous. — Domaine immense qui ne rapporte presque rien. — Les eaux de Thermia, médicament très-dangereux. — Forêts inutiles. — L'État n'est payé ni par ses débiteurs ni par ses fermiers.

Les recettes de l'État se composent : des impôts directs, des impôts indirects, du produit des établissements publics, du domaine, de la vente des biens nationaux, des revenus ecclésiastiques, des recettes sur exercices clos, de revenus divers, des avances faites par les puissances protectrices.

Les impôts directs représentent plus de la moitié des recettes de l'État. Ils comprennent :

1° La dîme ou l'impôt foncier, qui se perçoit en nature. Le percepteur assiste au battage des grains, à la cueille du tabac, à la fabrication de l'huile, et il prélève immédiatement un dixième de la récolte. L'État se charge d'emmagasiner et de vendre les fruits qu'il a perçus. On devine aisément tout ce qu'un pareil mode de perception a d'irrégulier, et combien il peut être préjudiciable à l'État. Si la récolte est abondante, il est forcé de vendre à vil prix la part qui lui revient ; si la récolte manque, il ne lui revient rien. Mais il sera impossible de percevoir l'impôt foncier en argent, tant que le numéraire sera aussi rare dans le pays.

2° L'usufruit. C'est une sorte d'impôt qui n'existe qu'en Grèce, et dont l'existence s'explique par l'histoire du pays.

L'État est propriétaire d'une grande partie du territoire. Il possède à peu près tous les terrains que les Turcs possédaient avant la guerre de l'indépendance. Ceux qui sont situés dans le Péloponèse lui appartiennent par droit de conquête ; il a payé les autres, et une indemnité de 12 500 000 drachmes l'en a fait légitime propriétaire.

Une partie des terrains nationaux a été affermée régulièrement ; une autre a été occupée irrégulièrement par des particuliers qui y ont fait des défrichements, planté des arbres, ou même bâti des maisons, sans en parler au gouvernement. Comme cette occupation est fort ancienne, et que plusieurs de ces fermiers spontanés le sont de père en fils, il faut bien reconnaître en leur faveur une sorte de droit de prescription qui ne les rend pas propriétaires, mais qui ne permet guère de leur enlever le champ qu'ils ont planté. L'État, pour bien établir son droit, tout en respectant un abus dont il profite, impose à tous ceux qui cultivent les biens nationaux une contribution de 15 pour 100 sur la récolte, en outre de la dîme. Le revenu de ces terres est donc grevé d'un impôt de 25 pour 100, payable en nature.

3° L'impôt sur les abeilles, l'impôt sur le bétail, les patentes et l'impôt sur les constructions se payent en argent.

4° L'impôt foncier sur les donations ne se paye point. L'État a donné des terres à presque tous les chefs de famille, soit à titre de récompense, soit pour les empêcher de mourir de faim. Ces propriétés sont grevées, outre la dîme, d'un impôt de 3 pour 100 payable en argent. Mais les propriétaires ou refusent de cultiver leurs terres, ou les cultivent pour eux-mêmes sans vouloir rembourser l'État.

Les impôts indirects se composent des droits de douane, des droits de timbre, de santé, de port, de navigation, des amendes, des ports d'armes et des droits de chancellerie consulaire.

Les douanes forment environ le quart du revenu public. Elles n'ont pas été établies pour protéger l'industrie nationale, qui est encore à naître, mais pour procurer des ressources au trésor. C'est pourquoi l'on a établi des droits à l'exportation aussi bien qu'à l'importation. Les droits à l'importation sont de 10 pour 100, les droits à l'exportation de 6 pour 100 sur la valeur des marchandises.

La contrebande est tellement facile en Grèce, et la nature du pays la favorise si bien, que le fisc est frustré tous les ans d'une somme considérable, et que la statistique est privée de renseignements positifs sur le mouvement de l'importation et de l'exportation. M. Christidis, ministre des finances, disait dans son exposé du budget en 1852 :

« Vous remarquerez, messieurs, la différence qui existe entre l'importation et l'exportation : la balance du commerce nous est contraire, et dans une forte proportion. Une seule idée nous console : c'est que l'estimation, le dénombrement et le pesage des objets exportés ne sont probablement pas exacts. »

Le droit de timbre rapporte jusqu'à 1 million de drachmes par année. Les autres impôts indirects sont de peu d'importance.

La culture et la vente du tabac, la vente et la fabrication de la poudre de chasse sont libres. Les cartes à jouer qui se fabriquent dans le royaume, à Syra, sont soumises à un impôt, mais elles sont si grossières et si mal peintes qu'on n'emploie guère que des cartes de contrebande.

Les établissements publics pourraient être d'une grande ressource : ils ne rapportent presque rien.

1° La Monnaie ne frappe que le billon. Dans le principe, on fabriquait des pièces d'argent de 5 drachmes, de 1 drachme, de 50 lepta et de 25 lepta. Mais, par une erreur inexplicable, on oublia de retenir sur chaque pièce les frais de main-d'œuvre. De cette manière, l'émission des monnaies d'argent, au lieu d'enrichir l'État, comme dans tous les pays du monde, le ruinait ; d'autant plus que les spéculateurs, séduits par la finesse du titre, retiraient les drachmes de la circulation pour les fondre ou les exporter.

Le gouvernement, au lieu de changer le titre ou le poids des pièces d'argent, a pris le parti de n'en plus frapper. La monnaie de cuivre qu'il fabrique est assez grossière : elle ne porte pas même l'effigie du roi. Le bénéfice de la fabrication est de 40 pour 100 environ, mais on en a tant frappé que le pays en est encombré. Lorsque j'envoyais changer un billet de dix drachmes, Petros me rapportait quelquefois cent pièces de deux sous dans son mouchoir. À Syra, les zwanzigs autrichiens, qui valent, suivant le tarif, 95 lepta, s'échangent contre 99 ou 100 lepta, monnaie de cuivre. Le cuivre y perd donc 4 ou 5 pour 100.

Le jour où le gouvernement voudra frapper une monnaie d'argent qui lui rapporte un bénéfice honnête, il rendra un grand service au commerce, tout en augmentant les recettes de l'État.

Il sera bon, lorsqu'on fera cette réforme, d'y en joindre une autre assez importante. Les hommes qui ont doté la Grèce de son système monétaire ont cherché dans leurs livres quelle était la valeur de la drachme dans l'antiquité, et ayant découvert que la drachme valait 90 centimes de France, ils ont décidé que la drachme serait une monnaie de la valeur de 90 centimes. Grâce à ce raisonnement archéologique, la Grèce a une monnaie à part, qui ne ressemble à aucune autre. Ne serait-il pas cent fois plus simple de donner à la drachme le poids et le titre du franc, et de mettre le système monétaire de la Grèce en rapport avec celui de la France, de la Belgique, de la Suisse et du Piémont ? Puisque dans ce malheureux pays tout est à refondre, même la monnaie, faisons en sorte que tout soit pour le mieux. Les Grecs éclairés ont reconnu l'excellence du système métrique ; le gouvernement en a décrété l'emploi par tout le royaume : pourquoi faire une exception pour la monnaie ? La pièce de 5 francs circulerait en Grèce comme en France, avec sa valeur vraie, sans être soumise à cet agiotage qui la fait hausser et baisser tous les jours.

Selon le tarif établi par le gouvernement grec, la pièce de 5 francs vaut 5 drachmes 58 ; le thaler d'Autriche, 5 drachmes 78 ; le dollar, la colonnate d'Espagne, la piastre du Mexique, 6 drachmes. Le zwanzig autrichien, la plus détestable monnaie de l'Europe, est celle qui circule le mieux : il vaut, suivant le tarif, 95 lepta ; mais le demi-zwanzig n'a pas cours, et le zwanzig est refusé par les marchands, ou subit un rabais considérable, lorsque le chiffre 20 qu'il porte est effacé.

Les pièces d'argent des îles Ioniennes, monnaie excellente, n'ont pas cours. Les demi-couronnes se négocient généralement à perte, tandis que l'or anglais gagne énormément. Les pièces d'or de 20 drachmes, à l'effigie du roi Othon, se vendent, comme médailles curieuses, jusqu'à 21 drachmes.

Il est évident qu'un état si anormal ne peut durer longtemps sans préjudice pour le commerce de la Grèce. On remédierait à tout en frappant une monnaie d'argent et d'or semblable à la nôtre, et qui rapportât, comme la nôtre, 2 pour 100 de droit de monnayage.

2° Le service des postes coûte un peu plus qu'il ne rapporte. Les Grecs écrivent peu ; il faut transporter les lettres à pied ou à cheval, par des chemins détestables, ou par mer, en employant les paquebots étrangers. La Grèce n'a qu'un seul bateau à vapeur, qui sert plutôt aux plaisirs du roi qu'au transport des dépêches. Sur les points de l'Archipel où les paquebots étrangers ne touchent point, le service se fait très-irrégulièrement par des marchands ou des pêcheurs auxquels on paye une légère subvention.

3° L'imprimerie royale ne produit que des recettes fictives, puisqu'elles sont payées par les divers ministères pour lesquels elle travaille. Les seules recettes réelles sont les abonnements au journal du gouvernement : encore les fonctionnaires abonnés montrent-ils fort peu d'empressement à s'acquitter.

Le domaine devrait fournir des recettes considérables : il se compose des mines et des carrières, des eaux thermales, des salines, des pêcheries, des forêts, des plantations d'oliviers, des vignes à raisins de Corinthe, des jardins, des bâtiments et des mines appartenant à l'État et affermés aux particuliers.

Les mines de houille de Koumy, mal exploitées, ne rapportent presque rien ; les carrières de marbre ne sont pas même exploitées ; les pierres meulières et les plâtrières de Milo, la pouzzolane de Santorin, ne fournissent que des ressources insignifiantes ; le seul revenu sérieux que la Grèce tire de ses richesses minéralogiques est produit par l'émeri de Naxos : il se monte à plus de 100 000 drachmes par an.

Les eaux de l'île de Thermia seraient d'un excellent rapport, si le pays qui les recèle était moins malsain. Elles ont des propriétés merveilleuses pour la guérison des rhumatismes et même de la goutte ; mais il est à peu près impossible de guérir un rhumatisme à Thermia sans y prendre la fièvre. L'établissement hydrothérapique qu'on vient de fonder dans l'île ne sera productif que lorsque

Edmond About

le pays aura été assaini.

Les salines exploitées par l'État rapportent un demi-million de drachmes par an. Le sel est vendu par les employés des douanes à un prix très-modéré (moins de 6 centimes le kilogramme). Ce revenu est susceptible d'augmentation, car les Grecs ne savent pas encore employer le sel pour l'agriculture.

Les pêcheries sont affermées à des particuliers qui se dispensent souvent de payer leurs fermages. Sous un gouvernement fort, ce revenu serait immédiatement doublé.

Les forêts de l'État ne sont point exploitées, faute de routes ; elles sont dévastées, faute de surveillance. M. Christidis déclarait à la chambre, en 1852, que, « dans le cours de l'année 1849, on avait importé des bois en Grèce jusqu'à concurrence de 1 092 690 drachmes, tandis que le pays est couvert de forêts d'arbres de toute grandeur et de toute qualité. » Si l'on se rappelle ce que nous avons dit plus haut, on trouvera sans doute que le mot *couvert de forêts* est un peu hyperbolique ; mais il est certain que les forêts produiront un revenu considérable lorsque le gouvernement sera assez fort pour les faire respecter et assez intelligent pour les exploiter.

Les olivaies, les vignes et les jardins affermés ne rapportent rien, ou presque rien, d'abord parce que la vanité et l'imprévoyance particulières aux Grecs ont fait monter les enchères au-dessus de toute mesure, et que les baux sont impossibles à exécuter ; ensuite parce que le gouvernement n'a pas la main assez ferme pour en exiger l'exécution. J'ai déjà cité l'année 1844, où les oliviers affermés devaient rapporter, aux termes des contrats, 406 800 drachmes, et où l'État, qui dispose d'une gendarmerie et d'une armée, est parvenu à faire rentrer 4457 drachmes 31 lepta.

La location des biens nationaux ne profite guère à l'État : il gagne encore moins à les aliéner. Aucun acquéreur n'est en mesure de payer comptant ce qu'il achète ; il faut, bon gré mal gré, répartir la somme en dix, vingt ou trente annuités, dont la première se paye quelquefois, la seconde rarement, la troisième jamais. Que faire ? Reprendre les biens vendus pour les revendre ? Un nouvel acquéreur ne s'acquittera pas plus exactement que le premier. Les affermer ? Les fermiers ne payeront pas leur bail. Les biens nationaux ne seront loués ou vendus avec profit que lorsqu'on aura su attirer des capitaux dans le pays, et qu'on saura forcer les débiteurs du trésor à remplir leurs engagements.

Les revenus ecclésiastiques sont ceux des immeubles que le gouvernement a pris aux monastères. En 1833, plusieurs monastères furent supprimés, leurs biens vendus ou affermés, et le revenu affecté aux dépenses de l'instruction publique et des cultes. Mais ce revenu, comme celui de tous les autres biens nationaux, n'a jamais été perçu régulièrement.

Les recettes sur exercices clos se composent de tout ce que l'État parvient à recouvrer sur l'arriéré. On remarque que plus une créance est ancienne, plus il est difficile de la recouvrer : les débiteurs s'imaginent qu'il y a une sorte de prescription en leur faveur, et que ce qu'ils doivent depuis longtemps, ils ne le doivent plus.

Les avances des trois puissances, destinées à payer les intérêts et l'amortissement de la dette extérieure, se montent annuellement à 3 835 474 drachmes 58 lepta.

C'est une ressource qui peut manquer à la Grèce le jour où elle témoignera trop d'ingratitude à ses bienfaiteurs.

III

Dépenses. — La dette intérieure. — Les gouvernements forts
sont les seuls qui trouvent à emprunter. — Le gouvernement
grec n'empruntera jamais de ses sujets. — Les dettes de l'État
remontent à la guerre de l'indépendance. — Il ne les paye point.
— Pensions. — La phalange : c'est le régime des colonels. —
Un libraire qu'on fait capitaine et un diplomte qu'on veut nommer général. — Un négociant qui touche la solde de capitaine de
vaisseau.

Les dépenses de la Grèce se composent : de la dette publique (dette intérieure, dette étrangère), de la liste civile, des indemnités aux chambres, du service des ministères, des frais de perception et de régie, de frais divers.

Si je connaissais un gouvernement qui doutât de sa force, de son crédit, de l'affection de ses partisans et de la prospérité du pays, je lui dirais : « Ouvrez un emprunt. »

Edmond About

On ne prête qu'aux gouvernements que l'on croit bien affermis.

On ne prête qu'aux gouvernements qu'on juge assez honnêtes pour remplir leurs engagements.

On ne prête qu'aux gouvernements que l'on a intérêt à maintenir. Dans aucun pays du monde, l'opposition n'a fait hausser les fonds publics.

Enfin, on ne prête que lorsqu'on a de quoi prêter.

C'est pour toutes ces raisons qu'il n'y a point de grand-livre en Grèce. Le peuple est trop pauvre et le gouvernement est trop connu pour qu'un emprunt de 100 000 francs puisse être couvert dans le pays.

L'État a cependant des créanciers parmi les citoyens. Mais ce qu'ils ont prêté à la Grèce dans ses dangers, ils le refuseraient au roi Othon dans sa puissance. Ils avaient confiance dans la solvabilité de leur patrie, et ils l'aimaient. Tout est bien changé aujourd'hui, et, si c'était à refaire, ils garderaient leur argent.

Ces créanciers, on ne les paye point. On se contente de leur donner de temps en temps un secours en argent, lorsqu'ils sont sur le point de mourir de faim. Il y a dans l'île d'Hydra telle famille qui a dépensé des millions pour l'indépendance du pays, et qui reçoit 600 drachmes par an. L'État ne considère ses créanciers que comme des indigents un peu plus intéressants que les autres. Il les traite sur le même pied que les soldats invalides, les veuves et les orphelins de ses serviteurs. Toutes ces pensions grèvent le budget d'une somme de 400 000 drachmes environ : ce n'est point là sa charge la plus lourde.

On paye environ 50 000 drachmes de pensions ecclésiastiques pour dédommager les moines dont on a confisqué les couvents. C'est une dépense que l'équité commande et que l'économie ne réprouve pas. Le ministère de l'intérieur sert de son côté quelques modiques pensions qui ne ruinent pas le pays.

Ce qui le ruine, ce sont les secours accordés à ceux qui n'en ont pas besoin, les pensions payées aux hommes qui n'ont jamais servi, les aumônes énormes exigées par certains personnages puissants, qu'on paye, non pour le bien qu'ils ont fait, mais pour le mal qu'ils daignent ne pas faire.

Le ministère de la guerre donne environ 600 000 drachmes, le ministère de la marine en paye plus de 250 000 à des hommes qui ne sont ni marins ni soldats, et qui souvent n'ont été ni l'un ni l'autre.

Lorsque le gouvernement a besoin d'un homme ou qu'il en a peur, on cherche dans son passé : on y découvre des services éclatants qu'il n'a pas rendus, des blessures qu'il n'a pas reçues, des infirmités qui ne le gênent point, et on lui fait place au budget.

La phalange est une armée sans soldats, où tous les hommes sont officiers. Nous rions, en France, lorsque nous entendons un enfant qui dit : « Je veux être soldat dans le régiment des colonels. » En Grèce, le régiment des colonels s'appelle la phalange. La phalange compte dans ses rangs nombre d'hommes qui n'ont jamais senti l'odeur de la poudre. Un libraire de la rue d'Hermès est capitaine de la phalange ; M. Mavrocordatos a refusé, il y a quelques années, une nomination de général dans la phalange. Un diplomate ! Le travail des officiers de la phalange consiste à se partager 400 000 drachmes par an et à accepter les meilleures terres du royaume en récompense des services qu'ils rendront.

L'institution de la phalange avait un but sérieux. On voulait récompenser les vrais défenseurs de la Grèce que la guerre de l'indépendance avait fatigués ou ruinés. On leur donnait un grade pour la forme et afin de les classer entre eux suivant l'ordre des services rendus. On attachait à ce grade une dotation en terre ou une pension en argent.

Mais la Grèce est le pays du monde où le mal marche le plus vite à la suite du bien. À peine la phalange était-elle créée, que les abus s'y introduisaient pour n'en plus sortir. Un homme à qui l'État venait de délivrer un bon pour 100 arpents de terre courait le vendre au café voisin et revenait en demander un autre, comme ces mendiants impudents qui tendent la main gauche dès qu'on a donné à leur main droite. D'autres abandonnaient leurs terres après avoir dissipé les avances qu'ils avaient reçues pour les cultiver.

J'ai compris dans la dette intérieure le traitement de disponibilité qu'on paye à trois cents officiers, sous-officiers et marins. La Grèce ne possède aujourd'hui qu'un bâtiment sérieux, une corvette,[1] et

---

1 En 1854, la Russie, par des ventes simulées, a donné deux corvettes presque neuves à la marine grecque. (*Note de la 2ᵉ édition.*)

elle donne plus de 250 000 drachmes par an à des hommes qui vivent à terre ou qui naviguent pour leurs affaires.

« Nous pourrions, dit M. Casimir Leconte, nommer tel capitaine de vaisseau qui, depuis l'établissement du royaume grec, n'a pas mis le pied sur un bâtiment de l'État, s'est occupé constamment de marine marchande, de spéculation commerciale, et qui n'en touche pas moins son traitement d'officier en disponibilité. »

Pendant mon séjour en Grèce, on a fait une nouvelle loi sur les cadres de la marine, loi qui sanctionnait les abus sous couleur de les réformer.

En résumé, la dette intérieure (pensions civiles et militaires, phalange, cadres de la marine) se monte à 1 250 000 drachmes, c'est-à-dire au douzième des revenus du royaume ; et sur cette somme les créanciers sérieux, ceux qui ont déboursé leur argent, reçoivent la moindre part.

Premièrement, la somme est trop forte pour une simple dette de reconnaissance. Les États, comme les particuliers, doivent régler leurs libéralités sur leurs moyens.

En second lieu, il est déplorable que ces 1 250 000 drachmes ne soient pas mieux réparties, et que ceux qui reçoivent le plus soient ceux à qui l'on ne doit rien.

IV

Dépenses. — La dette extérieure. — En 1832, la France, l'Angleterre et la Russie garantissent un emprunt de 60 miilions contracté par la Grèce. — Sur cette somme, la Grèce a pu disposer de 10 millions. — Efforts tentés pour payer les intérêts. — La Grèce reconnaît qu'il lui est impossible de s'acquitter. — Elle doit aujourd'hui 33 millions à la France.

En 1832, la France, l'Angleterre et la Russie, pour achever l'émancipation de la Grèce et assurer sa prospérité matérielle, appuyèrent de leur garantie un emprunt de 60 millions de francs. Chacune des trois puissances garantissait un tiers de la somme, c'est-à-dire 20 millions.

Une partie de ces 60 millions était destinée à indemniser les créanciers de la Grèce, et surtout le gouvernement turc : le reste devait fournir aux premiers besoins de l'agriculture et du commerce, et former comme un capital social à ce royaume improvisé.

Malheureusement les fonds furent confiés au conseil de régence. Les régents étaient irresponsables.

Ils employèrent l'argent comme il leur plut, et se retirèrent sans rendre de comptes. On ne sait ce qu'il faut le plus admirer, de la hardiesse des régents, de la bonhomie du peuple grec, ou de la témérité des grandes puissances, confiant 60 millions à trois particuliers qui avaient le droit de les gaspiller.

« Depuis l'année 1832 jusqu'au 31 décembre 1843, les émissions des obligations de l'emprunt se sont élevées.[1] »

Pour la garantie :

	francs.	drachmes
Anglaise à	19 838 805,33,1/3	22 155 977,79
Russe à	19 999 573 33 1/3	22 335 523 50
Française à	17 400 661 33 1/0	19 433 058 58
	57 229 040	63 924 559 87

À déduire :

	drachmes	drachmes
Perte à la négociation sur l'emprunt adjugé à M. de Rothschild, à 94 pour 100	3 835 473 59	}
Escompte bonifié aux adjudicataires pour payement au comptant	1 176 188 10	
Commission ou autre frais	1 964 251 73	

[1] Rapport de M. Métazas, contrôlé par M. Lemaître, commissaire du gouvernement français près la Banque grecque, et cité dans l'excellent ouvrage de M. Casimir Leconte

En capital net	56 948 546 45
Intérêts, amortissement, commission, frais divers jusqu'au 31 décembre 1843	33 080 795 31
	———————
Reste *à reporter*	23 867 751 14

Grèce, ou du moins son gouvernement, a donc reçu des puissances étrangères, en 1832 et 1843, une somme nette et liquide de 31659934 drachmes 33 lepta.C'est avec ces 10 millions que la Grèce a dû pourvoir aux besoins de l'agriculture, du commerce et de l'industrie, et se mettre en mesure de servir les intérêts de la somme énorme qui lui avait été prêtée.

Pendant les années 1841, 1842 et 1843, la Grèce, avec un peu d'aide, a servi les intérêts de l'emprunt de 60000000. Elle a payé 6300000 drachmes.

Après cet effort, dont il faut lui savoir gré, elle se trouvait un peu plus pauvre que le jour où elle avait été forcée de recourir à l'emprunt. Elle devait 66842126 drachmes 46 lepta.

Au 31 décembre 1846, elle devait 79905114 dr 33 lepta, sans parler des intérêts de la dette accessoire envers les trois puissances, qui figure dans les comptes pour 5231130 francs 42 centimes ou 5841526 drachmes 35 lepta.

En 1852, le gouvernement grec désespérait de ne jamais payer les intérêts de la dette extérieure. Il se promettait seulement de témoigner sa bonne volonté aux trois puissances en leur donnant 400000 drachmes par an. Ce projet honorable est resté à l'état de projet, et les créanciers de la Grèce n'ont pas reçu une drachme. Voici un extrait de l'exposé qui accompagnait le budget.

« Je vous dois maintenant, messieurs, une courte explication concernant l'allocation de 400 000 dr. portée pour la dette étrangère. Vous savez, messieurs, que la nation est chargée d'une dette très-lourde, garantie par les trois puissances protectrices, qui en payent annuellement les intérêts et l'amortissement s'élevant à 3 835 474 dr. 58 l. Cette dette, quel que soit son historique, n'est pas moins une dette nationale, une dette sacrée ; et la Grèce, appelée à différentes reprises à remplir ses engagements envers ses créanciers, n'a pu, jusqu'ici, vu l'insuffisance de ses ressources, ni payer régulièrement, ni régler ses payements dans la mesure de ses moyens.

« Si, depuis quelque temps, des réclamations ne vous ont point été adressées à cet égard, il n'est pas moins vrai que le droit de réclamation existe toujours et que, d'un moment à l'autre, notre édifice financier peut être exposé à de violentes secousses. Nous avons des motifs valables pour nous reposer sur la bienveillance des puissances bienfaitrices ; elles ne voudront point certainement détruire ce que leurs mains ont érigé ; mais il n'est point cependant juste d'abuser de leurs bienveillantes dispositions ; il est, par conséquent, d'une sage politique de prendre à temps l'initiative sur une question aussi sérieuse.

« En déclarant notre empressement, en mettant entièrement à découvert, sous les yeux de nos protecteurs, notre état financier, ainsi que nos espérances présentes et à venir sur le développement des ressources nationales ; en proposant enfin la somme que nous pouvons annuellement payer, à compte de notre dette exigible, nous avons, pour plaider en notre faveur, la bonne foi.

« Il avait été inscrit, jusqu'à présent, dans le budget de chaque année, le tiers des avances annuelles des trois puissances, savoir la somme de 1 278 491 dr. 20 l. ; mais cependant aucun payement n'a jamais été effectué, excepté en 1847, lorsque le gouvernement, obligé de rendre une partie de la série anglaise, a eu recours à un emprunt étranger. Et une fois que l'expérience a démontré l'impossibilité de réaliser annuellement le payement d'une pareille somme, la continuation de son inscription au budget a été considérée comme sans but : c'est pourquoi j'ai préféré n'inscrire que la somme que la régularisation du service financier, à la suite de nouvelles mesures, me donne la conviction que le trésor public se trouvera à même de réaliser. C'est sur cette base que le gouvernement va demander que des négociations soient ouvertes pour régler, une fois pour toutes, ce qui doit être payé chaque année, afin de faire cesser l'état d'incertitude qui ébranle le crédit public et amène de fâcheuses conséquences pour l'ordre intérieur du pays. »

En 1854, au moment où la Grèce se liguait avec la Russie contre nous, elle nous devait plus de 30 millions de francs. On lit dans le *Moniteur* du 14 mai :« Le traité de 1832 contenait une clause en vertu de laquelle les premiers revenus de l'État grec devraient être avant tout affectés au service des intérêts et à l'amortissement de sa dette extérieure. Non-seulement la France ne demanda jamais l'exécution de cet article de la convention de Londres, mais encore, dans un excès de bienveillance et de générosité pour un pays où elle voyait comme une de ses créations, elle cessa, en 1838, de suivre l'exemple de l'Angleterre et de la Russie, qui émettaient des séries de l'emprunt afférentes à leur garantie pour opérer le service des rentes des séries déjà émises, et dans le but de ménager un jour une précieuse réserve à la Grèce, elle se décida à lui faire, à l'échéance des semestres, des avances sur ses propres fonds. Ces avances dépassent aujourd'hui la somme de 13 millions de francs.

« Depuis l'adoption de ce système, qui ne devait pas tarder à nous engager au delà de nos obligations primitives, nous nous sommes dessaisis, sur le reliquat de l'emprunt de 1832, que nous avions le droit de considérer dorénavant comme un gage pour le remboursement de notre créance particulière, de 2 nouveaux millions qui ont servi à former le capital attribué au gouvernement grec lui- Même dans la banque nationale d'Athènes. « tant que ces 32 millions ne nous auront pas été remboursés, la France a le droit incontestable d'intervenir dans les affaires de la Grèce.

V

Personne n'ignore que la Grèce doit aux trois puissances une centaine de millions qu'elle ne peut payer.

Presque personne ne sait que la Grèce doit à certains capitalistes anglais plus de 200 millions qu'elle ne veut pas payer.

La seule différence entre ces deux dettes, c'est que les grecs reconnaissent la première, parce que les créanciers ont du canon, et nient la seconde, parce que les créanciers n'en ont pas.

En 1823, tandis que la Grèce ne savait pas encore si elle gagnerait sa liberté, le gouvernement provisoire envoya à Londres trois commissaires, chargés de ses pleins pouvoirs, pour contracter un emprunt de 4 millions de piastres d'Espagne, soit 800000 livres sterling, hypothéquées sur les propriétés nationales. Le gage était périssable. Les prêteurs devaient se considérer comme les commanditaires d'une entreprise chanceuse. L'emprunt fut donc contracté au taux de 59 pour 100. Les banquiers retinrent par devers eux l'intérêt de deux ans à 5 pour 100 ; l'amortissement pour deux ans à 1 pour 100 ; 3 pour 100 pour commission, courtage et frais ; 2 pour 100 pour commission sur le payement des intérêts ; bref, les grecs perdirent 56 pour 100 sur la somme ; et au lieu de 800000 livres, ils n'en touchèrent que 348000, soit 8400000 francs, argent de France.

Quinze mois plus tard, le même gouvernement renvoya les mêmes commissaires à Londres pour contracter un second emprunt de 15 millions de piastres d'Espagne, ou de 2 millions de livres sterling, garanti sur le même gage. La Grèce perdit sur cette opération 58 pour 100.

Le premier emprunt avait été négocié avec les banquiers Loughnan, O'Brien, Elice, etc.

Mm Jacob et Samson Ricardo qui traitèrent pour le second, opérèrent avant tout le retrait des premières obligations, pour simplifier les affaires et éviter l'encombrement du marché. Ils affectèrent à cette entreprise un fonds de 250000 livres sterling. On a dit que les gouvernements provisoires de Tripolitza et de Nauplie n'avaient pas le droit de contracter cet emprunt. Il est bien difficile de délimiter les droits d'un pouvoir révolutionnaire agissant au nom d'un pays insurgé ; et il me semble qu'en pareille circonstance tout ce qui est nécessaire est suffisamment régulier.

La Grèce avait- Elle besoin d'argent en 1824 ? Oui.

Pouvait- On s'en procurer autrement que par un emprunt ? Non. Était- Il possible d'emprunter à des conditions moins onéreuses qu'on ne l'a fait ? Non.

La Grèce a-t- Elle profité des 23 millions qu'elle a reçus ? Elle en a beaucoup plus profité que des 60 qu'elle a empruntés sous la garantie des trois puissances ; car ces 23 millions lui ont servi à conquérir son indépendance, et les 63 autres ne lui ont servi à rien.

Est- Il juste d'alléguer que le prêt était usuraire ? Non, car en devenant les créanciers du peuple grec, les prêteurs faisaient une spéculation aléatoire ; et l'événement l'a prouvé, puisqu'ils n'ont touché ni capital ni intérêts. Je maintiens qu'ils étaient très généreux, ou, si l'on veut, très téméraires, et que si, aujourd'hui, le gouvernement régulier de la Grèce essayait d'ouvrir un emprunt, aucun banquier, aucun capitaliste ne lui prêterait 23 millions contre un billet de 57.

Edmond About

C'est qu'en 1824 le peuple grec n'avait pas eu le temps de se discréditer lui- Même.

C'est que le pays n'avait pas encore démontré qu'il était incapable de vivre.

C'est que les gouvernements de Tripolitza et de Nauplie offraient, à tout prendre, des garanties morales que le gouvernement régulier du roi Othon n'offre plus.

En 1846, la presque totalité des obligations de cet emprunt se négociait en Hollande. Une obligation de 100 francs se vendait 5 ou 6 francs. Aujourd'hui, la conduite du gouvernement grec leur ôte toute valeur, et celui qui les payerait un centime serait dupe.

La liste civile du roi est d'un million de drachmes (900000 francs). C'est peu pour un roi ; c'est beaucoup pour le pays. Ce million de drachmes, c'est un quinzième des dépenses de la Grèce. Si l'empereur des français prenait pour sa part le quinzième du budget, il aurait une liste civile de 100 à 120 millions. Il est triste qu'un peuple dont la moitié manque littéralement de pain soit condamné à retrancher sur ses herbes et ses olives pour payer un million à un étranger qu'il n'a pas choisi et qui lui a été imposé. Il est pénible de penser que les 22 millions que le roi a reçus depuis son avénement au trône auraient fait la fortune du pays, si on les eût employés à tracer des routes. Mais c'est surtout lorsqu'on s'est demandé quels services le roi Othon a rendus à la Grèce, qu'on est porté à dire : « le pays a donné à la royauté plus qu'il n'en a reçu. « les chambres reçoivent tous les ans 600000 drachmes environ. Le budget prévoit toujours une dépense beaucoup moindre, car l'indemnité des députés est mensuelle, et les sessions ne doivent durer que huit mois. Mais la chambre des députés s'arrange toujours de manière à les faire durer une année. Si l'indemnité était annuelle, on verrait les affaires expédiées en trois mois. Les membres de l'assemblée en conviennent sincèrement.

Un député croirait être dupe s'il votait le budget avant la fin de l'année, au détriment de ses 250 drachmes par mois ; et les calculs mesquins de quelques particuliers font traîner en longueur les affaires publiques.

Les ministères sont au nombre de sept. C'est trop, si je ne me trompe. Colettis a essayé de les réduire à quatre : il n'y a pas réussi ; le nombre de ceux qui aspirent au portefeuille est trop grand. Si l'on ne faisait que quatre heureux à la fois, les mécontents seraient trop nombreux. En donnant sept portefeuilles, le roi est sûr au moins d'intéresser sept personnes au maintien de l'ordre établi.

Si l'on considère la population de la Grèce, on remarque que nous avons un préfet dans le département du nord, qui administre, sans mourir à la peine, un peuple beaucoup plus nombreux.

Si l'on jette les yeux sur le total du budget grec, on reconnaît qu'un chef de division dans le plus modeste de nos ministères manie tous les ans, sans se fatiguer, un capital plus considérable.

Alors, à quoi bon sept ministres ? Il est vrai de dire que les traitements des sept ministres du roi mis ensemble ne forment pas une somme égale au traitement d'un ministre de l'empereur, puisqu'ils touchent 800 drachmes par mois.

Les affaires étrangères, la justice, l'instruction et les cultes, l'intérieur, les finances, dépensent, année moyenne, une somme de : 4500000 dr la guerre et la marine : 5500000.

Il importe que la Grèce soit représentée à l'extérieur.

Il importe que la justice soit rendue.

Il importe que le peuple reçoive l'instruction et l'éducation.

Il importe que le pays soit administré.

Il importe que les recettes et les dépenses soient surveillées.

Mais importe- T- Il également que la Grèce ait une armée et une marine ?

Dans quel but un peuple entretient- Il une armée, soit sur terre, soit sur mer ? C'est ou pour attaquer ou pour se défendre.

La Grèce n'a personne à attaquer ; il est de son intérêt de n'attaquer personne ; l'Europe ne veut pas qu'elle attaque personne. D'ailleurs ses forces sont en telle disproportion avec celles de tous les états voisins que jamais elle ne serait capable de faire la guerre. Son armée ne pourrait faire que du brigandage, et sa flotte que de la piraterie. La Grèce a- T- Elle besoin de se défendre ? Non.

D'abord personne ne songe à l'attaquer. Fût- Elle attaquée, ce n'est ni son armée ni sa flotte qui suffirait à repousser les ennemis. Elle sait bien, d'ailleurs que la France et l'Angleterre, qui lui ont fait don de son existence, ne permettront jamais qu'elle soit envahie. Elle n'a donc besoin ni d'une flotte ni d'une armée.

Dira-t-on que le gouvernement doit se fortifier contre les ennemis du dedans et se mettre en état de réprimer le brigandage ? Soit. Mais contre de telsennemis on n'a pas besoin d'une armée : il suffit d'une gendarmerie.

Alléguera- T- On l'exemple des petits états d'Allemagne qui entretiennent des troupes ? Ces états, qui n'ont d'autres protecteurs qu'eux- Mêmes, font partie d'une confédération, et peuvent, en réunissant leurs forces, tenir tête à des ennemis puissants.

Si la Grèce n'a point de routes, si les forêts ne sont pas exploitées, si les terres ne sont pas cultivées, si les mines ne sont pas fouillées, si les bras manquent, si le commerce extérieur n'a pas fait les progrès qu'il devait faire, c'est parce que depuis vingt ans la Grèce a une armée.

Si le budget est régulièrement en déficit, si la Grèce est hors d'état de servir les intérêts de la dette, c'est parce qu'elle a une armée. Si le peuple et le gouvernement ont eu l'idée déplorable de franchir la frontière de Turquie et de prendre part à la guerre d'Orient, c'est parce qu'ils se disaient : « nous avons une armée. « le roi tient beaucoup à garder son armée. Il y tient par vanité et par ambition. S'il était livré à lui- Même, nous verrions le budget de la guerre s'élever à plus de 9 millions de drachmes, comme en 1834. Le roi se complaît à compter ses soldats ; il s'admire dans sa petite armée ; il porte l'habit militaire ; il rêve les conquêtes. Ce n'est point par une sage économie qu'il a réduit le budget de la guerre en 1838 ; c'est par la volonté expresse des puissances protectrices.

L'armée n'est que de 7 à 8000 hommes, j'en conviens ; le soldat ne coûte à l'état que 461 drachmes 55 lepta par an ; le cheval que 268 drachmes 50.

Mais lorsque l'état, sur 800000 hectares de terres arables qu'il possède, n'est jamais parvenu à en faire cultiver 150000, il est absurde d'enlever 7 ou 8000 hommes à l'agriculture. Lorsque le budget des travaux publics est nul, il est absurde de dépenser plus de 4 millions par an pour le budget de la guerre. Lorsque le pays ne produit pas de chevaux, il est absurde d'aller acheter en Turquie 300 ou 400 chevaux qui ne traînent ni voiture ni charrue.

Les mêmes observations s'appliquent aux dépenses du ministère de la marine. La marine marchande du royaume n'a pas besoin d'être protégée :

si elle en avait besoin, ce n'est pas la flottille de l'état qui pourrait y suffire ; car les marchands grecs courent sur toutes les mers du monde, et les chaloupes canonnières du roi se reposent sur leurs ancres dans les petits ports de la Grèce. Les 1150 hommes qui composent le personnel de la marine seraient beaucoup plus utilement embarqués sur des bâtiments de commerce, et les dépenses qui se font tous les ans pour le matériel trouveraient sans peine un emploi plus utile.

Si la Grèce était organisée comme les îles Ioniennes, qui n'ont ni roi, ni flotte, ni armée, elle réaliserait tous les ans sur ses dépenses un bénéfice net de 6500000 drachmes. Une moitié de cette somme servirait à payer la dette étrangère : le reste pourrait être employé aux travaux publics.

Ce serait de l'argent placé à cent pour cent.

CHAPITRE VIII - LE ROI, LA REINE ET LA COUR

I

Le roi est un homme de trente- Neuf ans, qui paraît plus vieux que son âge. Il est long, maigre, débile et miné par les fièvres. Son visage est pâle et fatigué, ses yeux éteints. Il a l'air triste et souffrant, le regard inquiet. L'usage du sulfate de quinine l'a rendu sourd.

La reine est une femme de trente- Cinq ans, qui ne vieillira pas de longtemps. Son embonpoint la conservera. C'est une nature vigoureuse et opulente, renforcée d'une santé de fer. Sa beauté, célèbre il y a quinze ans, se devine encore, quoique la délicatesse ait fait place à la force. Sa figure est pleine et souriante, mais avec quelque chose de roide et gourmé ; son regard est gracieux sans affabilité ; on dirait qu'elle sourit provisoirement et que la colère n'est pas loin. Son teint est raisonnablement coloré, avec quelques imperceptibles filets rouges qui ne pâliront jamais. La nature l'a pourvue d'un appétit remarquable, et elle fait tous les jours ses quatre repas, sans parler de quelques collations intermédiaires. Une partie de la journée est consacrée à prendre des forces et l'autre à les dépenser. Le matin, la reine court dans son jardin, soit à pied, soit dans une petite voiture qu'elle conduit elle- Même. Elle parle à ses jardiniers, elle fait arracher des arbres, couper des branches, déplacer des terrains ; elle se plaît presque autant à faire mouvoir les autres qu'à se mouvoir elle- Même, et elle n'a jamais si bon appétit que lorsque les jardiniers sont sur les dents. Après le repas de midi et le sommeil qui s'ensuit, la reine monte à cheval et fait quelques lieues au galop, pour prendre l'air. En été, elle se lève à trois heures du matin pour aller se baigner dans la mer, à Phalères ; elle nage, sans se fatiguer, une heure de suite. Le soir, elle se promène après souper dans son jardin. Dans la saison des bals, elle ne perd ni une valse, ni une contredanse, et elle ne semble jamais ni lasse ni rassasiée.

Dans les premières années de leur mariage, le roi et la reine voyageaient beaucoup à l'intérieur du royaume. C'est un plaisir dont la reine est forcée de se priver : le roi est trop faible.

Bientôt il faudra renoncer aux bals et même au spectacle. Le roi ne va jamais au théâtre sans y dormir.

La reine est fille du grand- Duc d'Oldenbourg, qui est mort en

1853. Le roi est le second fils du roi Louis De Bavière, qui s'est rendu célèbre par son amour pour les beaux- Arts et pour les belles artistes.

Le roi, lorsqu'il traverse les rues d'Athènes, dans le costume des pallicares, sur un cheval fringant qu'il conduit avec grâce, peut produire quelque illusion. Sa haute taille, sa maigreur et un certain air de majesté ennuyée ont frappé beaucoup d'étrangers qui le voyaient de loin. C'est de loin que l'Europe le regarde depuis vingt ans.

Son esprit, au dire de tous ceux qui ont travaillé avec lui, est timide, hésitant et minutieux.

Lorsqu'il veut, étudier une affaire, il se fait remettre toutes les pièces, il les lit scrupuleusement d'un bout à l'autre, sans rien oublier ; il corrige les fautes d'orthographe, il réforme la ponctuation, il critique l'écriture ; et, lorsqu'il a tout examiné, il n'a rien appris. à plus forte raison n'a- T- Il rien décidé. Son dernier mot en toute affaire est toujours : « nous verrons. « la reine est pour les résolutions promptes : elle a des qualités de général d'armée. Je ne sais pas si elle réfléchit beaucoup avant de se décider, à coup sûr elle ne réfléchit pas longtemps. Tous les ans les affaires resteraient en souffrance si le roi était seul à régner. Mais il fait un voyage de trois mois pour sa santé ; il donne en partant la régence à la reine. La reine prend une plume, et signe, sans les examiner, toutes les lois que le roi a examinées sans les signer.

Le roi a, dit- On, le cœur excellent. La reine n'a pas une réputation de bonté aussi bien établie.

Rien n'est plus facile que de l'offenser ; rien n'est plus difficile que de rentrer dans ses bonnes grâces. Je pourrais citer le nom d'un homme à qui elle ne pardonnera jamais d'avoir dîné chez elle sans appétit : elle a cru qu'il voulait humilier sa cuisine. J'en sais un autre qui s'est permis d'apporter à un bal de la cour une demi- Douzaine de mandarines qu'il a distribuées à quelques dames.

Ce coupable est un homme d'esprit, élevé en Angleterre, instruit, habile et très propre à la diplomatie. Son père, qui était un des plus riches négociants d'Hydra, s'est ruiné pour la Grèce, qui lui doit près d'un million. Le fils ne sera jamais rien, pas même portier d'une ambassade. Ses oranges étaient une épigramme contre les rafraîchissements de la cour.

La reine est une divinité jalouse qui punit les coupables jusqu'à la septième génération. Elle avait autrefois pour dame d'honneur Mlle Photini Mavromichalis, une belle et gracieuse personne, la plus distinguée et la plus spirituelle de toutes les filles d'Athènes ; grande famille, du reste.

Ses parents sont ces anciens beys du Magne qui payaient leurs contributions à la pointe d'un sabre.

Mlle Mavromichalis a été élevée par la duchesse de Plaisance, qui s'est brouillée avec elle à propos d'une donation qu'elle lui avait faite et qu'elle voulait reprendre. Elle parle le français aussi purement qu'aucune habitante du faubourg saint- Germain ; elle est aussi instruite que belle et aussi vertueuse que spirituelle. Elle était en grande faveur, et sa famille aussi ; son oncle, Dimitri Mavromichalis, un des cavaliers les plus accomplis du royaume, était aide de camp du roi ; son père était sénateur ; tous ses parents étaient en place. Mais le roi était en voyage. On persuada à la reine que Mlle Mavromichalis n'était si belle, si spirituelle et si vertueuse que pour se faire aimer du roi et peut- être l'amener à un divorce. On produisit un petit cahier qu'on avait volé à la pauvre fille, un journal de sa vie où elle écrivait ses sentiments les plus intimes.

On interpréta à mal quelques lignes à la louange du roi : le lendemain, tous les Mavromichalis étaient destitués.

Chose étrange ! Cette famille a sur la conscience les plus célèbres assassinats politiques qui se soient commis dans le royaume. Ils ont tué Capo D'Istria, Plapoutas et Corfiotakis : ils ne les ont pas fait tuer par d'autres, à la façon de Colettis lorsqu'il voulut se défaire de Noutzos et d'Odyssée ; ils les ont tués eux- Mêmes, de leur propre main, et leur crédit n'y a rien perdu.

Quelques lignes mal interprétées et la colère de la reine leur ont porté un coup dont ils ne se relèveront point.

II

Le roi et la reine ont une vie privée irréprochable.

La calomnie les respecte l'un et l'autre, et leurs plus mortels ennemis rendent justice à leurs mœurs.

La vertu du roi, avant son mariage, fut rudement éprouvée par un des membres du conseil de régence, qui avait trois filles à marier, et qui aurait voulu en placer une sur le trône. Il résista aux séductions les plus adroites et aux provocations les plus directes.

La reine n'a jamais été même exposée. L'étiquette de la cour et la transparence de son palais la mettraient en sûreté, lors même qu'elle aurait moins de vertu. Mais elle en a autant que de santé.

Elle a d'ailleurs une morgue tudesque capable d'effrayer les héros de roman les plus intrépides.

Elle ne souffre pas qu'on l'appelle madame ; il faut lui dire : majesté. si Buckingham avait dû dire à Anne D'Autriche : « majesté, je vous aime ! « il se serait souvenu qu'il parlait à une reine, et il n'aurait point achevé la phrase.

Cependant, malgré l'étiquette, malgré la morgue germanique, malgré l'impossibilité évidente de tout succès, un homme a été assez osé pour déclarer son amour à la reine. Je me hâte de dire que c'était un français. Il était capitaine de frégate, en station au Pirée : il fut admis à la cérémonie du baise main, et, tandis qu'il appuyait respectueusement ses lèvres sur la main blanche de la reine, il crut voir qu'elle le regardait favorablement.

Là- Dessus mon marin, pleine de belle espérance, se persuade qu'une reine l'a distingué. Quelques jours après, il passe à Poros ; on lui montre des pommes de toute beauté ; il choisit les cent plus grosses, les fait mettre dans un panier, etles adresse à la reine, avec un billet conçu à peu près dans ces termes :

- Majesté, « Pâris a donné une pomme à Vénus ; vous êtes cent fois plus belle que Vénus : c'est pourquoi j'ai pris la liberté de vous envoyer un cent de pommes, « etc.

La reine trouva le billet de fort mauvais goût ; elle l'envoya à l'ambassadeur de France. On ne m'a pas dit ce qu'elle avait fait des pommes. Le capitaine de frégate, excellent officier, fut privé de son commandement ; mais il devint, peu de temps après, capitaine de vaisseau.

Le roi et la reine s'aiment beaucoup, dit- On. Ils s'aimeraient davantage s'ils avaient des enfants.

Edmond About

Leurs intérêts sont souvent divisés, quelquefois même opposés. Ainsi, lorsqu'on a débattu la question de la succession, le roi voulait pour successeur un de ses frères ; la reine a fait de grands efforts pour qu'on choisît un des siens. Ces deux étrangers, placés l'un auprès de l'autre sur un trône auquel ils n'avaient point de droits, travaillaient chacun de leur côté dans l'intérêt de leur famille ; et la Grèce voyait à sa tête deux dynasties dans deux personnes.

III

Lorsque la conférence de Londres donnait à la Grèce un roi jeune et presque enfant, elle espérait sans doute qu'il s'identifierait avec son peuple. La reine Amélie est arrivée en Grèce assez jeune pour qu'on pût croire qu'elle prendrait les idées de la nation. Cependant l'un et l'autre sont encore deux étrangers en Grèce, et le temps n'a formé aucun lien entre le pays et ses souverains. Le roi et la reine parlent le grec, et même très purement ; mais leurs cœurs sont restés allemands, et la Grèce le sait bien.

La reine se plaît à Athènes ; mais ce qu'elle aime, c'est son palais, son jardin, ses chevaux, sa ferme, et les coups de chapeaux qu'elle reçoit dans les rues. Le roi aime sa couronne de roi ; il aimerait une couronne d'empereur ; mais il n'aime point son peuple.

La meilleure preuve de ce que j'avance, c'est que ce gouvernement, en plus de vingt années, n'a rien fait pour la Grèce ; il n'a travaillé qu'à s'y maintenir et à végéter en paix. Tous les grands travaux ont été faits par les particuliers, avec l'approbation du gouvernement. L'université d'Athènes s'appelle université d'Othon. Elle a été fondée par souscription ; le roi a fourni son nom. L'Hétairie, cette grande école pour les filles, qui est le Saint- Denis de la Grèce, est sous la protection de la reine : elle a été fondée par un grec de Janina, M Arsakis ; le séminaire a été fondé par un autre hétérochtone, M Rizaris ; un autre, M Stournaris, a fourni les fonds nécessaires à la construction d'une école d'arts et métiers ; l'observatoire est un présent de M Sina, banquier de Vienne ; l'hôpital des aveugles est une création des bourgeois d'Athènes ; les travaux entrepris depuis quinze ans à l'Acropole sont l'ouvrage de la société archéologique, qui compte tous les savants de l'Europe au nombre de ses souscripteurs. Le roi est le président de la société ; mais M De Luynes a donné plus que le roi.

Le roi, dit- On, a octroyé à ses sujets une charte constitutionnelle. Il serait plus vrai de dire qu'il la leur a laissé prendre ; car il n'a cédé que devant une insurrection. La charte n'est pas un présent d'Othon, mais une conquête de Kalergi.

Enfin j'espère que l'on ne comptera point parmi les bienfaits du roi les tentatives qu'il a faites pour étendre son royaume. S'il aimait véritablement son peuple, il l'aurait forcé de rester neutre.

Une neutralité strictement observée aurait pu rétablir la fortune de la Grèce. Tandis que les grandes puissances sont en guerre, les grecs se seraient emparés de tout le commerce de la Méditerranée et de la mer Noire. Leur pavillon, respecté de la France et de l'Angleterre, aussi bien que de la Russie, aurait pénétré impunément dans tous les ports.

Pour l'avenir, la Grèce se réservait encore de plus grands avantages. En s'assurant la bienveillance de la France, qui ne lui a jamais manqué, elle pouvait espérer de n'être pas oubliée dans le remaniement de la carte de l'Europe.

Le roi le savait bien. S'il ne l'avait pas deviné de lui- Même, les ambassadeurs de France et d'Angleterre n'ont pas manqué de lui dire que la politique la plus honnête serait en même temps la plus utile à son peuple. Mais il n'a suivi que ses intérêts personnels, qui l'ont égaré. Il n'a écouté que les conseils de la Russie, qui lui promet quelque province, et qui espère lui enlever son royaume. Il a préféré un subside de quelques millions, promis par l'empereur Nicolas, aux ressources inépuisables que le commerce aurait assurées à son peuple.

IV

Si les faits que j'ai cités ne suffisaient point à démontrer l'égoïsme politique du gouvernement grec, je rappellerais sa conduite envers la France, après tous les bienfaits qu'elle lui a prodigués.

Pour assurer l'indépendance des grecs, la France a pris part à l'épouvantable combat de Navarin, où trois escadres se sont réunies pour en accabler une seule, et où les amiraux vainqueurs ont fait sauter plus de vingt navires qui ne se défendaient plus.

La France a envoyé en Morée le corps d'armée du général Maison, que nous avons entretenu à nos frais ; si bien que, tout compte fait, l'indépendance des grecs nous coûte 100 millions. Nous avons garanti, en 1832, un tiers de l'emprunt de 60 millions que le gouvernement grec a gaspillé sans profit pour la nation, et dont les intérêts n'ont plus tard été payés que par nous. Nous avons organisé la banque nationale de Grèce ; nous y avons pris pour 2 millions d'actions que nous avons littéralement données au gouvernement grec ; nous dépensons tous les ans 40 ou 50000 francs en Grèce pour l'entretien de l'école française ; nous nous faisons un devoir d'enrichir la bibliothèque d'Athènes de tous les ouvrages publiés par notre gouvernement ; nous avons dressé la carte de Grèce, qui est un chef- D'œuvre de topographie : ce travail a coûté la vie à trois de nos officiers. Pour parler de services plus personnels et plus récents que le roi ne saurait avoir oubliés, nous l'avons sauvé de la vengeance juste, mais un peu vive des anglais, en 1850, dans l'affaire Pacifico ; nous avons arrangé, en 1853, l'affaire King avec les états- Unis. Il nous a récompensés de tout en organisant le brigandage contre nos alliés et la piraterie contre nos flottes.

Son bâtiment à vapeur, l'Othon, a été réparé à nos frais en 1852 dans le port de Toulon : en 1854, l'Othon, s'il avait osé, se serait servi de ses canons contre nous.

Dans presque toutes les affaires dangereuses où le roi a engagé son peuple, on trouve, à bien examiner les choses, que la cour avait un intérêt personnel à compromettre le pays.

Voici en deux mots l'affaire Pacifico. Un jour de vendredi saint, la canaille d'Athènes, qui avait l'habitude de brûler un juif en effigie, et qu'on voulait priver de ce divertissement orthodoxe, s'en consola en dévalisant la maison d'un juif portugais protégé par l'Angleterre. Lord Palmerston réclama une indemnité que la cour refusa obstinément.

Pourquoi ? Parce que le foreign- Office réclamait en même temps des sommes assez importantes dues par la cour à des citoyens anglais qui lui avaient vendu des terrains.

L'affaire King est tout aussi complexe. M King est sujet américain, ministre protestant, consul des États- Unis, homme paisible s'il en fut, marié à une grecque, père de sept ou huit enfants. Il recevait chez lui quelques habitants d'Athènes, et il se donnait le plaisir innocent de les convertir un peu.

Au mois de mars 1851, un petit désordre eut lieu dans sa maison. Un grec, plus orthodoxe que les autres, l'interrompit par des injures ; un bruit épouvantable s'ensuivit dans la maison du bonhomme, qui crut sa vie menacée et courut au grenier hisser le pavillon américain. La foule eut assez de modération pour ne pas emporter ses meubles : on se souvenait encore de l'affaire Pacifico. Mais, un an après, le 4 mars 1852, M King, contrairement aux lois du pays qui prescrivent la tolérance, fut condamné à quinze jours de prison et au bannissement. Il se rendit en prison. L'Amérique demanda justice de la justice. Le gouvernement grec refusa la satisfaction qu'on réclamait. Pourquoi ?

Parce qu'il devait, d'autre part, à M King une somme de plus de 400000 francs. Voilà pourquoi l'on avait essayé de bannir M King. Voilà pourquoi l'on refusa toute satisfaction à l'Amérique jusqu'au jour où le roi aperçut au Pirée une frégate et une corvette américaines. étrange gouvernement, qui ne respecte le bon droit que lorsqu'il est représenté par des canons ! C'est ainsi que certains hommes respectent la justice lorsqu'elle s'habille en gendarme.

V

La cour n'est pas plus scrupuleuse au dedans qu'au dehors, avec les sujets qu'avec les étrangers.

Le roi ne rougit pas d'avoir auprès de sa personne des individus mal famés et suspects de brigandage.

Les Grivas, qui sont depuis quelques années en grande faveur, dirigent dans le nord certaines bandes d'hommes hardis et dévoués.

Au reste, le brigandage n'est pas en Grèce ce que l'on pourrait croire. Il est une source de gains illicites pour un certain nombre de volereaux qui s'associent au nombre de trente ou quarante pour dévaliser un voyageur tremblant, ou quelques villageois qui reviennent du marché. Mais pour les grands esprits, pour les

Edmond About

hommes supérieurs, le brigandage est une arme politique de la plus grande portée.

Veut- On renverser un ministère ? On organise une bande ; on brûle vingt ou trente villages de Béotie ou de Phthiotide, le tout sans bouger d'Athènes.

Lorsqu'on apprend que les coups sont portés, on monte à la tribune, et l'on s'écrie : « jusques à quand, athéniens, souffrirez- Vous un ministère incapable, qui laisse brûler les villages, « etc.

De son côté, le gouvernement, au lieu de poursuivre les brigands et de rechercher les coupables, profite de l'occasion pour mettre à la torture tous les incendiés qui votent avec l'opposition. Il n'envoie ni juges ni soldats : il expédie simplement quelques bourreaux.

Je ne me fais pas ici l'écho d'accusations vagues ou de déclamations passionnées. Voici des faits que je garantis vrais, après les avoir entendu discuter par les partisans et par les adversaires du gouvernement, à l'époque de mon arrivée en Grèce.

Un député du centre gauche, M Chourmouzis, homme d'un esprit ferme et modéré, parent d'un député dévoué au roi, avait adressé des interpellations au ministre de la guerre, M Spiro Milio. à quel sujet ? J'ai honte de le dire : à propos d'un brigand appelé Sigditza, que le ministre de la guerre retenait dans les rangs de l'armée en dépit de l'autorité judiciaire qui avait lancé contre lui dix mandats d'arrêt.

En réponse à ces interpellations, le gouvernement envoya en Phthiotide, dans la province de M Chourmouzis, quelques soldats dévoués sans doute à leur camarade Sigditza, qui mirent à la torture tous les partisans du député, en leur disant :

- Pourquoi votre ami Chourmouzis ne vient- Il pas vous délivrer ? « M Chourmouzis monta à la tribune le 16 février 1852, et raconta les faits qu'il avait appris. Sans se renfermer dans le détail des événements présents, il s'éleva à des considérations plus générales, et prétendit que le gouvernement n'était constitutionnel que de nom.

- Quel est, dit- Il, l'article de la constitution qui n'ait pas été violé ? Ainsi l'article 3 de la constitution porte que les grecs sont égaux devant la loi ; et cependant l'égalité devant la loi est devenue une chimère en Grèce. L'article 4 consacre l'inviolabilité de la liberté individuelle, et pourtant cette inviolabilité n'existe point hors de la capitale ; à peine existe- T- Elle dans Athènes.

- L'article 13 interdit la torture, ce qui n'a pas empêché les agents du pouvoir de mettre à la question, à Hypate, deux frères qui viennent d'expirer à la suite de leurs souffrances ! Et Dieu sait combien d'autres citoyens horriblement torturés et mutilés passeront constitutionnellement de cette vie en l'autre pour aller raconter aux représentants des assemblées nationales d'Astros, de Trézène et d'Athènes comment on applique la constitution dans leur patrie !

- L'article 45 est ainsi conçu : « aucun député « ou sénateur ne peut être soumis à aucune poursuite, « ni recherché pour opinion exprimée ou vote émis « par lui dans l'exercice de ses fonctions. « et cependant si un député ou un sénateur s'avise de dénoncer à la tribune les prévarications d'un ministre, ses parents et ses amis sont fustigés, emprisonnés, martyrisés, punis horriblement, et jusqu'à la mort, « etc.

Mais n'y a- T- Il pas un peu d'emphase oratoire dans tous ces participes ? C'est un grec qui parle, et les grecs ont menti dans tous les temps. Est- Il vrai qu'on ait fustigé, emprisonné, martyrisé et tué arbitrairement au nom du roi ? Écoutez le détail des tortures. « je voudrais, dit M Chourmouzis, qu'en retournant dans nos foyers nous recueillissions les fruits de notre indifférence.

- Vous éprouveriez alors les douleurs atroces de la torture ; vous verriez les bourreaux Coltzida et Zographos redoubler de cruauté à chaque gémissement que vous pousseriez, à chaque supplication que vous leur adresseriez ; vous les verriez vous mettre un mors à la bouche, des pierres énormes sur la poitrine, des œufs brûlants sous les aisselles, vous donner des lavements avec de l'eau bouillante, vous frotter d'huile et puis vous fustiger, vous donner en nourriture des aliments salés afin de vous faire mourir de soif, ne pas vous laisser dormir pendant plusieurs jours, vous introduire du vinaigre dans les narines, vous enfoncer des épines sous les ongles, vous serrer les tempes avec des osselets, enfin mettre des chats dans les caleçons de vos femmes, et vous vous rappelleriez alors qu'il était en votre pouvoir de vous épargner toutes ces souffrances en remplissant, lorsqu'il en était encore temps, votre devoir et en faisant connaître constitutionnellement au roi la conduite criminelle de ses ministres. « voilà, je pense, des supplices assez in-génieux et qui font honneur à l'invention des hellènes. Les soldats du roi Othon s'élèvent à la hauteur des bourreaux de l'empereur de Chine. Quand on connaît des faits pareils, on n'a pas de peine à croire ce que nous disait le moniteur du 14 mai 1854 sur les ex-ploits des grecs en Thessalie :

- Il n'est point d'horreurs qui n'aient été commises par ces préten-dus héros de la croix ; pour n'avoir pas voulu livrer leur argent, des femmes enceintes ont été éventrées, et leurs enfants ont été coupés en morceaux. « les ministres du roi Othon, au lieu de prouver que M Chourmouzis calomniait le gouvernement, rejetaient l'un sur l'autre la responsabilité de tous ces crimes. Le ministre de la guerre, qui avait envoyé les bourreaux, disait : « ce sont là des désordres intérieurs ; adressez- Vous au ministre de l'intérieur. « le 1er mars 1852, M Chourmouzis revint à la charge, et dit aux ministres : « je me fais fort de prouver, sans que vous puissiez me démentir :

1.   Que trois cents citoyens environ ont été arbitrairement dé-tenus dans la caserne d'Hypate ;

1.   Que dans l'enceinte de l'église de Saint- Nicolas à Hypate, existent deux tombeaux où ont été ensevelis les frères Stamouli et Athanase, morts à la suite des tortures

1.   Que les nommés Scarmoutzo, Tzakia, Fourla, Rongali, Cacatzidis, Xyrotyri, Coulotara, Carayanni et d'autres portent en-core sur leurs corps les traces des tortures

1.   Que le nommé Drilos, après avoir été torturé, a perdu la raison ;

1.   Qu'à Arachova et Artotina, on a commis les mêmes hor-reurs

1.   Qu'à Mégare, on a battu impitoyablement le secrétaire de la mairie, l'huissier du maire et plusieurs autres citoyens, et qu'en-suite on les a accusés faussement comme coupables de rébellion, parce qu'ils n'ont pas voulu subir des exactions injustes

1.   Qu'à Thèbes on a traité comme rebelles trois honorables et paisibles citoyens de cette ville, parce qu'ils ont refusé de subir des avanies de la part de quelques fermiers.

- L'adjoint du maire d'Hypate, témoin des cruautés commises

par le caporal Coltzida et le soldat Zographos, a fait son rapport à son supérieur, et il s'est immédiatement rendu à Athènes pour se soustraire à la vengeance de ces bourreaux ; mais aussitôt arrivé à Athènes, il se voit arrêté, accusé comme complice des brigands et reconduit sous escorte à Lamia. Là, on lui montre un papier et on lui dit : « si tu signes, tu seras mis en liberté ; « si tu refuses, tu seras incarcéré, puis torturé. « dans cette cruelle alternative, le pauvre adjoint s'empresse d'apposer sa signature à une pétition qui dément les faits par lui- Même dénoncés, et il recouvre à l'instant sa liberté. « je ne dis pas que le roi ait commandé ces atrocités: mais il les a sues, et il n'a ni puni les coupables ni renvoyé ses ministres. Il pardonne volontiers les crimes dont il ne souffre pas ; et lorsqu'on lui dénonce un meurtrier ou un voleur, il croit le justifier en disant : « c'est un homme dévoué à mon trône. « c'est par de tels dévouements que les trônes sont renversés.

VI

Le roi reçoit tous les ans 900000 francs de liste civile. Il a 250000 francs de rente en Bavière, et la reine touche dans le duché d'Olden-bourg quelques petits revenus. Avec un peu de sagesse et de goût, on aurait pu créer en Grèce la plus jolie cour de l'Europe et faire mourir de jalousie tous les petits souverains allemands.

Il aurait fallu construire deux hôtels, l'un à la ville, l'autre à la campagne ; acheter à Paris des meubles élégants, simples et confortables ; commander en France deux ou trois jolies calèches pour l'hiver et pour l'été, et faire venir de Beyrouth sept ou huit bons chevaux arabes.

Mais le roi et la reine ont voulu s'entourer de tout le faste de la monarchie. Il leur fallait un palais, un trône, des carrosses, des écuries. Ils ont un palais ridicule, et le reste est à l'avenant. Le palais est une masse carrée, construite en marbre pentélique. Pour élever ce monument, on a fait sauter avec la poudre les plus beaux marbres du monde ; on les a employés comme des moellons, et on les a très proprement recouverts de plâtre. La façade du nord ressemble à une caserne, à un hôpital ou à une cité ouvrière. Les trois autres, qui sont ornées de portiques grecs, rappellent au voyageur le joli vers d'Alfred De Musset :

Comme un grenier à foin, bâtard du Parthénon. le palais n'a ni communs ni dépendances : il a donc fallu renfermer dans le même carré ce que la majesté royale a de plus sublime et ce que la nature humaine a de plus humble. En parcourant les corridors, on rencontre les odeurs infectes de la cuisine, du corps de garde, etc. Cette disposition maladroite condamne tous les employés mariés à habiter hors du palais : la maison ne serait plus tenable s'il y avait des enfants. Rien n'est grand, dans ce palais énorme. Les corridors sont étroits et les escaliers mesquins. Les architectes qui l'ont construit sont deux hommes de talent, célèbres en Allemagne ; mais ils se sont fourvoyés, ou on leur a forcé la main.

Ce chef- D'œuvre a coûté 10 millions de francs.

Il n'y a dans tous les appartements qu'une salle vraiment belle. C'est la salle de bal, décorée de beaux stucs et d'arabesques dans le goût de Pompéi.

Mais on vient de la faire gâter par un barbouilleur italien qui y a peint de grandes figures ridicules, telles que Tyrtée vêtu d'un casque et jouant de la lyre.

Le mobilier a été commandé à Paris ; mais comme la cour voulait du grandiose à bon marché, on lui a fait des fauteuils de bois doré et des bronzes de pacotille. Les pendules et les candélabres portent les armes du roi ; mais, quoi qu'on ait fait pour donner un cachet d'individualité à ce luxe économique, la grossièreté de l'exécution en dit assez le prix.

On aurait beau fouiller le palais depuis les caves jusqu'aux combles, on n'y trouverait ni un tableau de maître ni une œuvre d'art. Cependant le roi aurait pu, pour une vingtaine de mille francs, faire décorer tout un salon par Hamon, le dernier des peintres attiques. Il a préféré donner vingt mille francs à l'homme qui a fait le portrait de Tyrtée. Le roi n'a pas de maison de campagne. Il en aurait bon besoin cependant, car en été le séjour d'Athènes le tue. Mais le palais a coûté trop cher pour que la cour songe à bâtir de longtemps. La reine, qui n'aime pas les champs, et qui ne se plaît que dans son gros palais, s'est contentée d'acheter à un anglais une sorte de castel moitié rustique, moitié gothique, mal bâti en pierre et en plâtre, et précédé d'une sorte d'arc de triomphe du goût le plus plaisant. Cet étrange logis est inhabitable : on l'a flanqué d'une ferme, on l'a entouré d'un assez joli jardin d'arbres fruitiers, et l'on perce un puits artésien pour lui donner de l'eau. C'est peut- être par là qu'il eût fallu commencer.

La reine aime sa ferme telle qu'elle est, et elle va souvent s'y promener à cheval. Mais le roi préférerait un château sérieux, habitable et situé en bon air, sur le versant du Pentélique. Précisément la duchesse de Plaisance y a construit autrefois un assez joli château de marbre, qu'elle a eu soin de laisser inachevé, après y avoir dépensé trois cent mille francs. Le roi aurait voulu se faire prêter, donner ou vendre cette habitation qui lui souriait fort. Il profita d'un voyage que la reine faisait en Allemagne pour aller voir la duchesse et lui dire qu'il habiterait volontiers au Pentélique. La duchesse l'encouragea dans cette idée. « sire, lui dit- Elle, prenez mon château. « la figure du roi s'épanouit.

- Achevez- Le ; faites- Y tous les travaux qui restent à faire ; vous en aurez pour cinquante mille francs environ.

- Soit, dit le roi.

- Faites- Le meubler à votre goût, ajouta la duchesse.

- Sans doute, dit le roi.

- Habitez- Le tant que vous voudrez, pendant dix ans, et au bout de dix ans vous me le rendrez tel qu'il sera. « le visage du roi s'allongea.

- Si cet arrangement ne convenait pas à votre majesté, ajouta la bonne duchesse, je prendrais la liberté de lui soumettre une autre idée.

- Voyons, dit le roi.

- C'est un vrai cadeau que je vais faire à votre majesté.

- Faites, madame la duchesse. « la duchesse conduisit le roi hors de sa propriété, sur un terrain qui appartient au couvent voisin.

Elle lui montra un emplacement magnifique qu'elle avait découvert dans ses promenades et qui serait merveilleusement propre à la construction d'un palais. Elle détailla au roi tous les avantages de la position : l'air était excellent, l'eau saine et la vue admirable. Le roi verrait de ses fenêtres une bonne moitié de son royaume. Quand elle eut tout dit, le roi attendait encore la conclusion.

Edmond About

- Eh bien, sire, ajouta- T- Elle, je donne à votre majesté, si elle daigne accepter quelque chose de moi, le conseil de prendre ce terrain aux moines et d'y construire un palais d'été. « depuis cette aventure, le roi ne songe plus à se loger au Pentélique.

Les équipages de la cour sont considérables.

Outre les grandes calèches couvertes et découvertes, les coupés et les chars à bancs, on a, pour les cérémonies, des carrosses.

Ces carrosses, au nombre de six ou huit, sont très grands, Très-Haut perchés, très vastes et très laids. Ils transportent la cour à l'église les jours de fête carillonnée. On les fait précéder de piqueurs portant des lanternes. Piqueurs, cochers et laquais ont des livrées de l'âge d'or. Les attelages sont, pour la plupart, des chevaux de haut bord, venus en droite ligne du Mecklembourg.

La cour a plus de cinquante chevaux à l'écurie, et pas un cheval de race.

VII

Le personnel de la cour de Russie se monte à près de quatre mille âmes. La cour de Grèce se compose de vingt personnes environ, savoir :

la grande maîtresse ; les dames d'honneur ; le maréchal du palais ; les aides de camp du roi ; les officiers d'ordonnance ; les secrétaires ; les médecins.

La grande maîtresse est une prussienne, Mme la baronne de Pluskow. C'est une petite femme sèche, fine, pleine de tact et de mesure, et non sans distinction. Elle représente bien l'étiquette allemande ; elle a toute la roideur qu'il convient d'avoir ; aussi, quoiqu'elle ne sache ni nager ni monter à cheval, la reine l'aime tendrement.

Mme De Pluskow est attachée à la personne de la reine et la suit partout comme une ombre. Lorsque la reine donne audience, la baronne se tient à une distance respectueuse, immobile comme une statue. Elle sait, dans ces circonstances, se roidir d'une façon particulière qui pourrait faire illusion aux étrangers et leur persuader qu'elle est de bois.

Il y a tantôt deux ans, un ancien journaliste de Paris, promu à de hautes fonctions au conseil d'état, fut présenté à la reine. On présenta avec lui un artiste français dont je me garderai bien de dire le nom. Contrairement à la coutume, c'était l'homme grave qui plaisantait son compagnon de voyage et qui s'amusait de sa naïveté. Pendant la présentation, l'artiste demanda au haut fonctionnaire :

- Quelle est donc cette dame qui se tient là- Bas, dans l'ombre, auprès de la porte ?

- Cela ? Chut ! C'est une dame de cire.

- Quoi ! Une vraie dame de cire, comme on en voit aux étalages des coiffeurs ?

- Sans doute. La cour de Grèce est pauvre : une grande maîtresse du palais, en chair et en os, mangerait bien dix mille francs par an. En voilà une qui a coûté trois mille francs une fois payés, et ne mange rien.

- Quelle misère ! « Fit l'artiste attendri.

à ce moment, la poupée inclina la tête.

- Mais elle remue !

- Vous pensez bien, répliqua l'homme grave, que l'artifice serait trop grossier si ce mannequin ne faisait pas quelques mouvements. - Oh ! Dit l'artiste, les rois sont tombés bien bas. « la dame de cire n'était autre que Mme la baronne De Pluskow.

Les dames d'honneur de la reine sont des filles choisies dans les meilleures familles grecques. La reine n'en a que deux auprès d'elle :

Autrefois elle en avait davantage. Ces jeunes filles sont tenues d'accompagner la reine au bal, au bain froid et à la promenade. Il faut qu'elles soient écuyères, danseuses et nageuses infatigables ; car la reine veut avoir à qui parler même dans l'eau.

On devine sans peine que les dames d'honneur ne sont pas menacées d'obésité.

Lorsque leur service ne les retient pas auprès de la reine, elles peuvent sortir dans les voitures de la cour, ou recevoir des visites dans leur appartement. L'étiquette le permet, quoiqu'on ait reconnu autrefois que cette liberté avait ses dangers.

Dans les cérémonies publiques, les dames d'honneur portent un uniforme assez élégant ; c'est une veste de velours noir avec une jupe de couleur, et le grand bonnet rouge tombant sur l'oreille. Ce bonnet sur l'oreille donne à la plus sage un petit air mutin.

La reine marie ses dames d'honneur et leur donne une petite dot. En attendant elle leur paye tous les ans une très modique somme qui suffit à peine à leur entretien. Le maréchal du palais est le plus haut dignitaire de la couronne. C'est par son entremise que les ambassadeurs demandent audience au roi. Il marche le premier après le roi dans toutes les solennités.

L'organisation des fêtes de la cour lui appartient de plein droit ; il est en même temps le grand maître des cérémonies.

Par un caprice singulier de la politique, le grand maître des cérémonies, maréchal du palais, était, pendant ces dernières années, un petit vieillard moréote, qui ne sait pas le français, qui n'a point l'apparence d'un homme de cour et à qui il ne manque qu'un anneau dans le nez pour ressembler à un peau- Rouge. C'est le seigneur Colocotronis.

Le maréchal du palais et les aides de camp du roi revêtent pour les cérémonies le plus riche costume qui se puisse imaginer. C'est un surtout de drap d'or qui rappelle certains habits de cour du temps de François Ier. Les broderies y sont prodiguées au point d'éblouir les yeux. Cet habit, lorsqu'il est en argent, coûte trois mille francs ; en or, il doit en coûter quatre mille. Il est vrai qu'il ne s'use pas, que la mode ne change jamais, et que le même vêtement peut servir à plusieurs générations.

Les officiers d'ordonnance du roi portent modestement l'uniforme de leur grade ; le premier secrétaire a le frac des diplomates, et les médecins un habit à épaulettes qui les fait ressembler à des marchands d'orviétan.

VIII

Tout étranger qui se lave les mains et qui a une lettre de recommandation pour son ambassadeur peut espérer, s'il vient à Athènes pendant l'hiver, qu'un valet de la cour lui apportera un billet conçu en ces termes :

- Le grand maître du palais a l'honneur d'inviter, au nom de sa majesté le roi, Monsieur X au bal du...

- On se réunira à huit heures trois quarts. « la lettre d'invitation ne fait pas mention du costume. L'habit noir est admis à ces bals, avec ou sans décorations ; mais la cour adore les uniformes, et tout étranger qui se respecte doit se munir d'un habit brodé. Un français qui voulait être présenté déclara d'avance qu'il avait un uniforme. Le jour de la présentation, il vint en habit noir, alléguant que l'habit noir était l'uniforme des bourgeois de Paris. Peu s'en fallut qu'il ne fût mis à la porte.

Les officiers grecs endossent leur habit d'ordonnance ; le ministre de France, son secrétaire et ses attachés revêtent leur joli frac sobrement brodé de guirlandes d'or ; l'école française met son habit brodé de soie violette et d'or ; le ministre de Bavière s'enferme dans un grand habit rouge à plastron jaune, enrichi d'une paire d'épaulettes de colonel ; le ministre de Prusse se boutonne dans un frac bleu, tout brillant de passementeries ; le ministre d'Angleterre se coiffe d'un tricorne qui ferait recette au théâtre du Luxembourg ; le chargé d'affaires de Russie, qui est d'ordinaire un des cent soixante- Six chambellans de son empereur, se claquemure dans une carapace d'or qui le fait ressembler à une tortue californienne ; les consuls de toutes nations, sans excepter le consul du pape, qui s'habille en écrevisse cuite, arrivent dans tous leurs atours :

Chacun revêt les ordres dont il est décoré et se met en marche vers le palais. Les uns montent en carrosse, les autres font venir un fiacre ; les plus modestes viennent à pied, précédés d'un domestique qui porte une lanterne.

C'est le bon Petros qui nous accompagnait d'ordinaire dans ces circonstances, et, chaque fois que nous avions la témérité de le faire aller à pied, il trouvait moyen de nous conduire à travers une flaque d'eau, n'y en eût- Il qu'une dans toute la ville. Tous les fonctionnaires grecs, excepté les gardes champêtres, sont invités aux grands bals de la cour ; tous les chevaliers de l'ordre du sauveur y viennent de plein droit. Les petits bals sont plus intimes : on n'y invite que le corps diplomatique, les hauts fonctionnaires et les personnes qu'on a du plaisir à recevoir. Pour les grands bals, les invitations sont souvent collectives ; pour les petits, elles sont toujours individuelles. Mais je ne veux parler que des grands bals qui se donnent dans les appartements de réception, et qui ont le caractère le plus marqué. Les petits bals ont lieu dans l'appartement de la reine et ressemblent à tous les bals du monde.

à neuf heures moins cinq minutes, tout le monde est arrivé, excepté la cour. Le salon de danse est divisé en deux parties : à gauche s'étendent trois rangs de fauteuils destinés aux dames ; les fauteuils mâles sont en face. La séparation des sexes est le fondement de la paix politique. En avant des fauteuils desdames se dressent deux grandes machines destinées à contenir la personne du roi et de la reine. à la suite de ces deux trônes, on a placé une douzaine de siéges pour les femmes des ministres étrangers et pour les grecques de distinction.

À neuf heures précises, le grand maître du palais et la grande maîtresse, les aides de camp, les officiers d'ordonnance et les dames d'honneur entrent à pas comptés. Enfin le roi paraît. Il porte quelquefois le costume de ses officiers de cavalerie, et plus souvent l'habit des soldats irréguliers, gris et argent, de bon goût et très simple. Si sa foustanelle était un peu moins longue, son costume serait à peindre.

La reine, un peu trop serrée dans une robe à demi- Queue, chef-D'œuvre d'une couturière de Paris, étale des épaules qui seraient admirables si elles étaient un peu plus maigres.

On forme un grand cercle autour de leurs majestés.

Tout le monde, hommes et femmes, se tient debout ; ainsi le veut l'étiquette. Le roi parle successivement à tous les membres du corps diplomatique, tandis que la reine s'adresse à leurs femmes. Puis le roi va parler aux dames, tandis que la reine cause avec leurs maris. Ces conversations, comme on peut croire, ne sont ni animées ni variées.

Le roi et la reine parlent grec à leurs sujets, allemand à leurs compatriotes, français aux étrangers.

On sait que, depuis les traités de 1648, le français est la langue de la diplomatie. Après une demi- Heure environ de conversation avec le corps diplomatique, le roi se laisse présenter les nouveaux venus.

Quand toutes les présentations sont terminées, le maréchal du palais, après avoir pris les ordres de la reine, donne le signal de la danse. Le bal commence toujours par une promenade majestueuse, à laquelle la cour et la diplomatie peuvent seules prendre part. Le roi donne la main à une ambassadrice, la reine accepte la main d'un ambassadeur, et toutes les sommités du bal s'avancent à la suite, en se tenant par la main.

à chaque tour de salon, les couples se défont et se recomposent. Cet exercice plein de dignité dure un peu moins d'un quart d'heure.

Ces bals de la cour se composent presque exclusivement de valses et de contredanses. On valse à deux temps. La valse à deux temps, je ne sais pourquoi, s'appelle en Grèce la valse allemande. La valse à trois temps est indûment qualifiée de valse française. Je suppose que les allemands ont abusé de leur influence sur l'esprit du peuple pour nous imputer leur valse à trois temps.

Vers le milieu du bal on donne une polka, une seule. La polka est la danse favorite du roi ; mais la reine ne peut pas la souffrir. La schotisch est une curiosité inconnue à la cour. On croit généralement que la rédowa est une cantatrice italienne. On n'a pas encore entendu parler de la varsoviana. Les essais de polka-masurke qui ont été risqués ont assez mal réussi, par la faute de l'orchestre, qui ne voulait pas jouer en mesure. En revanche, on danse toujours une mazurka à grands ramages, avec figures, et l'on termine régulièrement par un interminable cotillon.

La reine fait inviter les danseurs de son choix, mais elle s'arrange de manière à dédommager presque tous les autres en leur accordant un tour de valse ou de mazurka. Le roi a la même attention pour les dames. Lorsque les hasards de la danse le mettent en contact avec un étranger, il s'efforce de lui dire un mot aimable.

Après chaque valse ou chaque quadrille, le cercle se reforme autour de leurs majestés, qui s'avancent tantôt vers une personne, tantôt vers une autre, pour lui dire ce qu'elles peuvent. à la fin du bal, on recommence le grand cercle diplomatique.

Les bals se terminent à trois heures du matin ; ils durent donc six heures, dont deux au moins se passent en conversation.

L'éclairage de la salle de danse est très brillant ; les rafraîchissements le sont beaucoup moins. Les gâteaux qu'on fait passer sont presque tous des pains d'épice déguisés. On se bat à la fin pour avoir du bouillon. Ceux qui ne dansent pas vont jouer dans un salon voisin : ceux qui n'aiment ni la danse ni le jeu descendent à l'étage inférieur pour y fumer ; mais les fumeurs, en rentrant, doivent se tenir loin de la reine.

Des dames qui veulent rester bien en cour viennent au bal sans bouquet : la reine déteste l'odeur des fleurs, et surtout elle craint que les bouquets qu'on apporte dans son salon n'aient été cueillis dans son jardin, ce qui est vrai le plus souvent.

CHAPITRE IX - LA SOCIÉTÉ

I

Les brigands ne sont pas en Grèce, comme dans les autres pays, une classe entièrement séparée de la société. J'ai dit que chaque troupe avait son directeur, son impresario dans une ville, quelquefois dans la capitale, quelquefois à la cour.

Les subalternes rentrent souvent dans la vie civile ; souvent aussi le paysan se fait brigand pour quelques semaines, lorsqu'il sait un bon coup à faire. Il retourne ensuite à son champ. La Grèce est le pays du monde où l'occasion a fait le plus de larrons. Un habitant d'Athènes, un français, me racontait qu'un jour son domestique l'aborda d'un air timide en roulant son bonnet entre ses mains : « tu as quelque chose à me demander ?

- Oui, effendi, mais je n'ose.

- Ose toujours.

- Effendi, je voudrais aller un mois dans la montagne.

- Dans la montagne ! Et pourquoi faire ?

- Pour me dégourdir, sauf votre respect, effendi.

Je me rouille ici. Vous êtes ici dans Athènes un tas de civilisés (je ne le dis pas pour vous offenser), et j'ai peur de me gâter au milieu de vous. « le maître, touché de ces bonnes raisons, permit à son valet un mois de chasse à l'homme. Il revint à l'expiration de son congé, et ne déroba pas une épingle dans la maison.

On m'a conté l'histoire d'un pauvre gendarme qui aspirait depuis plusieurs années aux galons de caporal. Il était bon soldat, assez brave, et le moins indiscipliné de sa compagnie ; mais il n'avait d'autre protecteur que lui- Même, et c'était peu. Il déserta et se fit brigand. Dans cette nouvelle profession, ses petits talents se firent jour, et il fut bientôt connu de tous les chefs de la gendarmerie. On essaya de le prendre, et on le manqua cinq ou six fois.

En désespoir de cause on lui envoya un parlementaire.

- Tu auras ta grâce, lui disait- On, et pour prix de tes peines, tu seras caporal dès demain, sergent dans l'année. « au mot de caporal, le brigand dressa les oreilles ; son ambition était enfin satisfaite. Il consentit à se laisser faire caporal, et il attendit patiemment les galons de sergent. Il les attendit longtemps. Un jour, il perdit patience et retourna à la montagne.

Il n'avait pas tué trois hommes qu'on s'empressa de le nommer sergent.

Il est officier aujourd'hui, sans avoir eu d'autres protecteurs que les gens qu'il a mis en terre.

Il s'est rencontré un commandant de la gendarmerie qui voulait sérieusement détruire le brigandage.

En quelques mois il a fait rentrer tous les brigands sous terre. Mais on s'est hâté de le destituer. Il avait sapé les fondements de la société.

Deux voyageurs de ma connaissance, au moment de partir pour une province infestée de brigands, s'avisèrent d'aller demander un sauf- Conduit aux grands personnages qui patronnent les principales bandes ; mais une réflexion les arrêta en chemin :

- Si ces messieurs, par bonté pour leurs employés, allaient les avertir sous main et leur faire présent de nos bagages ! Mieux vaut compter sur le hasard que sur la magnanimité d'un grec. « Ils se mirent en route sans sauf- Conduit.

Ils faillirent s'en repentir. Un jour qu'ils avaient gravi tout seuls une montagne escarpée, ils regardaient paisiblement le paysage, lorsqu'ils se virent entourés par trois pallicares et trois fusils. Ils étaient traqués de trois côtés ; ils s'échappèrent par le quatrième, et redescendirent la montagne beaucoup plus vite qu'ils ne l'avaient montée. Les trois porteurs de fusil eurent beau leur crier : « arrêtez ! Arrêtez ! « cette invitation n'eut pas même la vertu de leur faire retourner la tête. Un des deux fugitifs m'a assuré que pendant cette course il avait plaint de grand cœur les cerfs et les autres animaux qui sont poursuivis par des hommes armés, sans avoir d'autre arme que la fuite.

Je sais un autre français qui fut dévalisé au retour d'un petit voyage. Les brigands firent un choix dans ses hardes. On lui laissa son fusil à piston. Ces messieurs n'estiment que les fusils à pierre. On lui prit son argent ; mais comme il parlait fort bien le grec, il expliqua au chef de la bande qu'il ne pourrait jamais retourner à la ville sans un sou ; et, pour l'amour du grec, cet autre Carl Moor lui donna cinq francs. L'aventure se passait à six lieues d'Athènes.

On sait d'ailleurs qu'Athènes a failli être prise par les brigands. Le fameux Grisiotis avait monté, dans l'île d'Eubée, une bande assez semblable à une armée : il marchait sur la capitale, et il y serait très vraisemblablement entré, si le premier boulet tiré contre lui ne lui avait emporté un bras.

Il tomba, et son armée fut mise en déroute. Pour peu que le boulet eût dévié, Athènes était volée comme dans un bois.

Le fils de ce Grisiotis a épousé, il y a un peu plus d'un an, la fille du général Tzavellas, une adorable petite personne qui monte à cheval mieux que son père, et qui tue une perdrix au vol. Elle était très liée avec Janthe, sous le règne d'Hadji- Petros.

Après la tentative de Grisiotis, le coup le plus audacieux qui ait été tenté et exécuté, c'est la confiscation des caisses et des dépêches du Lloyd autrichien, à l'isthme de Corinthe. Les bateaux du Lloyd, pour gagner du temps et éviter de doubler toute la Morée, abordent à l'ouest de l'isthme, au petit port de Loutraki, débarquent leurs dépêches et leurs marchandises, et les confient à des voitures qui vont les porter à un autre bateau tout prêt à Calamaki. Un jour le convoi a été intercepté ; les auteurs d'un si beau coup ne s'en sont pas fait gloire, et la police a respecté leur anonyme.

Un honorable touriste allemand a éprouvé à ses dépens que le voyageur ne doit pas s'embarrasser de bijoux. C'était un des hommes les plus ornés de l'Allemagne, et, soit pour inspirer plus de confiance aux aubergistes, soit pour ne point se séparer de souvenirs aimés, il courait, paré comme une châsse, sur les grands chemins de l'orient. Il fit rencontre d'un brigand bien armé qui lui montra deux pistolets et lui demanda sa bourse.

Le brillant voyageur ouvrait son paletot pour arriver à la poche de son pantalon : il découvrit une chaîne d'or. « Donne ta montre aussi, « ajouta le brigand.

L'allemand, pour ôter sa montre et sa chaîne, se débarrassa d'un de ses gants. « Donne aussi tes bagues. « il les donna. Pendant qu'il détachait sa montre, il laissa voir deux boutons de chemise en brillants. « Donne les boutons, « dit le brigand. Il ôte les boutons ; sa chemise s'ouvre et laisse voir un médaillon. « Donne-moi cela par- Dessus le marché, « dit le voleur insatiable. Ce coup fut le plus cruel, et, sans la présence des deux canons de pistolet, le pauvre allemand aurait fait une résistance héroïque. Le médaillon contenait des cheveux de Fanny Essler. C'était, de tous ses bijoux, le plus précieux ; car c'était celui qu'il avait payé le plus cher. Une voyageuse d'esprit aventureux, qui se faisait appeler Mme D, peignait le paysage, et logeait chez la duchesse, fut volée à cent pas de la ville, sur le mont Lycabète, par un jeune grec bien vêtu et bien fait, qui lui arracha une chaîne d'or. Elle raconta à qui voulut l'entendre qu'elle était occupée à peindre lorsque ce joli coquin vint la dépouiller. « Mais, lui dit quelqu'un des auditeurs, pourquoi le laissiez- Vous approcher si près ?

- Pouvais- Je deviner, répliqua- T- Elle étourdiment, qu'il n'en voulait qu'à ma chaîne ? « une négresse, morte à Smyrne en odeur de sorcellerie, avait révélé un trésor qu'un pacha de Mistra devait avoir enfoui en un lieu déterminé.

Le gouvernement grec, un peu naïf par nature, envoya sur les lieux une commission présidée par un ancien ministre, et escortée de cinq cents hommes d'infanterie. On entreprit sérieusement les fouilles.

Un bâtiment de guerre était à l'ancre dans le voisinage, tout prêt à emporter le trésor. Les fouilles coûtèrent gros : on était dans la saison des fièvres. Au bout de deux mois, on découvrit un chandelier d'étain. On se dit : « nous sommes sur la trace ; « et l'on redoubla de zèle. Un mois après, le président de la commission reprit le chemin d'Athènes, bien convaincu que la négresse s'était méprise. Les collègues s'acheminèrent piteusement vers le bateau : la troupe, qui n'avait point de trésor à protéger, suivait à une distance respectueuse. Les brigands, qui avaient entendu parler du trésor, s'étaient dit dès le principe : « laissons- Les fouiller, nous les fouillerons ensuite. « frustrés dans leurs espérances, et indignés de la maladresse de la commission, ils tombèrent sur les commissaires. Ces messieurs y perdirent tout leur argent. L'un d'eux, qui avait essayé de dérober quelque chose aux voleurs, reçut un coup de sabre dont il faillit perdre le nez. Les brigands grecs prouvent par ces sévérités qu'ils n'ont pas perdu tout sens moral, et qu'ils ont l'horreur du mensonge.

La duchesse de Plaisance a été prise par le fameux Bibichi, un des plus célèbres routiers de l'Attique.

Ce galant homme n'était point brigand par méchanceté, mais par dépit. Sa femme l'avait trompé, et il se vengeait sur le prochain. Homme résolu, d'ailleurs, qui ne craignait pas d'exercer sa profession aux portes d'Athènes.

Je désirais depuis longtemps entendre de la bouche de la duchesse le récit de son aventure ; mais la duchesse n'aime pas à raconter les tours que les grecs lui ont joués. Un banquier en qui elle avait mis sa confiance lui a fait perdre près de 300000 drachmes : elle ne s'en plaint à personne. Quelques malveillants lui ont brûlé une maison : elle n'accuse que la combustibilité des choses humaines.

D'autres se sont amusés à détruire un pont qu'elle avait jeté sur l'Ilissus : elle les trouve blancs comme neige. Toutes les fois que j'essayais de lui parler de Bibichi, elle se hâtait de me parler d'autre chose.

Un jour que nous étions seuls, et qu'elle n'avait rien à raconter, je lui demandai timidement :

- Est- Il vrai, madame la duchesse, que, sur le chemin du Pentélique, vous avez été arrêtée par...

- Il faut, me dit- Elle, que je vous raconte une assez bonne plaisanterie que je tiens de Georges Cuvier. C'est un petit dialogue qu'on a écrit en 1814, à Rome, sur le piédestal de la statue de pasquin :

Louis XVIII : Comment, saint- Père, avez- Vous pu sacrer un usurpateur ?

Pie VII : Hé ! Mon cher fils, que voulez- Vous ? Vous n'étiez pas là.

Louis XVIII : Mais, saint- Père, avec ma légitimité, je règne même où je ne suis pas.

Pie VII : Mais, mon cher fils, avec mon « infaillibilité, j'ai raison même quand j'ai tort. « je trouvai la citation plaisante, et je ris de grand cœur. « Madame la duchesse, lui dis- Je, vous avez une façon charmante de conter les choses. Contez- Moi donc un peu ce qui vous est arrivé...

- Oh ! Se hâta- T- Elle d'ajouter, on ne sait plus conter aujourd'hui. De mon temps, on adorait les histoires, et ceux qui savaient les dire étaient partout les bienvenus. Vos romanciers eux- Mêmes sont de pauvres conteurs ; ils ne savent plus que disserter. Vos poètes ne savent que gémir ou déclamer. Y en a- T- Il un seul qui raconte aussi élégamment que Delille ? « « je me dis en moi- Même : « si je conteste un mot, je suis perdu. « et je confessai lâchement que Delille était le premier conteur du monde. « je suis bien aise, reprit la duchesse, de vous voir de mon avis. M De Lamartine et M Hugo ont-Ils rien écrit d'aussi parfait que ces vers ? « Je baissai la tête, et j'essuyai une interminable narration extraite du poème des jardins. C'était, si je ne me trompe, l'histoire d'un jeune sauvage quireconnaît au jardin des plantes un arbre de son pays. Quand le torrent eut coulé, je repris :

- Madame la duchesse, vous avez une mémoire admirable. Vous ne devez pas avoir oublié l'aventure qui...

- Moi ! Reprit- Elle, je n'ai rien oublié, et j'ai beaucoup appris. Je sais tout ce qui s'est passé dans Athènes depuis mon arrivée en Grèce. Je sais... tenez ! Je sais trop de choses, et plusieurs que je voudrais oublier. Une surtout... « Je croyais tenir mon histoire. J'en étais loin. La duchesse poursuivit :

- Une surtout dont j'ai rêvé plus d'une fois, et qu'il faut que je vous conte. « je tendis avidement les deux oreilles. « Croiriez- Vous que dans ce pays on enterre quelquefois les gens tout vifs ?

- Sont- Ce les brigands qui... ?

- Non, les fossoyeurs. Il y avait dans la ville un brave homme sujet à des évanouissements de douze heures. Un jour il en eut un de vingt- Quatre ; on le crut mort et on l'enterra. Le lendemain, le fossoyeur qui travaillait dans le voisinage entendit du bruit dans la bière. Il n'en parla à personne. Mais deux ou trois jours après, rencontrant la veuve du mort, il lui dit : « il paraît que ton « mari ne se plaît guère dans l'autre monde, car il « fait un bruit à réveiller tous ses voisins. « la bonne femme courut donner de l'argent aux églises :

C'est ainsi, au dire des papas, qu'on soulage les morts. Elle apprit, chemin faisant, à ceux qu'elle rencontrait que feu son mari lui donnait bien de l'embarras, et qu'il ne pouvait se décider à rester tranquille. Un homme de sens eut l'idée de faire ouvrir le cercueil, et l'on trouva le mort parfaitement mort, mais après des convulsions épouvantables.

- En vérité, m'écriai- Je. Mais c'est à faire frémir ; et les plus terribles histoires de brigands... « La duchesse m'interrompit. « et vous
croyez que je me laisserai ensevelir par ces gens- Là ? Non, non !
J'ai déjà pris mes mesures, et, s'ils m'enterrent toute vive, comme
cela est très probable, je saurai bien me tirer d'affaire. J'ordonnerai
par testament qu'on me couche sur un lit de repos, dans un ca-
veau bien aéré, avec deux portes, dont l'une s'ouvrira du dedans, et
l'autre du dehors.

On placera à ma portée un bouquet de fleurs odorantes pour
m'aider à reprendre mes sens, et une bouteille de vin de Bordeaux
qui me rendra des forces. Et, de peur que les brigands ne viennent
m'égorger dans la tombe, j'assurerai quinze mille francs de rente
à un berger robuste, pour qu'il passe sa vie au premier étage du
monument et qu'il veille sur mon repos. « - Croyez- Vous donc,
madame, que les brigands ? ... « Une personne entra ; c'était Janthe.
« vous tombez à propos, lui dis- Je. La duchesse allait me raconter
son arrestation par Bibichi.

- Ah ! Ah ! Répondit Janthe ; ce pauvre homme qui s'est fait brigand parce qu'il était trompé ! Si tous les maris étaient du même
tempérament, une moitié du genre humain dévaliserait l'autre.
Madame la duchesse, vous avez fait preuve de sang- Froid ce jour-
Là !

- Ce n'est pas la peine d'en parler, dit vivement la duchesse.

- Comment ? Et de quoi parlerait- On, grand dieu ? Vous étiez
seule dans votre voiture, j'entends seule avec un officier grec qui
tremblait comme la feuille et qui cachait son sabre entre ses genoux. Bibichi, dans sa joie de tenir une si riche capture, ne savait
quelle somme vous demander :

il parla d'abord de vingt mille doublons, puis de cent mille livres
sterling. Quand vous vîtes qu'il ne connaissait pas bien la valeur
des monnaies dont il parlait, l'idée vous vint de lui demander à
combien de drachmes il fixait votre rançon. Il répondit : « deux
cent mille. « - Oui, ajouta la duchesse, qui ne pouvait plus échapper à son histoire, et le pauvre homme me disait d'un air pénétré :
« madame, donnez- Nous « ces deux cent mille drachmes ; nous en
ferons un « bon usage ; nous nous retirerons en Turquie ; « nous ne
volerons plus personne ; nous achèterons « quelque belle métairie,

et nous bénirons tous les « jours votre nom. « si vous aviez vu avec quel respect il me parlait à la portière de ma voiture, vous auriez cru qu'il me demandait l'aumône.

- Une forte aumône. Et vous avez consenti ? ...

- Oui, mais j'ai marchandé, et j'en ai été quitte pour signer un billet de quinze mille drachmes, que mon compagnon de voyage est allé toucher à Athènes tandis que les pauvres gens me retenaient en otage. Malheureusement, mon architecte qui arrivait au- Devant de moi vit de loin l'embarras où je me trouvais ; il courut à Calandri, et ramena tout le village à mon secours. Lorsque ce malheureux Bibichi se vit condamné à fuir sans son argent, il prit congé de moi, mais d'un air si désappointé que les larmes me vinrent aux yeux. Je lui donnai dix francs qu'il reçut avec reconnaissance. Il y a du bon chez ces gens- Là.

- Oui, dit la comtesse Janthe ; mais ils ont quelquefois des idées bien bizarres. Avez- Vous entendu dire ce qu'ils ont fait de messieurs X, Y et Z ?

- Non, madame.

- Eh bien, il m'est impossible de vous le raconter.

Mais vous, ne savez- Vous pas quelque histoire de brigands ?

- Hélas ! Madame, aucune. Vous savez qu'en France ce genre d'industrie n'est pas assez encouragé par les lois. Ma seule aventure m'est arrivée en Grèce, et je vais vous la dire.

- Avez- Vous eu bien peur ?

- Un peu. C'était pendant ma dernière excursion en Morée. Nous étions dans un pays de montagnes, loin de tout secours humain, et, pour comble d'embarras, engagés dans un défilé plus étroit que les Thermopyles. « Alerte ! « cria un agoyate.

Une troupe d'hommes de mauvaise mine, tous armés jusqu'aux dents, couraient sur nous bride abattue.

Le chef de la bande, monté sur un cheval très présentable, se distinguait par un costume qui eût fait fortune au théâtre. Il n'était débraillé qu'à demi, comme il convient à un voleur de bonne race, et la férocité de son visage était tempérée par un certain air de grandeur. Mais les satellites qui se groupaient autour de lui, à cheval, à mulet, à pied, étaient pourvus des figures les plus patibulaires que la nature ait jamais dessinées dans ces jours de caprice où elle essaye de rivaliser avec Callot. Nous étions sans armes. Cependant nous fîmes bonne contenance ; et, soit que notre air résolu imposât à l'ennemi, soit que la maigreur de nos bagages désarmât sa cupidité, soit enfin qu'il poursuivît quelque autre proie, il passa outre, et disparut bientôt dans la poussière.

Un quart d'heure après, je rencontrai un paysan.

- Quelle est, lui demandai- Je, cette bande qui infeste les environs ? Nous croyons bien avoir rencontré les brigands. « - Tu ne t'es pas trompé de beaucoup ; c'est un sous- Préfet qui voyage.»

II

La plupart des voyageurs ont soin de remplir leur malle de lettres de recommandation. Je conseille à tous ceux qui partiront pour la Grèce de ne se faire recommander à aucun grec.

Ce n'est pas que l'étranger soit mal reçu dans les maisons où il se présente. Si le maître est sorti, le domestique vous reçoit sur la porte. Dites- Lui votre nom sans crainte : il ne le redira à personne. Il est trop discret pour parler à son maître des gens qui sont venus le voir. Si vous lui laissez une carte de visite, il croit que c'est un cadeau que vous lui faites, et il la garde comme souvenir. Si la famille est à table, on vous répond : « ils mangent du pain, « et l'on vous ferme la porte au nez.

Si le repas est fini et que le maître fasse la sieste, on vous dit sans plus de façon : « il dort. « si l'on n'est ni dehors ni à table, ni au lit, si l'on se trouve assez habillé pour recevoir, si les chambres sont assez bien débarrassées pour que l'étranger ne se heurte dans aucun meuble, on le fait entrer, on l'invite à s'asseoir, on lui offre une pipe ou une cigarette ; on lui fait apporter une tasse de café et un pot de glyco, et on lui jure amitié éternelle.

Mais on ne l'engage pas à revenir.

Tous les grecs ont l'habitude de fumer, comme tous les grecs portent des moustaches. Le roi est peut- être le seul homme du royaume qui ne fume pas ; encore assure- T- On que, lorsque la reine est en Allemagne, il se permet quelquefois une cigarette.

Edmond About

J'ai parlé du tabac grec, qui est excellent. Il a plus de parfum et moins d'âcreté que le nôtre ; il est d'ailleurs d'une couleur beaucoup plus appétissante. Presque tout le tabac soi- Disant turc qu'on introduit en France pour les particuliers, vient d'Argos ou de Lamia, les deux meilleurs crus de la Grèce.

On fume la cigarette dans la rue, le chibouk à la maison. Les cigarettes grecques ne ressemblent pas mal à des boudins de petit calibre, et le papier dont on les fait pourrait servir au besoin de papier à lettre. L'étranger qui ne sait pas rouler sa cigarette peut la faire faire par le maître de la maison, qui l'arrondit avec soin, la mouille copieusement, l'allume en fumant deux ou trois bouffées, et la donne à son hôte de l'air le plus gracieux du monde.

Le chibouk se compose, comme on sait, d'un fourneau de terre rouge et d'un long tuyau de bois foré par le milieu. Les chibouks les plus estimés sont en jasmin, en cerisier ou en moussah (arbre de Judée). On fait encore avec des branches d'oranger ou de citronnier des tuyaux élégants qui donnent à la fumée un goût délicieux. Le premier devoir d'un chibouk est d'être très long et très gros : dans les bonnes maisons, on fume de véritables gourdins. Tout chibouk qui se respecte est lavé et gratté intérieurement chaque fois qu'il a servi. Les bouts d'ambre ou de verre ne servent qu'à gâter la fumée en lui donnant de l'âcreté. Les vrais fumeurs mordent à belles dents le tuyau de bois parfumé. Le chibouk est apporté par un domestique, qui le fume, chemin faisant, pour le tenir allumé. Le tabac qui remplit le fourneau doit déborder alentour et retomber en grappes dorées.

Cette frange s'appelle la crème du chibouk.

Le narghilé ne se fume plus guère que dans les cafés borgnes des environs du bazar ou dans les cabarets de village. Au reste, il n'est bon que là.

Les meilleurs appareils sont ceux qui servent vingt fois par jour.

Les grecs, à de très rares exceptions près, ne fument hors de chez eux que la cigarette. Ils la fument partout, même dans le foyer du théâtre, qui est une affreuse tabagie. Les étrangers se permettent seuls le luxe du cigare. On vend chez les épiciers des cigares d'un sou qui viennent de Malte, et qui sont faits de je ne sais quelle plante, parente éloignée du tabac. Un marchand allemand vend des cigares de Trieste qui coûtent 15, 20 et 25 lepta, et qui ne les valent point.

On rencontre quelquefois dans la rue un bourgeois qui s'avance le chibouk à la main. C'est l'exception, et cette habitude ne s'est guère conservée que dans les petites villes comme Syra, où les marchands se promènent en robe de chambre à ramages.

Les grecs ne prisent pas. Un très petit nombre d'individus, qui ont contracté cette habitude, râpent leur tabac eux- Mêmes. L'immense majorité du peuple a fini par donner raison à Aristote et à sa docte cabale.

Le café qui se sert dans toutes les maisons grecques étonne un peu les voyageurs qui n'ont vu ni la Turquie ni l'Algérie. On est surpris de trouver à manger dans une tasse où l'on espérait boire.

Cependant on s'accoutume à cette bouillie de café ; on finit par la trouver plus savoureuse, plus légère, plus parfumée et surtout plus saine que l'extrait de café qui se boit en France.

Notre Petros est le premier homme d'Athènes pour le café. Il jouit d'une réputation colossale, que la guerre d'Orient va étendre encore. Je connais sur la mer Noire un bon nombre d'officiers de marine qui savent ce qu'il faut penser du café de Petros, et je présume qu'il s'occupe en ce moment à le faire goûter à notre infanterie. Comme tous les grands artistes, Petros ouvre son atelier aux curieux. Il ne craint point qu'on lui dérobe son secret : il sait qu'il possédera toujours je ne sais quoi d'inimitable ; qu'on pourra le contrefaire, mais non l'égaler.

Je puis donc sans indiscrétion révéler au lecteur les procédés dont il se sert. Si la fantaisie vous prend d'essayer de la recette, vous ferez un café excellent, mais qui ne vaudra jamais le café de Petros.

On grille le grain sans le brûler ; on le réduit en poudre impalpable, soit dans un mortier, soit dans un moulin très serré. On met l'eau sur le feu jusqu'à ce qu'elle soit en ébullition, on la retire pour y jeter une cuillerée de café et une cuillerée de sucre en poudre par chaque tasse que l'on veut faire ; on mélange soigneusement ; on replace la cafetière sur le feu jusqu'à ce que le contenu fasse mine de s'enfuir, on la retire ; on la remet ; enfin l'on verse vivement dans les tasses. Quelques amateurs font bouillir cette préparation jusqu'à cinq fois. Petros a pour principe de ne pas mettre son café plus de trois fois sur le feu. Il prend soin, en remplissant les tasses, de répartir avec impartialité la mousse colorée qui s'élève au- Dessus de la cafetière : c'est la crème du café. Une tasse sans crème est déshonorée. Lorsque le café est servi, vous êtes libre de le prendre bouillant et trouble, ou froid et reposé.

Les gourmets l'avalent sans attendre. Ceux qui laissent reposer le marc ne le font point par mépris ; car ils le ramassent ensuite avec le petit doigt, et le mangent dévotement.

Ainsi préparé, le café peut se prendre sans inconvé nient dix fois par jour : on ne boirait pas impunément tous les jours cinq tasses de café français. C'est que le café des turcs et des grecs est un tonique délayé, et le nôtre un tonique concentré.

J'ai rencontré à Paris bon nombre de personnes qui prenaient le café sans sucre pour imiter les orientaux. Je crois devoir les avertir, entre nous, que dans les grands cafés d'Athènes on sert toujours le café avec du sucre ; que dans les khanis et les cafés de second ordre, on le sert tout sucré ; qu'à Smyrne et à Constantinople on me l'a servi partout trop sucré.

Le glyco, qui vient après le café dans le cérémonial hospitalier de l'orient, n'est pas une chose aussi mystérieuse que son nom pourrait le faire croire. Glyco veut dire chose douce. Les cerises sont du glyco ; le rahat-Loukoum est un excellent glyco. C'est chez Dimitri, pâtissier, rue d'Hermès, qu'on mange le meilleur loukoum, le plus frais et le plus finement parfumé d'essence de roses. Les cabarets de la route du Pirée vendent de vieux morceaux de loukoum qui ressemblent à des rognures de lard.

Mais un maître de maison qui veut faire honneur à ses hôtes va chez Dimitri chercher quelques morceaux de cette pâte légère, transparente et fondante, qui rafraîchit délicieusement la bouche des fumeurs.

Le glyco est servi ordinairement par la maîtresse du logis ou par sa fille. Les confitures sont contenues dans un grand verre où chacun puise tour à tour avec la même cuiller. Après le glyco, votre hôte n'a plus rien à vous offrir qu'une poignée de main. La poignée de main est la chose dont les grecs abusent le plus : ce qui se donne de poignées de main en un jour seulement dans la ville d'Athènes, est incalculable. Le peuple entier est de l'avis du vieux poète français qui disait :

Ce gage d'amitié plus qu'un autre me touche :

Un serrement de main vaut dix serments de bouche. Les domestiques ne disent point adieu à leur maître qu'ils ne lui serrent la main. La première fois que le perruquier est venu me couper les cheveux, en se retirant il m'a tendu la main sans l'essuyer.

Les grecs, qui se tutoient presque tous, ont inventé des formules plus polies à l'usage des étrangers.

Non seulement ils ont gâté cette belle langue grecque en y introduisant le vous, mais ils ont emprunté aux italiens la seigneurie. il est vrai qu'ils s'oublient quelquefois, et qu'on entend un valet dire à son maître : « qu'en pense ta seigneurie ? « les villageois tutoient même les étrangers : « achète- Moi cela, milord ! « j'ai dit, si je ne me trompe, que les familles phanariotes vivaient à la mode d'Europe : il est donc inutile de rappeler que tout ce qui précède ne s'applique ni aux Soutzo, ni aux Mourousi, ni aux Mavrocordato. Le seul fait peut- être qui distingue les maisons phanariotes des maisons françaises, c'est que les domestiques y sont plus nombreux, les appartements moins meublés, les meubles moins élégants, que l'on y fume devant les dames, et qu'elles y fument quelquefois sans se cacher.

III

Voulez- Vous voir le peuple grec sous son vrai jour ? Promenez-Vous dans les rues. De tout temps les grecs ont vécu en plein air. Les romains étaient, dit- On, fort épris de la place publique, et l'on assure qu'ils haïssaient le logis.

Je les défie de ne l'avoir jamais haï comme les grecs, car il pleut à Rome dix fois plus qu'à Athènes.

Lorsqu'on examine ce qui reste de la ville ancienne, on est frappé de la petitesse des maisons qui toutes ont laissé leur trace sur le sol. On ne croirait jamais, si l'histoire ne faisait foi, que de pareils taudis aient été habités par des hommes.

L'abbé Barthélemy a tracé dans son livre le plan d'une maison athénienne. Je me ferais fort de donner un bal à cinquante maisons

Edmond About

athéniennes dans la maison de l'abbé Barthélemy. Ces baraques, que nous pouvons mesurer avec une canne, n'étaient pas tenables pendant le jour ; tout au plus y pouvait- On souper et dormir. On passait la journée au marché, dans la rue ou sur la place.

Ainsi fait- On encore aujourd'hui, quoique les maisons soient plus commodes et plus spacieuses qu'au siècle de Périclès.

Il est toujours difficile de traverser le carrefour central de la ville, à l'embranchement de la rue d'école et de la rue d'Hermès. C'est là que les citoyens, assis devant les cafés ou debout au milieu de la chaussée, agitent les questions de paix et de guerre et remanient, en fumant des cigarettes, la carte de l'Europe. Tandis que les hommes d'état professent en plein air, les étudiants, ramassés en groupes devant l'université, devisent tumultueusement ; les papas, devant leurs églises, débattent quelque point d'orthodoxie ; les bourgeois font retentir de leurs discussions la boutique de l'épicier, du bar-bier ou du pharmacien. Ces trois sortes d'établissements sont des salons de conversation à l'usage du peuple. Le pharmacien réunit surtout les gens établis et l'élite de la bourgeoisie. Les causeurs ne s'entassent pas dans la boutique : ils se tiennent de préférence sur le seuil, un pied sur le trottoir, une oreille dans la rue, pour saisir les nouvelles qui circulent.

Le bazar est peut- être l'endroit le plus fréquenté de la ville. Le matin, tous les citoyens, quel que soit leur rang, vont eux- Mêmes à la provision. Si vous voulez voir un sénateur portant deux ro-gnons dans une main et une salade dans l'autre, allez au bazar à huit heures du matin. Jamais les servantes de Landernau ne sau-ront caqueter aussi dru que ces honorables en faisant leur marché. Ils se promènent de boutique en boutique, s'informant du cours des pommes, du prix des oignons, ou rendant compte de leur vote de la veille à quelque changeur qui les arrête au passage.

Le changeur a, comme autrefois, sa boutique au marché. Les an-ciens l'appelaient l'homme à la table. Il n'a changé ni de nom, ni d'emploi, ni de table, depuis le temps d'Aristophane ; seulement, grâce au progrès de la civilisation, il a couvert sa table d'un treillis de fer qui protége les monnaies d'or et d'argent.

à huit heures du soir, en été, le Bazard prend un aspect féerique. C'est l'heure où les ouvriers, les domestiques, les soldats, viennent faire emplette de leur souper. Les gourmets se partagent, entre sept ou huit, une tête de mouton de six sous ; les hommes sobres achètent une tranche de pastèque rose ou un gros concombre qu'ils mordent à belles dents, comme une pomme. Les marchands, au milieu de leurs légumes et de leurs fruits, appellent à grands cris les acheteurs ; de grosses lampes, pleines d'huile d'olive, jettent une belle lumière rouge sur les monceaux de figues, de grenades, de melons et de raisins. Dans cette confusion, tous les objets semblent brillants ; les sons discordants deviennent harmonieux ; on ne s'aperçoit pas qu'on patauge dans une boue noire, et l'on sent à peine les odeurs nauséabondes dont le bazar est infecté.

À quelque heure du jour que vous sortiez dans les rues, vous entendrez prononcer deux mots que vous retiendrez bientôt. Ils sont dans toutes les bouches, et l'étranger qui débarque les a appris avant d'avoir fait cinquante pas.

Le premier est le mot drachme ; le second, le mot lepta. On peut affirmer, sans faire un paradoxe à la façon de Figaro, que ces deux mots sont le fond de la langue. L'usage et l'abus qu'on en fait prouvent abondamment que le peuple grec a le génie du commerce.

Un étranger qui tomberait à Athènes vers minuit, au mois de juillet, ne serait pas médiocrement surpris de trouver les rues couvertes de manteaux.

S'il croyait qu'on a fait une telle jonchée en son honneur, et s'il s'avançait étourdiment à travers cette friperie, il sentirait le sol s'agiter, il verrait des bras et des jambes sortir de terre, et il entendrait un concert de grognements énergiques.

Le peuple a l'habitude de coucher dans les rues depuis le milieu de mai jusqu'à la fin de septembre.

Les femmes dorment sur les terrasses et sur les toits, à la condition que les toits soient en terrasse.

On a pu remarquer que les femmes tiennent peu de place dans ce chapitre : c'est que les femmes tiennent peu de place dans les rues. Elles sortent rarement, et c'est pour rentrer au plus vite. Jamais elles ne vont au bazar. Les hommes ont conservé ce privilège depuis la domination turque, ou plutôt depuis l'antiquité.

La voie publique est, pour les grecs du sexe fort, un salon et une chambre à coucher. Pourquoi leur chambre n'est- Elle jamais faite ? Constantinople est peut- être la seule grande ville qui puisse enlever à Athènes la palme de la malpropreté. On rencontre dans les rues ici un corbeau mort, là une poule écrasée, plus loin un chien qui se décompose.

Je crois, en vérité, que, si un cheval de fiacre venait à mourir devant le café de la belle- Grèce, le tortoni d'Athènes, on laisserait aux vautours le soin de l'emporter.

La police permet aux particuliers de creuser de grands trous à chaux devant leurs maisons, au risque de faire cinq ou six écus tous les soirs.

Elle laisse séjourner des flaques d'eau dans les rues : on n'a jamais songé à couvrir ce grand fossé qui traverse le beau quartier de la ville. Il y a plus : le pont qui joint les deux rives de ce cloaque, devant l'imprimerie royale, a perdu, il y a huit ans, une traverse de bois, et rien n'est plus facile que de s'y casser la jambe. La planche qui manque pourrait être remplacée pour deux drachmes ; mais personne n'y a jamais songé.

Les rues sont éclairées à l'huile, excepté les nuits où l'on compte sur la lumière de la lune. Si l'almanach se trompe ou si la lune se cache, il est permis à tous les athéniens de se rompre le cou.

IV

Les hôtels d'Athènes sont chers et mauvais, parce qu'ils ont peu de voyageurs. Il leur tombe quelques touristes au printemps et à l'automne : c'est tout leur revenu de l'année. Lorsque Athènes deviendra un lieu de passage fréquenté en toute saison, les hôteliers feront leurs affaires et les voyageurs y gagneront.

En attendant, les chambres sont à peine meublées, la propreté douteuse, le service mal fait, la nourriture plus que médiocre.

L'hôtel, je ne dirai pas le plus confortable, mais le plus tolérable, est l'hôtel de Dimitri, situé sur la place du palais, en face de la légation de France. On l'appelle, pour les étrangers, hôtel des étrangers : les indigènes ne connaissent que le nom de Dimitri.

Dimitri est un homme intelligent et curieux du progrès. Sa maison gagne de jour en jour : s'il parvient à se tirer d'affaire, les voyageurs riches trouveront chez lui un gîte agréable. Le maître de la maison parle anglais ; il a des domestiques de place qui savent le français.

L'hôtel d'orient et l'hôtel d'Angleterre sont deux grands établissements situés à trente pas l'un de l'autre, rue d'Éole, en face du hangar aux canons.

Le voyageur, en ouvrant sa fenêtre, peut contempler les douze petits canons qui composent l'artillerie du royaume. Les deux hôtels appartenaient, l'an dernier, aux mêmes propriétaires. Ils recevaient les voyageurs beaucoup moins bien que Dimitri ; mais ils étaient aussi moins chers. Un artiste qui veut demeurer à Athènes plus d'un mois peut être logé et nourri à l'hôtel d'Angleterre moyennant cinq ou six francs par jour, sans le vin.

Je ne sais pourquoi les hôteliers d'Athènes se plaisent à faire payer le vin à part : le vin de Santorin, qu'ils donnent pour ordinaire et qu'ils font payer 1 drachme 50 lepta la bouteille, leur coûte au plus 20 lepta.

Les vins de Bordeaux, de Bourgogne et de Champagne sont hors de prix. Le porter et l'ale, qui viennent de Malte, coûtent 3 drachmes la bouteille. Après ces trois hôtels, mais à une grande distance, vient l'hôtel d'Europe, rue d'Éole, au- Dessus du libraire allemand M Nast. Les commis voyageurs, les petits employés et tous ceux qui veulent vivre avec économie sans trop se soucier de la propreté, vont loger à l'hôtel d'Europe. Le maître de la maison est un français, sa femme une maltaise. Un jour que j'avais commis l'imprudence d'aller voir un des hôtes de la maison, j'ai eu le chagrin de voir l'aubergiste aux prises avec sa femme, qui appelait nominativement tous les locataires à son secours. Les personnes qui ne voyagent pas pour écrire des romans de mœurs intimes feront bien de se loger ailleurs. Je dois dire cependant que la modicité des prix, la complaisance des maîtres de la maison et une réputation de vieille date amène journellement beaucoup de monde à l'hôtel d'Europe. C'était le seul hôtel d'Athènes il y a dix ans.

Les grecs de condition moyenne voyagent avec leur lit, qui se compose le plus souvent d'une couverture. Ils ne demandent donc aux aubergistes qu'un espace de six pieds de long pour reposer leur

Edmond About

corps. Il y a trente auberges dans Athènes qui peuvent le leur offrir ; mais, comme je ne suppose pas que mes lecteurs soient curieux de coucher par terre entre quatre grecs, il est inutile d'insister davantage sur des logis malpropres où ils ne mettront jamais le pied. Hors des quatre hôtels dont j'ai parlé, point de salut.

Mais je dirai un mot des khanis, parce que tout le monde est exposé à y dormir. Les khanis sont des auberges de dernier ordre, et cependant les meilleures que l'on rencontre hors d'Athènes. Le nom est turc, la chose est de tous les pays. Je crois que les turcs disent un khan. les grecs ont ajouté un i par patriotisme. Khani se traduit généralement par auberge ; mais rien n'est plus faux que cette interprétation. Qui dit traître comme un traducteur ne dit pas mal.

Telles sont nos habitudes d'esprit, que le mot d'auberge éveille en nous l'idée d'un hôtelier joufflu, pansu, drapé dans un tablier blanc, et riant d'un gros rire sous son bonnet de coton ; une servante haute en couleur, un valet à figure niaise ; tous empressés, maître, valet, servante, autour du voyageur ; des fourneaux allumés ; des casseroles en branle, une cuisine à grand orchestre ; de bons lits, des draps blancs et des rideaux rouges. Les khanis n'ont que faire de rideaux ; n'ayant pas de fenêtres ; des draps blancs y seraient superflus, faute de lits où les mettre, et des casseroles n'y serviraient que de vain ornement, faute de provisions et de cuisinier. La servante y est chose inconnue : s'il existe des femmes dans la maison, elles ne se montrent guère plus qu'au temps des turcs. Les hommes seuls servent le voyageur, quand ils sont en humeur de servir. Quelquefois le khangi est un vieillard maussade qui vous laisse prendre possession de son logis, vous regarde faire en grommelant, et ne se dérange pour vous qu'à la troisième sommation ; quelquefois, c'est un homme jeune encore, coiffé d'un bonnet rouge à gland d'or et serré comme une guêpe dans son joli costume albanais. Il vient à vous, vous tend la main, vous souhaite la bienvenue et met sa maison à votre service ; mais la maison n'en vaut pas mieux. Vous trouverez une chambre qui a strictement les quatre murs ; quelquefois un plancher : c'est du luxe ; quelquefois une natte ; c'est du raffinement. Si nombreux que l'on soit, et s'appelât- On légion, il se faut accommoder de cette unique chambre, il est bien rare que la maison en possède deux. Les bancs, les tables et surtout les chaises ne se rencontrent que par accident ; mais ce sont vanités dont on apprend aisément à se passer. Vous faites dérouler votre matelas, vous croisez les jambes comme un turc, ou vous les étendez comme un romain, et vous vous armez de patience, tandis que votre domestique, avec des provisions, apprête votre dîner. Le khangi fournit le toit ; ne lui demandez rien de plus. Cependant soyons juste : on trouve dans les khanis du pain et du vin, on y trouve des fers pour les chevaux, de la corde pour les bagages, des allumettes, du savon, et cette épicerie élémentaire qui suffit aux besoins des grecs. Le gîte qu'ils nous offrent est plus propre que la plupart des maisons de paysans, on n'y est donc pas aussi mal que possible. Toutefois, on y est fort mal ; et l'on n'est pas médiocrement surpris au matin, lorsqu'il faut payer pour le loyer de quatre murs le prix d'une bonne chambre d'auberge avec ces rideaux rouges et ces draps blancs que j'ai revus souvent dans mes rêves. Si l'auberge et le khangi se ressemblent par quelque point, c'est par la carte à payer.

Le petit peuple d'Athènes mange en plein air, ou dans des gargotes qui font une sorte de cuisine italienne ; mais il se nourrit le plus souvent de choses froides qu'il mange sur le pouce. Un morceau de poisson salé, une poignée de piments ou d'olives amères, une tranche de khalva (gâteau de sésame et de miel), composerait, pour la somme de trois sous, un festin de Balthazar.

Les étrangers n'ont d'autre ressource que d'aller dîner à l'hôtel pour 4 drachmes, sans le vin.

Les voitures ne sont pas rares dans Athènes, et l'on en trouve abondamment pour la ville et la campagne. J'ai dit plus haut que la campagne s'étend à quatre lieues de la ville. Rien n'est plus disgracieux que ces pauvres fiacres d'Athènes, disloqués, malpropres et mal tenus. Ils ont rarement des carreaux, et je ne sais pas s'ils ont toujours quatre roues.

On les trouve tous rassemblés sur une place boueuse, qui s'appelle la place des voitures. Il n'est pas facile de faire un choix, tant on est tiraillé et envahi par les cochers. On traite de gré à gré avec ces messieurs : la police n'a pas établi de tarif. On va au Pirée pour une drachme et demie ou pour 60 drachmes, suivant l'occasion : pour un bal au Pirée, j'ai vu louer les fiacres 60 drachmes huit jours à l'avance. Le jour venu, on en avait à choisir pour 2 drachmes. Les voitures haussent et baissent, comme ailleurs les fonds publics, sans qu'on sache toujours pourquoi.

On a parlé d'établir des omnibus d'Athènes au Pirée. Les communications sont fréquentes, les fiacres sont chers : l'affaire paraît excellente à première vue. Elle est détestable, et l'on s'y ruinerait. Les omnibus ne pourraient pas faire payer moins de 50 lepta pour une course de deux lieues.

Or, les grecs trouvent moyen d'aller au Pirée pour 25 lepta. Le premier qui veut partir prend un fiacre, s'y installe et attend ; un second arrive, on l'appelle, il prend place ; un troisième vient ; huit personnes qui ne se connaissent pas s'empilent dans la même voiture, qui devient par le fait un omnibus. Les chevaux de fiacre sont très laids : mais ils ne quittent jamais le galop. Je terminerai ces renseignements par un mot sur les bains d'Athènes. On n'y prend guère que desbains de vapeur, et il en est de même dans tout l'orient.

Le sopha sur lequel Hassan était couché était dans son espèce une admirable chose ; mais la baignoire et les robinets d'airain seraient des objets de mépris en Grèce comme en Turquie.

Si vous allez à Athènes, vous y prendrez des bains turcs, et vous vous en trouverez bien.

Autant les bains français s'appliquent à ressembler aux bains turcs, autant les établissements de bains turcs ressemblent extérieurement à des bains français. Le meilleur des deux bains turcs qui sont à Athènes est une maison sans apparence, avec deux petites enseignes peintes, représentant un bonhomme et une bonne femme. Ce langage allégorique se traduit en patois vulgaire par : côté des hommes, côté des dames.

En entrant, on tombe dans une chambre meublée de douze lits de camp, dont chacun est enfermé dans un rideau rouge habilement rapiécé. C'est derrière ce voile de pourpre que le baigneur se dépouille de ses habits pour revêtir un pagne de coton ; il chausse des sandales de bois, et on l'invite à passer dans la salle voisine. Il traverse clopin- Clopant un petit cabinet chauffé à vingt degrés environ, et pénètre sans autre transition dans l'étuve.

Au premier moment on est un peu suffoqué ; on n'avait pas

contracté l'habitude de respirer de la vapeur d'eau chauffée à cinquante degrés. Mais on s'y fait, et l'on prend un lâche plaisir à se voir ruisseler. Le pavé est ardent, les murs brûlent.

Le mobilier de la salle se compose de deux lits de planches à fleur de terre et de deux petites cuves de pierre placées sous deux robinets. Chaque cuve renferme une sébile de bois.

Quand le patient a sué dix ou douze minutes, il voit entrer son baigneur qui le prend et l'étend sur un des lits de bois. Là commence l'opération du massage. Si le corps humain n'était pas doué d'une élasticité merveilleuse, un homme bien massé serait bon à porter en terre. Pendant qu'on est pétri par un robuste vieillard qui ne ressemble pas mal à un bourreau, on se demande de temps en temps si l'on n'a pas quelques os rompus, ou tout au moins désarticulés.

êtes- Vous suffisamment moulu ? Attendez : il faut maintenant qu'on vous étrille. Le baigneur s'arme d'un gant de poil de chameau qu'il vous promène sur tout le corps, entraînant, à chaque coup, de grands rouleaux de peaux mortes dont vous ne vous saviez pas porteur. Cela fait, il s'avance avec un formidable baquet de mousse de savon dont il vous habille de la tête aux pieds : gare aux yeux !

Finalement il puise dans les petites cuves de marbre quelques écuellées d'eau chaude dont il a soin de vous inonder. Puis on vous entortille de serviettes, on vous roule un turban autour de la tête, et l'on vous conduit ou plutôt on vous porte sur le lit de camp où vous vous êtes déshabillé.

Là commencent les délices du bain turc, ou du moins c'est là qu'elles commenceraient si le lit était propre, si le café était bon, si le narghilé se fumait bien, et s'il ne s'exhalait pas de tout ce qui vous entoure un arrière parfum de malpropreté qui me ferait prendre en horreur le paradis de Mahomet.

V

Lorsqu'on a traversé toute la rue d'Éole en tournant le dos à l'acropole et à la tour des vents, on aperçoit devant soi une route poudreuse, longue d'un grand kilomètre et terminée par un petit village. Ce village était, sous les turcs, la résidence du pacha. Le nom de pacha, ou padischah, lui est resté, un peu corrompu il est vrai : les athéniens disent patissia. La route de Patissia est le turf d'Athènes.

Si je disais que c'est un lieu de plaisance, je mentirais comme un historien grec. La route est mal entretenue, et tiendrait mal son rang parmi nos chemins vicinaux. Les arbres dont on a essayé de la border sont morts, ou mourants, ou malades ; les quatre ou cinq cabarets qui se dressent à droite et à gauche ne sont pas des parthénons ; les champs d'orge ou les terrains incultes qu'elle traverse ne font pas un paradis terrestre.

Cependant les promeneurs qui s'entassent sur cette route peuvent voir, quand la poussière le permet, un des beaux panoramas du monde. Ils ont devant eux le mont Parnès, fendu par une grande crevasse béante ; derrière eux, Athènes et l'acropole ; à droite, le Lycabète ; à gauche, la mer, les îles et les montagnes de la Morée. La vue est moins belle au bois de Boulogne.

Le monde élégant d'Athènes a pour distraction principale, en été comme en hiver, la promenade sur la route de Patissia. On y vient à pied, en voiture, et surtout à cheval. Tout grec qui trouve trois cents drachmes à emprunter se hâte d'acheter un cheval ; tout grec qui a trois drachmes dans sa poche les consacre à la location d'un cheval. Les commis des magasins de la rue Vivienne auront beau faire ; ils ne seront jamais aussi grands cavaliers que les coiffeurs et les cordonniers d'Athènes, le dimanche, à Patissia.

Les jeunes employés qui gagnent plus de deux mille drachmes par an, les bourgeois qui ont de quoi vivre, les officiers de cavalerie, et quelquefois les membres du corps diplomatique, font les beaux jours de la route de Patissia. Le chargé d'affaires d'une des cours d'Allemagne s'y promène tous les jours en tenue de haute école, sur un cheval de cent francs. Les jolies femmes de la société, qui presque toutes sont d'excellentes écuyères, s'y risquent de temps en temps. J'y ai rencontré souvent Janthe qui faisait sauter les fossés à un magnifique cheval blanc, moins beau sans doute que le cheval du cheik. Janthe était le meilleur cavalier de la ville. Lorsqu'elle sortait, suivie d'un petit cortége d'amis, elle avait si grand air que les gamins accoururent plus d'une fois en criant sur son passage : ils la prenaient pour la reine.

La reine ne lui pardonnera jamais ces méprises- Là.

Le public n'a pas d'autre promenade attitrée que la route de Patissia. On va s'y montrer en hiver de trois heures à cinq ; en été de sept à neuf. En hiver, les seuls jours où elle reste déserte sont les jours de vent du nord : il serait presque impossible de marcher contre le vent jusqu'au village. C'est un véritable courant que je me suis amusé quelquefois à remonter, après m'être enveloppé de deux manteaux.

Arrivé à Patissia, on n'a plus qu'à tourner le visage vers Athènes : le vent se charge de vous y porter.

À la sortie de la ville, à droite de la route, s'étend une plate-Forme nue dont le sol est une sorte de macadam naturel. Le seul ornement de cette place est une petite rotonde de bois qui peut abriter vingt personnes. C'est sous le toit de ce modeste monument que la musique s'établit tous les dimanches. Le peuple fait cercle à l'entour pour écouter ; le roi et la reine viennent au milieu du cercle donner le spectacle à leurs sujets.

La musique est une fête hebdomadaire pour toute la population d'Athènes. Il faut que le temps soit bien épouvantable pour qu'un dimanche se passe sans musique. C'est à la musique qu'on peut voir la réunion de toutes les classes de la société, depuis les personnes de la cour jusqu'aux pauvres loqueteux et mendiants. Dès trois heures en hiver, dès six heures en été, un piquet de soldats arrive sur la place. Les musiciens, en uniforme militaire, ne se font pas attendre : ils vont s'établir sous leur kiosque de bois blanc. Bientôt on voit apparaître le panache du colonel Touret. Les musiciens ne consentiraient jamais à jouer si le colonel n'était pas là. Il se tient sur la route, devant le petit pont qui la relie à la place. C'est là qu'il attend leurs majestés, en caracolant : son cheval n'a jamais plus de deux pieds à terre. Le préfet de police, en costume de pallicare, arrive ensuite, le gourdin à la main. Ses employés, qu'on n'aimerait point à rencontrer au coin d'un bois, sont autour de lui ; chacun d'eux porte un bâton où l'on a écrit, pour rassurer le public : force de la loi. Sur un ordre du colonel, le piquet de soldats s'éparpille de manière à décrire un grand cercle autour des musiciens. Derrière eux viennent se ranger les voitures ; derrière les voitures, circulent les piétons et les cavaliers.

Les marchands d'Athènes se promènent avec leurs femmes et leurs enfants, en grande toilette. Le chef de la famille roule dans ses doigts un gros chapelet qui n'est pas un instrument de religion, mais un passe- Temps, un jouet de grandes personnes, dont on s'amuse à compter les grains machinalement et sans y penser. Cet exercice très doux finit par devenir un besoin pour ceux qui en ont pris l'habitude, et je connais des français de beaucoup d'esprit, qui ont quitté la Grèce depuis plusieurs années, qui ont des occupations sérieuses, une vie pleine et agitée, et qui ne se possèdent plus lorsqu'ils n'ont pas ce chapelet entre les doigts :

Tant l'habitude les a bien ensorcelés ! J'ai vu en Grèce le président du sénat diriger une discussion orageuse sans cesser un instant de compter les grains de son chapelet. On rencontre à la musique un certain nombre de bourgeoises qui ne mettent le nez dehors qu'une fois par semaine. Leurs maris les font sortir tout habillées d'une boîte dont ils ont la clef ; ils leur donnent un coup de brosse, et les exposent au grand air jusqu'au soir. Après la musique, elles rentrent dans leur coffre, que l'on referme hermétiquement.

Ces dames sont en grande toilette : la toilette est une des plaies de la société athénienne. Tel employé à douze cents francs achète à sa femme une robe de moire antique blanche ou rose, qu'on voit traîner tous les dimanches dans la poussière. Ces tristes poupées s'avancent majestueusement, un mouchoir brodé à la main. C'est le seul mouchoir de la maison. Les hommes de toute condition se mouchent dans leurs doigts avec une grande dextérité. Les riches bourgeois s'essuient après avec leur mouchoir. La haute société se mouche à la française et n'en est pas plus fière.

Dans un coin écarté, le long d'un mur, s'entassent les servantes, les ouvrières, les albanaises et toute la classe des femmes pauvres. C'est dans ce fouillis de bras et de jambes qu'on découvre les plus beaux profils et les figures les plus distinguées.

J'ai vu des servantes venues de Naxos ou de Milo qui auraient éclipsé toutes les femmes de Paris, si l'on avait pu les faire infuser six mois dans une eau courante. à l'heure indiquée pour le commencement de la cérémonie, le colonel, qui en remontrerait au soleil pour l'exactitude, fait un signe à l'orchestre.

On joue des quadrilles, des valses, des polkas et toute autre espèce de musique savante. Le public écoute ces bruits variés avec toute l'attention qu'ils méritent, c'est- à- Dire assez mal. Vers le deuxième ou le troisième morceau, on voit le cheval du colonel s'enlever comme s'il avait des ailes. à ce symptôme, on pressent l'arrivée du roi.

Le roi et la reine entrent dans le cercle au galop.

Leur suite s'arrête à l'entrée. Elle se compose ordinairement d'un aide de camp, d'un ou deux officiers d'ordonnance, d'une dame d'honneur et de l'écuyer de la reine, un bon gros allemand qui lui dresse ses chevaux, et qui les fatigue le matin lorsqu'elle doit les monter le soir. Le piquet de cavalerie, qui suit leurs majestés à vingt- Cinq pas de distance, va se placer de l'autre côté du cercle.

Les français qui ont fréquenté le cirque des Champs-Élysées ou suivi les représentations de l'hippodrome sont reportés brusquement à leurs souvenirs, lorsqu'ils voient ces étranges évolutions s'opérer au son de cette grosse musique. Le roi et la reine sont arrêtés côte à côte, occupés à retenir leurs chevaux, à écouter le tapage des cuivres, à contempler leur peuple et à se sourire l'un à l'autre. Le costume de la reine a souvent quelque chose de théâtral. De temps en temps le roi s'amuse à marquer la mesure, en roi absolu qui s'est placé au- Dessus des lois.

À la fin du morceau, leurs majestés, suivies de la cour, traversent le cercle : les citoyens ôtent leur bonnet ; les cavaliers de l'escorte éperonnent leurs montures, et la cour se perd dans un nuage de poussière. Ne pleurez point : elle reviendra. J'ai vu le roi revenir jusqu'à trois fois dans la même après- Dînée : les musiciens ne se lassaient pas de souffler, ni les bourgeois de saluer.

VI

La ville d'Athènes a un théâtre et quelquefois des acteurs.

Le théâtre a été construit, non par l'état, non par la ville, encore moins par le roi, mais par quelques citoyens, et à leurs frais. Il n'y a pas au monde une propriété plus divisée que celle de ce théâtre. En France, les établissements de ce genre, lorsqu'ils n'appartiennent ni à l'état, ni à une municipalité, ni à un directeur, sont une propriété collective possédée en commun par plusieurs actionnaires. Il en est tout autrement dans la capitale de l'individualisme. Chacun des copropriétaires possède une loge qu'il peut vendre, donner ou léguer. La ville dispose du parterre, de l'orchestre et des troisièmes.

Lorsqu'une troupe vient s'établir à Athènes, les acteurs sont dans un grand embarras. La location de l'orchestre, du parterre et des troisièmes est loin de couvrir les frais de la représentation. Il faut bon gré mal gré, qu'on force les possesseurs des loges à payer un droit d'entrée pour se rendre à leur propriété. S'ils refusaient la concession qu'on leur demande, tout spectacle serait impossible.

D'un autre côté, il est impossible d'exiger que le possesseur d'une loge qu'il a payée acquitte un droit de quatre ou cinq drachmes pour entrer chez lui. On a donc fixé le droit d'entrée à la modique somme d'une drachme cinquante- Cinq lepta.

Ce moyen terme ne contente personne. Les propriétaires se plaignent de payer ; le directeur se plaint qu'on le paye trop peu ; et il est question de construire un nouveau théâtre, qui appartiendra en entier à son directeur. Le théâtre subdivisé serait abandonné, et chacun des propriétaires aurait le droit d'emporter sa loge.

Les officiers, qui occupent par privilège spécial les quatre premiers rangs à la droite de l'orchestre, payent leurs places une drachme cinq lepta, un peu moins de quatre- Vingt- Quinze centimes, entrée comprise. Il y a deux ans, ils ne payaient qu'une drachme, et ils ont hautement murmuré contre cette addition de cinq lepta.

Le public, de son côté, trouve étrange que ces messieurs, qui ne sont pas tous bien élevés et qui troublent souvent le spectacle, obtiennent une réduction de soixante pour cent sur le prix de leur place.

Par toutes ces raisons, le théâtre est resté désert pendant plusieurs années. Lorsqu'on obtient une misérable troupe, c'est seulement pour l'hiver. Elle joue, en moyenne, trois fois par semaine, en tenant compte des représentations extraordinaires et du chômage imposé par les divers carêmes.

Il n'est pas facile de donner à la société d'Athènes un spectacle qui soit compris de tout le monde. La comédie française serait inintelligible pour les neuf dixièmes de la société grecque. Les tragédies héroïques de M Soutzo seraient lettre close pour les dix- Neuf vingtièmes des étrangers.

Quelquefois on en donne une au carnaval pour les polissons de la ville, qui croient s'applaudir eux- Mêmes dans les exploits de leurs pères. Pour tout concilier, on prend une troupe italienne qui crie comme elle peut la grosse musique de Verdi. La salle est peinte à l'eau de colle avec une remarquable simplicité. Elle est construite comme les salles d'Italie, c'est- à- Dire que la moitié du public des loges tourne le dos aux acteurs.

Les actrices sont laides à faire plaisir, les décors usés à faire peine. On joue Nabucco dans un décor d'Ernani, qui porte en toutes lettres l'inscription du tombeau de Charlemagne :

Karolo Magno les grecs n'y regardent pas de si près. Ils adorent leur théâtre, leurs chanteurs et leurs cantatrices. Ce peuple raffole de musique : on recherche toujours ce qu'on n'a pas. La nation entière chante du nez sur un ton lamentable. Si elle appréciait autrefois le chant des cigales, c'est qu'elle le comparait au sien. Je n'ai rien entendu qui approchât de la musique populaire des grecs, si ce n'est le nasillement saccadé des virtuoses chinois. Le peuple va donc au théâtre, et il applaudit passionnément les chanteurs toutes les fois qu'ils détonnent. Les admirateurs lancent sur la scène des bouquets et des couronnes ornées de rubans, comme le chapeau d'un conscrit. Souvent même la galanterie ingénieuse des dilettantes jette aux actrices des bouquets de pigeons vivants, liés à grand renfort de faveurs roses. Pendant ce temps, d'autres amis, placés au paradis, sèment dans la salle des papiers blancs, verts et roses, imprimés en lettres de toutes couleurs, et même, si je ne me trompe, en lettres d'or. Ce sont des vers grecs, italiens ou français, à la louange de l'artiste. Je crois pouvoir sans indiscrétion communiquer au lecteur une petite pièce de poésie française, imprimée sur papier vert pomme, avec une couronne en tête. Ce sont les adieux d'un dilettante athénien à une jeune cantatrice demi grecque, demi italienne. Ce papier m'est tombé sur la tête un jour de représentation extraordinaire. De ma tête il a passé dans ma poche, de ma poche dans mon tiroir, de mon tiroir dans ce livre : puisse- T- Il aller d'ici à la postérité !

à mademoiselle Thérésine Minickini Bruno. Du crépuscule d'un pays renaissant ô nymphe tu chantes les destins à venir oui c'est toi qui, par tes mélodieux accents fais voir qu'Apollon va bientôt revenir ! c'est la langue divine que tes lèvres effleurent tiens, belle Thérésine une bouquet des fleurs ! ... etc. quelquefois, tandis que l'admiration sème des bouquets, des pigeons et des vers, la cabale jette un dindon sur la scène. Les acteurs dévorent cet affront sans se plaindre.

VII

De Moscou à Mexico, toutes les bonnes sociétés se ressemblent, comme tous les hôtels garnis.

Seulement, les gens comme il faut ont plus ou moins de manières, et les hôtels plus ou moins de puces.

Mais Athènes se distingue sous ces deux rapports, et les manières y sont aussi rares dans la société que les puces y sont communes dans les hôtels. La veille de mon départ de Paris, Mme A une des sommités de l'aristocratie russe, m'avait confié quelques commissions pour sa fille, Mme Catherine S, mariée à Athènes. C'étaient des robes, des bijoux, et un polichinelle digne d'amuser un roi. Le jour même de mon arrivée, je courus chez Mme S, précédé de Petros, qui portait les paquets d'un air aussi maussade qu'un diable qui porte des reliques. Petros n'a jamais compris qu'on lui fît porter des paquets, lorsque la nature a créé les maltais tout exprès pour cela. Mme S reçut les paquets et moi avec cette effusion de cordialité qui ne coûte rien aux russes. Elle me pria à dîner pour le lendemain, et m'invita à un bal qu'elle donnait huit jours après. J'acceptai avec empressement l'une et l'autre invitation. Le bal surtout affriandait ma curiosité : il me tardait de voir une réunion complète du beau monde d'Athènes.

C'est le 18 février que ce grand événement se produisit. Les astronomes l'annonçaient depuis le commencement de l'hiver. Les bals ne sont pas communs dans la société d'Athènes, qui n'est pas nombreuse. Lorsqu'en dehors des bals de la cour on a dansé quatre fois en une année, on dit :

- L'hiver a été gai, nous nous sommes bien amusés. « Mme S avait fait une sorte de coup d'état en s'abstenant d'inviter un certain nombre d'uniformes mal élevés qui s'imposent partout, et qu'on tolère en murmurant. C'est assez dire qu'elle avait fait bonne provision d'ennemis qui n'auraient pas été fâchés d'empêcher son bal.

Il n'y a dans Athènes qu'un seul orchestre : celui du théâtre. Quand le roi a la fantaisie de dîner en musique, le spectacle est retardé. Mme S avait, comme on peut croire, retenu l'orchestre un mois à l'avance. Elle ne pouvait l'avoir qu'à la fin du spectacle ; mais on lui avait promis de donner un très- Petit opéra et de le chanter au galop. Par malheur, ou plutôt par malice, la commission de guerriers qui surveille la direction du théâtre fit mettre sur l'affiche un opéra des plus longs, intercala des morceaux dans les entr'actes, et menaça d'une grosse amende tout violon qui déserterait son poste.

On commença donc par danser au piano.

Il y a deux sortes de luxe dans un bal : celui qu'on y trouve et celui qu'on y apporte. L'un vient du maître de la maison, l'autre de ses invités.

M S avait fait pour le mieux. Il s'était procuré des fleurs, denrée assez rare à Athènes : il les avait prodiguées, ainsi que les bougies. Faute de parquet (il n'y a de parquet qu'à la cour) on dansait sur un beau tapis. La musique ne jouait pas les airs de l'hiver dernier, mais la vieille musique n'est pas la moins dansante. Les rafraîchissements étaient assez abondants pour qu'il en restât aux dames après que les hommes s'en étaient remplis. La seule chose qui manquât un peu, c'était la place.

Mais on ne peut pas démolir sa maison pour donner un bal.

Les invités, de leur côté, avaient apporté tout ce qu'ils pouvaient. Les hommes n'étaient point parfaits (où le sont- Ils ?) : on remarquait çà et là quelques habits fripés, quelques cravates blanches en tortillons et quelques gilets du siècle de Périclès.

L'habit des officiers grecs est terne : ces épaulettes de fer- Blanc, qui sont les mêmes pour le sous- Lieutenant et pour le colonel, et les maigres galons qui les accompagnent, n'ont rien qui éblouisse les yeux. Mais tout le monde (nous n'en sommes pas encore au souper) se comportait vraiment bien. La marine française n'était représentée que par un charmant petit aspirant, homme du monde et beau danseur ; la marine hollandaise avait député un gros garçon formidablement rouge, et dont le nez singeait la pomme de terre à s'y méprendre. Mme S aurait pu avoir chez elle un millier de foustanelles :

elle n'en avait invité que deux ou trois. De ce nombre était le grand maréchal du palais, ce petit homme exotique dont le visage est coloré comme une tuile, et je crois même un peu tatoué. Les femmes étaient presque toutes serrées dans des robes de Mme Dessales, la couturière de la place Vendôme, qui fournit tout l'orient. Trois ou quatre hydriotes montraient leur poitrine tombant en cascades dans leur chemise, suivant la mode du pays.

Il manquait à la fête la présence du roi et de la reine, mais on ne s'en plaignait point ; leurs majestés traînent partout avec elles le cérémonial de l'Allemagne, et la gaieté fuit par une porte en les voyant entrer par l'autre. Depuis la révolution de 1843, la cour a cessé d'aller en ville. une seule fois j'ai vu le roi accepter une invitation : c'était à la campagne, chez le ministre de Bavière. Le bal fut très- Joli : on dansait en plein air. Mais on ne s'égaya qu'après le souper, lorsque l'esprit d'égalité eut coulé dans tous les verres. On vit alors le ministre de la marine se promener devant ses souverains, le chapeau sur la tête ; et l'on entendit le colonel Touret insinuer hautement au ministre de la guerre qu'il était un galopin. Retournons vite au bal de Mme S.

Dès l'arrivée de l'orchestre, il se répandit dans le salon un vague parfum d'ail qui se précisa de plus en plus. C'est une odeur locale qui se retrouve dans presque tous les bals. On pense, dans le pays, que sans un peu d'ail les bals sont fades comme les gigots.

Je n'ai jamais vu de peuple qui dansât avec plus de furie que la bonne société grecque. Il est vrai que je n'ai pas voyagé en Espagne. Les femmes surtout sont infatigables. Si vous vous arrêtez un instant pour laisser respirer votre danseuse, vite un autre cavalier vient vous demander la permission de faire un tour avec elle, comme si c'était vous qui eussiez besoin de repos.

Ce qui brillait le moins dans le bal, c'est la conversation. Les grecs civilisés savent assez bien le français, mais ils le prononcent mal. L'u leur coûte beaucoup à dire, le j leur écorche la bouche, l'e muet n'est pas dans leurs moyens, et certaines diphthongues rebelles leur restent obstinément au gosier. J'ai entendu un officier un peu fat qui disait, comme un gascon du théâtre :

zé souis céri des damouselles. le fond du discours n'est pas plus brillant que la forme. On vit sur de vieux cancans arriérés.

L'histoire de Mme X, qui s'est fait enlever dans une caisse, est toujours citée en exemple aux filles majeures ; on parle encore, en levant les yeux au ciel, de la belle Mme Y, qui a mangé la fortune d'un jeune diplomate et l'a réduit à se faire soldat.

On blâme la conduite légère d'Aspasie, et l'on se demande pourquoi Alcibiade a fait couper la queue de son chien. Bref, on retrouve dans les conversations des passages de Plutarque, et les diseurs de nouvelles se rencontrent quelquefois avec Rollin.

Une personne pleine de bonté, qui daignait jouer pour moi le rôle de cicérone, me montra un officier grec qui s'était battu en duel pour quelques méchants propos. « S'est- Il bien battu ? Demandai-Je.

- Fort bien, et plutôt deux fois qu'une. La cause première du duel était cette gracieuse petite personne très décolletée que vous voyez là- Bas.

L'officier grec avait étrangement calomnié un jeune attaché d'ambassade : il l'avait accusé de protéger les amours de cette dame avec un diplomate allemand. On se battit au pistolet. L'officier tira le premier, et manqua. « Monsieur, lui dit son adversaire, le coup ne compte pas : votre main « tremblait trop. Veuillez recommencer. « L'officier ne se le fit pas dire deux fois : il recommença. « si je raconte cette histoire, c'est que l'officier qui a recommencé appartient à l'une des quatre grandes familles d'Athènes.

- Voyez- Vous, me dit mon guide, ce valseur qui vient de s'arrêter ? C'est un homme du monde très obligeant, qui est reçu dans la meilleure société, et qui fait venir pour ses amis, par complaisance, des marchandises d'Europe qu'il leur donne au prix coûtant, après avoir prélevé un bénéfice de cinquante pour cent.

- En vérité ? Répondis- Je. Je croyais qu'il n'y avait que les russes pour faire si élégamment le commerce. Je connais à Paris une grande dame russe, veuve d'un gouverneur de Varsovie, qui possède à la Chaussée- D'Antin un fonds de marchande à la toilette, et qui recommande sa boutique dans tous les salons du faubourg saint- Germain, où elle est reçue à bras ouverts. « Vers deux heures du matin, on annonça le souper.

Edmond About

Plus de quatre-Vingt convives se mirent à table, et firent honneur au repas. J'admirais un luxe de damassé véritablement russe, et une très- Belle argenterie ; mais ce que j'admirais le plus, c'est la confiance de l'amphitryon, qui exposait des richesses pareilles aux mains de ses compatriotes.

Les ennemis de la maison ont dû crever d'envie et d'indigestion.

Pendant que les invités buvaient du vin du Rhin, les domestiques étaient à sec dans une salle basse.

Je trouvai en sortant le pauvre Petros que j'avais oublié d'envoyer se coucher, et qui m'attendait depuis neuf grandes heures, avec mon manteau sur le bras.

- As- Tu dormi ?

- Non, monsieur.

- As- Tu mangé ?

- Non, monsieur.

- As- Tu bu ?

- Non, monsieur, « me dit- Il d'un air le plus simple du monde, et comme une chose toute naturelle.

À Paris, du moins, lorsqu'on sert des glaces aux maîtres, on verse du vin aux domestiques. Le pauvre diable n'avait pas même bu un verre d'eau. Au fond, pensai- Je, ils ont peut- être bien fait. Il est si sobre, qu'un verre d'eau pris en dehors de ses repas me l'aurait grisé.

Après le souper, on s'est remis à danser plus vivement que jamais. Si l'on ne s'est pas embrassé, il ne s'en est fallu que d'un demi- Verre.

Deux mois après le bal de Mme S, j'ai vu à bord de la frégate française la Pandore trois ou quatre dames de la société grecque qui avaient bu le demi- Verre dont il s'agit. Elles allaient s'asseoir un peu au hasard, sans remarquer si le siége qu'elles choisissaient était déjà occupé. J'ai vu auprès du buffet, qui était très- Richement servi, les jeunes gens du monde offrir leurs verres aux dames qui n'avaient encore rien pris. elles buvaient quelques gouttes de vin de Champagne, et rendaient la coupe à leurs galants échansons qui achevaient de la vider. Ce sont des façons qui ne scandalisent personne.

Un jour, dans un bal de la cour, une dame du corps diplomatique tenait à la main une coquille avec une glace dont elle avait mangé moitié et laissé le reste. Le jeune homme le mieux élevé d'Athènes se précipite pour la débarrasser de cette coquille. Mais devinez ce qu'il en fait ?

Il la pose sur la cheminée ?

Non.

Il va la mettre sur le plateau ?

Vous n'y êtes pas. Il mange la glace entamée avec la cuiller de l'ambassadrice, et il croit s'être montré galant !

Les gens de basse condition font bien mieux encore. Un jour, au monastère de Mégaspiléon, un individu qui me regardait dîner s'empara sans façon de mon verre et le vida à moitié en disant :

- Allons, à ta santé ! « dans son âme et conscience il m'avait fait une politesse. Que le ciel la lui rende !

Un des officiers les plus brillants d'Athènes, et celui qui, malgré une laideur exemplaire, compte le plus de bonnes fortunes, dansait avec une très- Jolie personne, lorsqu'un maladroit marcha sur le pied de sa danseuse, qui se plaignit vivement.

- Est- Ce que vous avez des cors, madame ? Dit poliment ce cavalier accompli.

Et, tandis que la dame (une très grande dame, s'il vous plaît) ne savait si elle devait se moquer ou se fâcher, l'aimable officier se mit à lui conter qu'il en avait beaucoup, de ces maudits cors, et dans ce coin- Ci, et sur ce doigt- Là, et qu'il était forcé de fendre ses souliers lorsqu'ils n'étaient pas très- Larges.

Un grec, un officier, valsait un soir avec une dame dont le bracelet se détacha ; elle le lui donna à garder ; il le mit dans sa poche. La valse finie, la belle danseuse se souvint de son bracelet :

le héros n'avait pas l'air d'y penser. « ma foi, se dit- Elle, avec un grec on prend ses précautions ; et elle réclama bravement son bracelet : c'était un bijou de huit à neuf cents francs. Le danseur interpellé témoigna une stupéfaction profonde. « J'espérais, dit- Il, que vous me permettriez de garder ce souvenir de vous. « Porthos n'est pas mort tout entier, et les officiers grecs ont conservé quelques traditions du temps de Louis XIII.

J'ai entendu de mes oreilles un grec de la jeune Grèce supplier

Edmond About

devant dix témoins une dame du très grand monde de lui faire un cadeau de mille francs : c'était une loge au théâtre. Une loge est, vous le savez, une propriété qui se vend, s'achète, et se transmet par testament comme une maison ou une pièce de terre. « madame, disait le jeune hellène, quand vous quitterez le pays, intercédez auprès de monsieur votre mari pour qu'il me laisse sa loge.

- Et pourquoi ? Dit la dame un peu surprise.

- Mais, répondit- Il, j'ai envie d'être une fois propriétaire ; d'ailleurs je serais bien aise de garder ce souvenir de vous. Si vous me la donnez, je vous promets de la conserver toujours ; j'y mènerai mes amis ; nous en ferons la loge des lions. « mais voici ce que j'ai vu de plus héroïque dans ce genre :

on donnait un grand bal dans les salons d'une des premières ambassades. Vers le commencement du cotillon, à ce moment critique où les maris tirent leurs femmes par la manche et les mamans font de gros yeux à leurs filles, la maîtresse de la maison, pour prévenir toute désertion, ordonna de fermer les portes. Là- Dessus les maris se résignent et les mamans vont se rasseoir. Mais un grec, jeune et beau, ébranlait avec force la grande porte du salon. Peine inutile. Il court à une porte de côté : visage de bois ; enfin il rencontre l'ambassadrice et la prie très vivement de faire ouvrir une porte.

- Non, non, monsieur, vous êtes mon prisonnier.

- Je vous en supplie, madame !

- Pas de quartier.

- Je vous le demande en grâce !

- Pas de miséricorde.

- Madame, je vous assure qu'il faut absolument que je sorte !

- Après le cotillon.

- Je reviendrai à l'instant.

- Vous nous feriez faux bond.

- Mais, madame, vous ne savez pas ce qui peut arriver !

- Advienne que pourra !

- Enfin, madame, sachez que j'ai avalé cinq bouillons de suite.

- On lui ouvrit, et l'on mit quelque malice à tourner la clef dans la serrure.

CHAPITRE IX - LA SOCIÉTÉ

- Voilà la jeunesse dorée.

Les pères de famille qui vont dans le monde y portent avec eux les grands principes d'économie domestique qu'ils ont médités à la maison ; ils épargnent volontiers quelques gâteaux ou quelques fruits au bénéfice de leurs enfants. On voit, même à la cour, des généraux aller de plateau en plateau, cueillant des friandises qu'ils entassent dans leurs mouchoirs. Ces bonnes gens se serrent comme les guêpes et s'approvisionnent comme les abeilles. La province copie comme elle peut les mœurs de la capitale.

Deux voyageurs que je pourrais nommer arrivent un matin dans une des préfectures du nord de la Grèce ; ils avaient besoin des autorités ; ils vont les voir en costume de voyage, c'est- à- Dire en guenilles. à la porte du préfet, l'un des deux compagnons découvrit dans sa poche une paire de vieux gants blancs. « brillons, « dit- Il à l'autre.

Et chacun mit un gant. Le lendemain toutes les autorités de la ville leur rendirent leur visite.

Chacun de ces messieurs avait mis un gant. Le préfet s'informa timidement de la politique et de la mode ; mais personne n'osa demander depuis quand on ne mettait qu'un gant à la fois.

VIII

La mendicité est permise dans tout le royaume de Grèce. Les mendiants parcourent en tous sens la ville d'Athènes : les uns s'adressent aux passants dans les rues ou sur les promenades, les autres vont de maison en maison. S'ils trouvent la première porte ouverte, ils entrent dans la cour et crient d'une voix lamentable. Si personne ne leur répond, ils pénètrent dans les corridors ; s'ils ne rencontrent ni les maîtres ni les gens, ils entrent dans la première chambre qui se rencontre ; si la chambre est déserte, ils se font quelquefois l'aumône eux- Mêmes.

Le long de ce fossé qui traverse la ville nouvelle, on voit en toute saison un certain nombre d'aveugles assis sur leurs talons. Du plus loin qu'ils entendent venir un passant, ils crient à toute voix : « ayez pitié de nous, effendi ! Faites- Nous l'aumône, effendi ! « Les soldats, les ouvriers, les domestiques passent rarement devant eux sans leur donner un centime. En Grèce, comme partout, les pauvres sont plus généreux que les riches. J'ai trouvé beaucoup d'aveugle mendiant, et point d'aveugles poètes. La Grèce n'a plus d'Homère. Et pourquoi faire en aurait- Elle ?

Les mendiants des villes sont des heureux de la terre, si on les compare aux paysans de certains villages.

Nous venions de faire une visite au temple d'Apollon secourable, dans les montagnes les plus stériles de l'Arcadie, lorsque Leftéri nous conduisit au village albanais de Pavlitza.

C'est un village qui meurt de faim ; on n'y mange de la viande qu'à pâques ; on n'y mange jamais de pain. Les habitants n'ont pas même cet horrible pain de maïs qui, le premier jour, n'est qu'une pâte épaisse, et qui tombe en miettes le lendemain ; qui vous étouffe quand il est frais, et vous étrangle lorsqu'il est sec : ils ne se nourrissent que d'herbes et de laitage.

Lorsqu'on apprit notre arrivée, tout le peuple fut en émoi. « voici des francs ! « c'est- à- Dire voici un peu d'argent. Les hommes et les femmes s'empressèrent autour de notre gîte ; les femmes tenaient leurs enfants de l'année dans une espèce de berceau portatif qui n'est qu'un morceau de feutre plié en deux et bordé de deux bâtons. C'est dans cet équipage et avec leurs enfants pendus au dos qu'elles venaient se grouper devant notre porte. La maison que nous choisissions pour logement devenait aussitôt le centre du village, et la place publique était toujours devant chez nous.

Quelques- Uns accouraient par curiosité pure ; c'était le petit nombre : presque tous avaient quelque chose à nous vendre. Les hommes apportaient des médailles, de méchantes pierres gravées et jusqu'à des cailloux blancs de la rivière ; les femmes nous vendaient leurs costumes ; elles nous présentaient, l'une un tablier, l'autre une écharpe, l'autre une chemise, l'autre... je dirais un mouchoir de poche, si je pouvais oublier qu'elles n'ont pas de poche et qu'elles ne se servent pas de mouchoir. Elles nous apportaient ces carrés de soie rouge à grosse frange, qu'elles tiennent à la main, comme des mouchoirs, le jour du mariage ou dans les grandes solennités.

Dans le premier moment, elles n'osaient nous aborder ; elles confiaient leurs intérêts à un homme qui venait traiter avec nous. Mais peu à peu elles prenaient plus de hardiesse, elles arrivaient jusqu'à nous, et elles y gagnaient. L'une disait :

- Je n'ai pas de pain. « une autre : « c'est pour vivre. « une autre : « je suis veuve. « le veuvage, qui n'est pas sans quelques douceurs pour une femme riche, est, chez les gens qui vivent de travail, le résumé de toutes les misères. Une jeune fille s'écriait en rougissant : « c'est pour m'acheter un mari ! « on devine aisément que nous ne savions pas répondre à de si bonnes raisons, et que nous marchandions juste assez pour prouver que nous n'étions pas anglais.

Tout ce qu'elles nous vendent en étoffes, elles l'ont fait elles-Mêmes ; ces chemises et ces écharpes de coton brodé de soie sont, jusqu'au dernier fil, l'ouvrage de leurs mains. Elles ont épluché le coton, elles l'ont filé au fuseau avec leurs longues quenouilles en forme de raquette, elles l'ont tissé sur ce métier qui est en permanence à leur porte. Les broderies sont de leur invention :

Elles improvisent sans modèle, sans dessin, sans maître, ces charmantes arabesques, constamment variées par un caprice toujours heureux. Toutes ces femmes sont artistes sans le savoir, et, de plus, elles ont la longue patience, mère des beaux ouvrages. Le temps qu'elles dépensent à leurs travaux ferait frémir la plus persévérante de nos belles brodeuses du faubourg saint- Germain. Telle chemise brodée au cou, brodée aux manches, brodée au bas, brodée partout, a coûté jusqu'à trois ans de patience. On l'a commencée en berçant le premier- Né de la famille dans cet humble berceau de bois que vous savez ; on l'a finie auprès du grabat d'un mari malade. Cette écharpe a été brodée par une vieille mère qui n'a pas eu le temps de l'achever :

La fille a mis la frange et continué pieusement le dessin. Aussi il faut voir comme elles s'attachent à ces ouvrages qui ont pris une si grande part de leur vie ! Lorsqu'elles les apportent pour les vendre, on devine qu'elles sont partagées entre la douleur de quitter ce qu'elles aiment, et la nécessité de trouver un peu d'argent. Elles les donnent, elles les reprennent, elles regardent l'argent, puis leur ouvrage, puis l'argent :

L'argent finit toujours par avoir raison, et elles s'en vont désolées de se voir si riches.

Edmond About

Une vieille femme nous avait apporté une grande et belle écharpe, d'un dessin magnifique, éclatant, je dirais presque bruyant. Les couleurs de la soie étaient bien quelque peu effacées ; mais, malgré les légers dégâts causés par le temps, c'était une pièce splendide, et semblable sans doute à ces belles étoffes que les pénélopes d'autrefois tissaient, durant de longues années, pour ensevelir le père de leur époux. Aussitôt que nous vîmes ce chef- D'œuvre, chacun de nous voulut l'avoir ; mais Curzon avait parlé le premier : on respecta son droit, et j'achetai en son nom. Ce fut une longue négociation, où j'épuisai mon grec et ma patience.

Tout le village s'intéressait visiblement à cette affaire. Enfin l'écharpe nous resta. Pour quel prix ?

Je n'oserais le dire : l'argent vaut là- Bas dix fois plus qu'en Europe. La pauvre vieille se retira à pas lents, en regardant son argent dans sa main. Puis elle se retourna machinalement, revint en arrière, s'arrêta devant nous, et, ne sachant que dire, elle s'écria : « ah ! C'est une belle écharpe ! Elle a six piques de long ! « et elle s'enfuit en pleurant.

Cette douleur bête nous serra le cœur. Nous devinions sous ces larmes quelque pauvre roman, lentement déroulé dans ce coin de montagnes ; peut- être une longue épopée de douleurs domestiques ; peut- être aussi une histoire d'amour, fraîche et riante comme le printemps, et dont nous emportions dans nos bagages le dernier monument et le seul souvenir. Mais que faire ? Nous voulions des costumes, nous n'étions pas riches, et chaque fois que nous achetions, nous étions tentée de laisser la chose et de donner l'argent.

Mais c'est quand nous avons eu terminé nos emplettes qu'il a fallu livrer de rudes combats. Nous ne voulions plus rien acheter, et tout le monde voulait nous vendre. En ma qualité d'interprète, j'étais assiégé. Une femme me disait : « moi aussi, je suis pauvre, je suis malade ; pourquoi ne m'achètes-tu rien ? « une autre s'écriait : « tu as acheté à des jeunes filles ; j'ai quatre enfants, et tu ne m'achètes rien ; tu n'es pas juste ! « j'avais beau leur répondre que nous n'avions plus besoin de rien, que notre voyage serait encore long, que nos chevaux étaient surchargés : elles ne voulaient rien entendre. En même temps, d'autres femmes nous amenaient leurs enfants, et nous disaient : « ils pleurent pour avoir un sou. « avait-on donné à l'un, il fallait donner aux autres ; tous avaient de si bonnes raisons : pas de pain ! Et ce terrible pas de pain n'est point ici une figure de rhétorique à l'usage des mendiants. Notre provision de pain était presque épuisée ; à aucun prix nous n'avons pu nous en procurer dans le village. Il n'y a que deux hommes qui aient du vin ; nous en avons acheté : c'est du vinaigre. Et ce vin passe pour admirable : combien de ces pauvres gens n'en ont jamais bu ! Une femme vint nous demander du sucre pour je ne sais quel remède. Le sucre est comme l'argent : on en a quand les étrangers en apportent ; et il passe trois étrangers dans un an. J'ai causé avec cette pauvre femme : « avez- Vous un médecin aux environs ?

- Non, effendi.

- Que faites- Vous donc quand vous êtes malades ?

- Nous attendons que le mal passe.

- Mais quand vous êtes très malades !

- Nous mourons. « Quelle nuit nous avons passée ! Toute la famille, composée de six personnes, dormait en tas auprès de nous. L'enfant a crié jusqu'au matin, et la mère l'apaisait si bruyamment que le remède était pire que le mal. Une jeune fille parlait en dormant ; le vent sifflait dans le toit, le froid nous glaçait sous notre couverture ; et, pour nous achever, nous étions livrés aux bêtes. Ne pouvant dormir, je me mis à songer. Ce misérable village occupe la place d'une ville florissante : Pavlitza s'appelait autrefois Phigalie ! Sans être riche comme Athènes ou Corinthe, Phigalie jouissait d'une honnête aisance : c'est elle qui enseigna aux villes voisines la culture du blé : elle était donc en Arcadie, comme Éleusis en Attique, la patrie du pain. Les ancêtres de ces paysans affamés possédaient des temples, des statues, un gymnase. Ce sont eux qui, après une maladie pestilentielle, appelèrent dans leurs montagnes l'architecte du Parthénon, pour élever à Apollon secourable le beau temple de Bassæ. Les murailles de leur ville, qui existent encore, sont un des plus beaux monuments de l'architecture militaire des grecs.

Ce qui me touchait dans cette décadence, ce n'était ni la population réduite, ni les murailles sans soldats, ni la ruine d'une petite puissance. Qu'un village parvenu au rang de ville retombe

Edmond About

en village ; qu'un peuple perde le pouvoir d'opprimer ses voisins, j'aperçois là un texte de déclamations sur l'instabilité des choses humaines : je n'y vois point un malheur pour l'humanité.

Mais je faisais la réflexion que, parmi tant et tant de villes qui sont tombées du haut de leur puissance ou de leur gloire, il n'en est peut- être pas une qui n'ait racheté par des avantages solides la perte de quelques biens extérieurs, pas une où les hommes n'aient aujourd'hui plus de bien- être et plus de lumières qu'il y a deux mille ans. Les progrès des sciences, le développement de l'industrie, les bienfaits d'un nouveau monde, les quatre ou cinq grandes inventions qui rendent de jour en jour plus facile la vie du corps et celle de l'esprit, ont porté jusque dans les moindres hameaux de l'Europe des biens plus sûrs et plus réels que la domination d'une plaine ou l'empire de deux montagnes. Mais Phigalie a- T- Elle obtenu du sort les mêmes compensations, et les bienfaits accumulés de vingt siècles lui ont- Ils payé la monnaie de sa modeste grandeur ? J'ai peine à le croire, et, s'il était permis de douter de la loi du progrès, ce serait dans ces gorges inaccessibles où l'ignorance et la misère semblent établies pour toujours. Ce n'est pas pour ces pauvres gens qu'on a inventé l'imprimerie : ils ne sauront jamais lire. Ce n'est pas pour eux qu'on a découvert l'Amérique : la pomme de terre, qui nourrit nos plus misérables villages, est un trésor inconnu en Arcadie. Ils n'ont pas même ouï dire que depuis quelques années les hommes ont appris à marcher comme le vent et à faire courir leur parole comme la foudre. Et que leur importent ces découvertes dont ils ne profiteront jamais ? Tant que le monde sera monde, on fera une lieue à l'heure dans les sentiers de leurs montagnes. Je me demande ce qu'ils ont gagné à la délivrance de la Grèce. Les turcs ne pouvaient rien leur prendre : ils n'avaient rien. Peut- être ont- Ils gagné de ne plus recevoir des coups de bâton :

Mais les turcs venaient- Ils si haut et si loin pour le plaisir de bâtonner ?

Faute de pouvoir dormir, je cherchais en moi- Même par quels moyens on pourrait tirer d'affaire ce malheureux pays. Sans doute le gouvernement du roi ne fait pas son possible ; mais c'est l'impossible qu'il faudrait faire pour guérir une misère invétérée qui s'appuie sur l'éloignement des villes, la hauteur des montagnes, l'épuisement de la terre ; sur toutes les causes géographiques et géologiques. Nous avons, même en France, des départements voués à l'ignorance et à la misère, et qui reçoivent de l'état plus qu'ils ne lui donnent, et qui profitent de la fécondité des autres provinces.

J'ai tant rêvé sur ce sujet que le matin est venu.

à quatre heures, j'aurais pu me croire sous la voûte du ciel : les trous de la toiture, éclairés par une pâle lumière, semblaient être autant d'étoiles. Nous avons quitté nos lits sans regret.

Il y aura toujours quelque chose d'inexplicable dans l'amour obstiné des montagnards pour le sol qui refuse de les nourrir. Les habitants des montagnes de la Grèce refusent d'émigrer, ou, s'ils s'y décident, c'est pour revenir bientôt à leurs rochers.

Un matin que nous dormions à quelques lieues de Pyrgos après notre déjeuner, nous fûmes réveillé brusquement par un bruit confus de voix et de pas. En ouvrant les yeux, je vis défiler sur le chemin une longue caravane d'hommes, de femmes, d'enfants, de chevaux et d'ânes chargés de bagage.

Pauvre bagage ! C'étaient des tentes, des meubles grossiers, des vêtements, et quelques marmots jetés pêle-mêle avec quelques poules. Je me rappelai le premier chant d'Hermann et Dorothée, et ce triste et touchant tableau de l'émigration. Mais nos émigrés d'Arcadie ne fuyaient point leur village :

Ils y retournaient. L'un d'entre eux, un beau vieillard, me conta leur histoire. Ils habitent une montagne que la neige couvre tous les hivers.

Aux premiers froids, ils plient leurs tentes, et descendent à Pyrgos. L'hiver n'est pas bien long :

Pendant trois mois peut- être, les plus forts se placent comme ouvriers ou comme domestiques ; les plus faibles et les plus petits vivent sur le travail des autres. Et tous, au retour du printemps, reprennent le chemin de la montagne et de la liberté.

Leurs visages étaient contents : ils portaient gaiement le poids de la fatigue et de la chaleur.

Cependant leur joie n'était pas bruyante. C'est en orient surtout que « le bonheur est chose grave. « je les regardais défiler, en rêvant au destin de ces hirondelles humaines qu'un pieux destin ramène chaque printemps à leur nid. Le vieillard à qui j'ai parlé doit avoir

Edmond About

fait plus de quatre-Vingt fois dans sa vie le chemin de Pyrgos ; et jamais il ne lui est entré dans l'esprit d'abandonner son triste hameau pour un climat plus doux et un sol plus fertile. Je me ressouvins alors d'une mélancolique et naïve chanson, qui est peut- être l'œuvre d'un berger de ce village.

- Je projette une fois, je projette deux fois, je projette trois et cinq fois, je projette de sortir du pays et d'aller en terre étrangère. Et toutes les montagnes que je traversais, je leur disais à toutes : mes chères montagnes, ne vous couvrez pas de neige ; ... etc. j'ai trouvé en Grèce quelques bons et nobles cœurs. Je cite en première ligne un jeune juge d'Athènes, M Constantin Mavrocordato : mais il avait été élevé en France, et il était presque mon compatriote. J'ai connu à Corfou un homme qui serait aimé et estimé dans tous les pays du monde, M Tita Delviniotis, professeur à l'université ; mais c'est un savant, et les savants sont citoyens du globe. J'ai été lié dans le même pays avec Spiro Dandolo, nature fougueuse et énergique, capable de toutes les bonnes actions ; mais il est moins grec que vénitien. Parmi les grecs proprement dits, les meilleurs que j'aie jamais rencontrés étaient de pauvres gens, mercenaires ou paysans. Je donnerais un général et deux ministres pour le petit doigt de Petros ou de Leftéri. La population pauvre et ignorante est la plus intéressante du pays : d'abord parce qu'elle souffre ; ensuite parce qu'elle est moins habile à tromper.

J'ai beau chercher dans mes souvenirs, je ne me rappelle qu'une circonstance où l'on nous ait rendu un service désintéressé. Nous approchions de Ladon, et nous venions de dépasser le petit village de Tsarni. Avant de nous engager dans le chemin couvert qui conduit aux bords du fleuve, nous fîmes une visite à quelques habitants du village, que nous voyions près de nous, groupés sous une tente. Ils étaient dix ou douze, qui prenaient leur repas en commun : un de ces repas innocents et frais, comme Pythagore les permet, comme Florian les décrit ; un de ces déjeuners de laitage qu'on est si heureux de prendre à la campagne, à condition de dîner à la ville. Ils étaient là, bergers et laboureurs ; les deux grandes tribus du peuple des champs ; la tribu nomade qui court de la plaine à la montagne, se chauffe autour d'un feu de broussailles, et ploie et déploie sa maison tous les jours ; et la tribu casanière qui s'acharne à croire fertile un même coin remué sans relâche ; qui choisit sa place au soleil et s'y fixe à jamais ; qui bâtit des maisons de pierre et se rassemble tous les soirs autour du même foyer pour conter les histoires du temps passé.

La charrue était arrêtée au bout d'un sillon : les bœufs dételés s'étaient couchés par terre, et ruminaient en sommeillant. Un peu plus loin, les brebis et les chèvres du troupeau s'entassaient pêle-mêle à l'ombre de quelques arbres, et ne songeaient qu'à se défendre du soleil : la chaleur était accablante. Nous poussâmes nos chevaux jusqu'à la tente ; on fit taire les chiens, qui aboyaient en nous montrant les dents :

ce n'est pas en Grèce que le chien est l'ami de l'homme. Une jolie petite fille de quatorze à quinze ans s'empressa d'aller puiser dans un grand chaudron une écuellée de lait de chèvre, épais comme du fromage et doux comme du miel. Mais elle n'osa pas nous l'apporter elle- Même. C'est un homme qui le versa dans nos larges coupes de cuivre ciselé ; et après que nous avions bu il nous disait : « en voulez- Vous encore ? « on nous offrit du fromage frais ; mais nous n'avions pas où le mettre ; nous déployâmes un mouchoir, on le remplit, et un agoyate l'emporta. Le petit- Lait s'égouttait à travers la toile, et tombait en perles blanches.

Je dis à Leftéri de payer ; mais ces bonnes gens refusèrent notre argent ; la tente sera toujours plus hospitalière que la maison. Est- Ce que le désintéressement se serait réfugié sur les bords du Ladon ? Il faut faire beaucoup de chemin, en Grèce, pour trouver un homme qui refuse de l'argent ; et plus d'un voyageur qui a parcouru tout le royaume refusera de croire à cette petite histoire.

IX

Le même soir, après une longue promenade sur les bords du Ladon, nos agoyates nous conduisirent au village de Kérésova. Tandis que nos chevaux grimpaient de leur mieux le sentier escarpé qui y mène, Garnier crut entendre par intervalles les sons de ce tambourin qui est en possession de faire danser le peuple grec.

Comme nous avions la tête enveloppée de nos mouchoirs, dans la crainte des coups de soleil, nous n'osions pas trop nous fier à nos oreilles ; mais bientôt nous entendîmes distinctement le son du flageolet. Il n'en fallait pas douter : on dansait à Kérésova. Pourquoi dansait- On ? Un homme endimanché nous l'apprit : on célébrait la Saint- Nicolas, une grande fête dans la religion grecque. Je crois me souvenir qu'en Lorraine saint Nicolas n'est fêté que par les enfants. Je me rappelle encore avec quel soin religieux, il y a vingt ans, je plaçais mon sabot dans la cheminée, le soir du 5 décembre ; avec quel intérêt plein d'espoir j'allais voir le lendemain ce que saint Nicolas m'avait apporté. à côté des bonbons et des joujoux se trouvait toujours un paquet de verges, présent menaçant du terrible saint Fouettard, qui est à saint Nicolas ce que Typhon est à Osiris, ce qu'Arimane est à Oromaze. Je me souviens même du jour où le scepticisme est entré dans mon esprit, en reconnaissant, dans les verges de saint Fouettard, un instrument de supplice que j'avais déjà considéré de très près.

Chez les grecs, la Saint- Nicolas n'est pas une fête d'hiver ; on la célèbre dans la saison des roses ; mais je ne crois pas que les enfants l'espèrent avec la même impatience que nous faisions jadis.

Les cailloux des chemins sont leurs seuls joujoux, et les bonbons ne parviennent pas jusqu'aux villages. Saint Nicolas n'apporte rien, qu'un de ces jours de relâche qui sont plus communs dans la religion grecque que dans la nôtre, et quelques heures de plaisir, dont nous espérions bien avoir le spectacle. Déjà, en nous haussant sur nos étriers, nous apercevions, au sommet du village, sur une place carrée, auprès de l'église, la population entière très animée à la danse : et les sons aigus des flageolets arrivaient assez près de nos oreilles pour les égratigner.

Mais, avant de songer au plaisir, il nous fallut trouver un gîte. Pas de khani, pas de boutique, et nos agoyates ne connaissaient personne. Le pays était- Il hospitalier ? Les maisons étaient- Elles habitables ? Lettre close. Aucun voyageur n'a rien écrit sur Kerésova, personne ne s'est vanté d'y avoir passé, et l'on y parlerait chinois, que l'Europe n'en saurait rien. On tint conseil : la délibération ne fut pas longue. Kerésova est un village grec, donc il y a un parèdre, c'est- à- Dire un fonctionnaire municipal. Le parèdre, homme public, doit être hospitalier ; de plus, s'il y a une maison propre dans le village, ce sera la sienne : allons donc chez le parèdre. Le premier paysan que nous interpellons nous conduit à la maison de son administrateur ; elle était d'une magnificence qui dépassait toutes nos prévisions : elle avait deux étages et des carreaux aux fenêtres ! Elle avait, merveille plus grande encore, une cheminée, dont le sommet était orné d'un beau pigeon de plâtre. Le parèdre, qui, du haut du village, nous avait vus arriver, accourut au- Devant de nous avec un grand flot de peuple. C'était un jeune homme de taille élégante, de figure fine, et qui portait gaillardement le costume grec. Il nous accueillit de l'air le plus gracieux, et s'excusa de ne pouvoir nous donner l'hospitalité chez lui : c'était la Saint- Nicolas, et sa maison, plus heureuse que celle de Socrate, était pleine d'amis. « ce que je puis faire, ajouta- T- Il, c'est de vous conduire ici près, chez des amis dont la maison est la meilleure du village, après la mienne. « en effet, il nous mena dans un logis très propre, et muni de ce maigre confort qu'on peut espérer en Grèce. Il nous fit apporter de sa maison trois chaises, les seules de l'endroit, et qui faisaient l'orgueil de la commune. Elles ressemblaient, tant par la couleur de la paille que par leur construction un peu cyclopéenne, à ces chaises où l'on s'assied, pour un sou, au Luxembourg et aux tuileries : mais on avait eu soin de peindre les bâtons en vert pomme et les pieds en vermillon. Elles venaient de Patras, ces glorieuses chaises ; et elles avaient fait dix- Huit heures de marche, à dos de cheval, par des chemins détestables, pour venir orner la maison du parèdre et faire honneur à ses hôtes. à peine étions- Nous assis sur ces trois merveilles de Kerésova, qu'un domestique du parèdre nous apporta sur un plateau trois tasses de café, un pot de confitures avec une seule cuiller, et un grand verre d'eau pour trois.

On ne sert jamais le café sans un verre d'eau. Pour une personne, on apporte un verre de petite taille, un plus grand pour deux, un très- Grand pour trois, un énorme pour quatre ; l'on arrive, par cette progression, à des verres de la capacité d'un litre.

Il serait peut- être plus simple de donner un verre à chaque personne, suivant le précepte d'un sage de la Grèce, qui a dit :

Mon verre n'est pas grand, mais je bois dans mon verre ; mais on n'y a jamais songé. Tandis que nous buvions tour à tour à la même coupe, la rue se mit à passer à travers notre chambre : hommes, femmes, enfants, accouraient pour nous considérer. Un jeune indigène, qui avait voyagé, comme Ulysse, dans la Méditerranée, et qui savait un peu d'italien, accourut engager la conversation avec nous ; et tous ses amis de se grouper alentour, d'écouter sans comprendre, d'ouvrir de grands yeux et de grandes oreilles.

Nous étouffions. Le marin nous parla d'aller voir la danse, et nous ne nous fîmes point prier : il nous délivrait.

Nous eûmes bientôt grimpé jusqu'au haut du village. La plate-Forme où l'on dansait pouvait contenir cinq cents personnes : il y en avait mille, dieu sait à quel prix ! Au milieu était la danse, les spectateurs alentour. Mais à chaque instant un spectateur allait se joindre aux acteurs, un acteur rentrait dans la foule des regardants.

Pour se bien représenter ces danses des grecs, il faut oublier complètement ce qu'on a vu dans les autres pays. En France et partout, on danse par couples : un homme engage une femme, elle accepte, et les voilà pour quelques minutes, souvent pour quelques heures, compagnons et associés de plaisir.

On cause ensemble, on se donne le bras, on s'assied côte à côte, et dans la valse, l'homme et la femme, étroitement enlacés, s'enivrent de musique, de mouvement, et surtout s'enivrent l'un de l'autre. C'est ce qui fait que quelques moralistes sévères grondent contre la danse ; qu'on ne mène les filles au bal que lorsqu'on songe à les marier, et que les mamans de province défendent la valse à leurs demoiselles. À Kerésova, M Alphonse Karr lui- Même avouerait que le bal est un plaisir innocent. Cette danse des grecs, qui est la même dans tout le pays, quoique les femmes n'y soient pas admises partout, est un divertissement pris en commun, et non pas deux à deux. Pierre ne danse pas avec Marguerite :

Tout le village danse avec tout le village. Quinze ou vingt hommes se tiennent par la main ; autant de femmes, attachées de la même manière, viennent à la suite ; puis les petites filles, les petits garçons, tous les enfants en âge de se dresser sur leurs jambes, forment la queue de ce long serpent qui tourne sans cesse sur lui- Même sans jamais se rejoindre.

Au milieu du cercle était la musique, composée d'un tambourin à la voix sourde et de trois de ces flageolets qui imitent la forme d'une clarinette et le son d'une scie qui coupe le fer. Leur tapage organisé, à la fois criard et monotone, ne ressemble à rien de connu. Au son de ces quatre instruments, la foule se mouvait en cadence, gravement, lentement, posant un pied, puis l'autre, portant le corps en avant et le reportant en arrière. Un seul danseur s'agite pour tous :

c'est celui qui conduit le chœur. à chaque instant, il saute en l'air, il tourne sur lui- Même, il fait des ronds de bras, des ronds de jambe, des ronds de tout ; il lance en l'air son mouchoir et son bonnet rouge, et ne s'arrête que lorsqu'il n'en peut plus.

Quand il sent que les forces lui manquent, il fait un signe, et dans l'instant il est remplacé. En général, ces fins danseurs sont nu- Pieds pour être plus agiles. On voyait auprès des musiciens une riche collection de souliers : c'est le bureau des chaussures, placé sous la garde de la bonne foi publique.

Sur un côté de la place, une quarantaine de femmes étaient assises par terre, et faisaient non pas tapisserie, puisqu'elles étaient libres de danser, mais galerie. Elles n'attendaient pas qu'on les vînt inviter, pouvant fort bien s'inviter elles- Mêmes. En France, dans le pays qu'on appelle le paradis des femmes, qu'une fille soit jeune, spiri-tuelle, jolie, reine du bal, elle restera dans son coin, si par hasard l'envie de l'inviter ne prend à personne.

Ni sa jeunesse, ni sa beauté, ni son esprit ne pourront l'introduire dans un méchant quadrille où le plus sot cavalier peut la faire en-trer. À Kerésova, le sexe faible jouit du plus beau de ses droits, du droit de danser quand il lui plaît.

Il est vrai que le lendemain il travaille à la terre, et nos françaises trouveront peut- être qu'il est moins dur d'attendre un danseur que de pousser une charrue. Vous pensez bien que, grâce à cette liberté illimitée, les femmes de quarante ans passés ne manquaient pas dans la danse, non plus que les hommes d'âge mûr.

N'avait- On pas autrefois les chœurs de vieillards ?

Le papas assistait à la fête et l'autorisait par sa présence : il regar-dait danser sa femme et ses enfants ; cependant il ne dansait pas. Sans doute quelque vieille foudre de l'église de Constantinople dé-fend à ces révérends pères de famille les plaisirs enivrants du bal. Mais je garantis que le brave homme aurait pu se trémousser dans la foule sans danger pour lui- Même ni pour les autres : il n'eût ni risqué le salut de son âme, ni compromis la dignité de sa longue barbe. Le maître d'école, autre personnage grave, se contentait éga-lement du rôle de spectateur. Dès notre arrivée à la danse, l'un et l'autre étaient venus se mettre à notre service.

à notre arrivée, la danse fut un moment interrompue, ce qui

ne faisait pas notre compte ; mais la curiosité publique une fois satisfaite, la musique reprit son train et les anneaux du serpent se renouèrent en un clin d'oeil. Aucun des détails de la fête ne pouvait nous échapper : cinq ou six jeunes gens, animés d'un empressement hospitalier, écartaient la foule et empêchaient à coups de poing que personne ne se mît entre le spectacle et nous. Au bout d'un quart d'heure, la musique s'arrêta pour se recommander à la générosité des danseurs.

Il était visible que cette interruption n'était qu'une lettre de change tirée sur nos seigneuries.

On nous présenta le tambourin, où une dizaine de centimes se poursuivaient sans s'atteindre. Faute de menue monnaie, nous y déposâmes majestueusement un zwanzig, c'est-à-Dire environ 75 centimes de France, et notre grandeur d'âme inspira autant d'admiration au public que de reconnaissance à l'orchestre ; car un instant après, les trois flageolets et le tambourin vinrent s'établir en face de nous et nous régaler d'un concert à bout portant dont les oreilles me tintent encore. Nous eûmes beaucoup de peine à les faire taire, ou du moins à les rendre à la danse.

Le soleil allait se coucher ; la fête touchait à sa fin : elle avait duré plus de douze heures.

C'était un spectacle vraiment curieux que cette danse à son paroxysme. Les rangs n'étaient pas rompus, chacun gardait sa place ; la musique ne précipitait pas la mesure, si toutefois il y avait une mesure, mais chacun prévoyant la fin du plaisir, sautait aussi haut qu'il pouvait. Or, les femmes grecques (je n'ai pas dit les dames) ne portent jamais de corset, quoiqu'elles en aient besoin plus que personne. Il y avait dans cette foule bon nombre de nourrices au corsage exagéré qui riaient du haut de leur tête en voyant osciller librement toutes leurs richesses maternelles. Mais ces mères de famille, rudement ballottées, ne servaient qu'à mieux faire valoir deux ou trois jeunes filles à l'oeil calme, au visage sévère, qui pouvaient bondir impunément sans troubler l'harmonie de leurs lignes sculpturales.

Ce qui nous frappait le plus dans cette fête, c'est que, malgré l'ivresse de plaisir dont tout le monde était possédé, et quoique le village entier parût avoir perdu la tête, on ne remarquait ni violences, ni querelles, ni rien qui s'écartât de la plus stricte convenance. Quoique le français ne soit point brutal par nature, nos fêtes champêtres ne sont pas sans quelques vivacités, voire sans quelques coups de poing échangés fraternellement au plus fort du plaisir. Et notre gaieté est tellement sujette à caution, qu'il est prudent de la faire surveiller par un gendarme. Rien, au contraire, n'est plus doux, plus honnête et plus bienveillant que la gaieté des paysans grecs. Le mérite en revient à leur bon naturel, mais surtout à leur sobriété.

Nous ne voyions autour de la danse aucun de ces colporteurs de liqueurs frelatées qui empoisonnent toutes nos fêtes publiques. Lorsqu'un danseur avait soif, il allait boire à la fontaine ; et, le soleil couché, chacun s'en retourna souper chez soi avec sa femme et ses enfants. Nous fûmes reconduits par le parèdre, et chemin faisant il me donna sur le village tous les renseignements que je voulus. J'avais remarqué que les maisons, sans être riches, avaient un air d'aisance ; que les habitants, sans être beaux, avaient un air de santé ; que tout en eux et autour d'eux respirait la joie et le contentement. Il commenta en peu de mots ce que j'avais vu moi- Même.

Le village compte plus de mille habitants. Tous ont une maison, quelques brebis et un morceau de terre qu'ils ne cherchent pas à vendre. Tous les champs sont fertiles et bien cultivés ; toutes les familles ont du pain et tous les enfants vont à l'école.

Le parèdre refusa poliment notre dîner : il se devait à ses hôtes. Mais nous eûmes sa visite dans la soirée, et le lendemain matin il vint à quatre heures nous souhaiter un bon voyage. Nous n'avons pas quitté sans regret Kerésova et cet heureux petit coin de l'Arcadie : tout nous y plaisait, le pays et les gens. Le vin même du cru avait une saveur amusante : il nous rappelait les petits vins clairets qu'on boit à Meudon, à Verrières, à Montmorency et dans tous ces charmants villages où l'on va manger des fraises, cueillir des lilas, rire à gorge déployée et réveiller le gaulois qui dort sous l'habit noir de tout français.

ISBN : 978-1515006831

www.ingramcontent.com/pod-product-compliance
Lightning Source LLC
Chambersburg PA
CBHW070412290526
45791CB00005B/1710